역사 e
세상을 깨우는 시대의 기록
SEASON 2

EBS 〈역사채널ⓔ〉 지음

북하우스

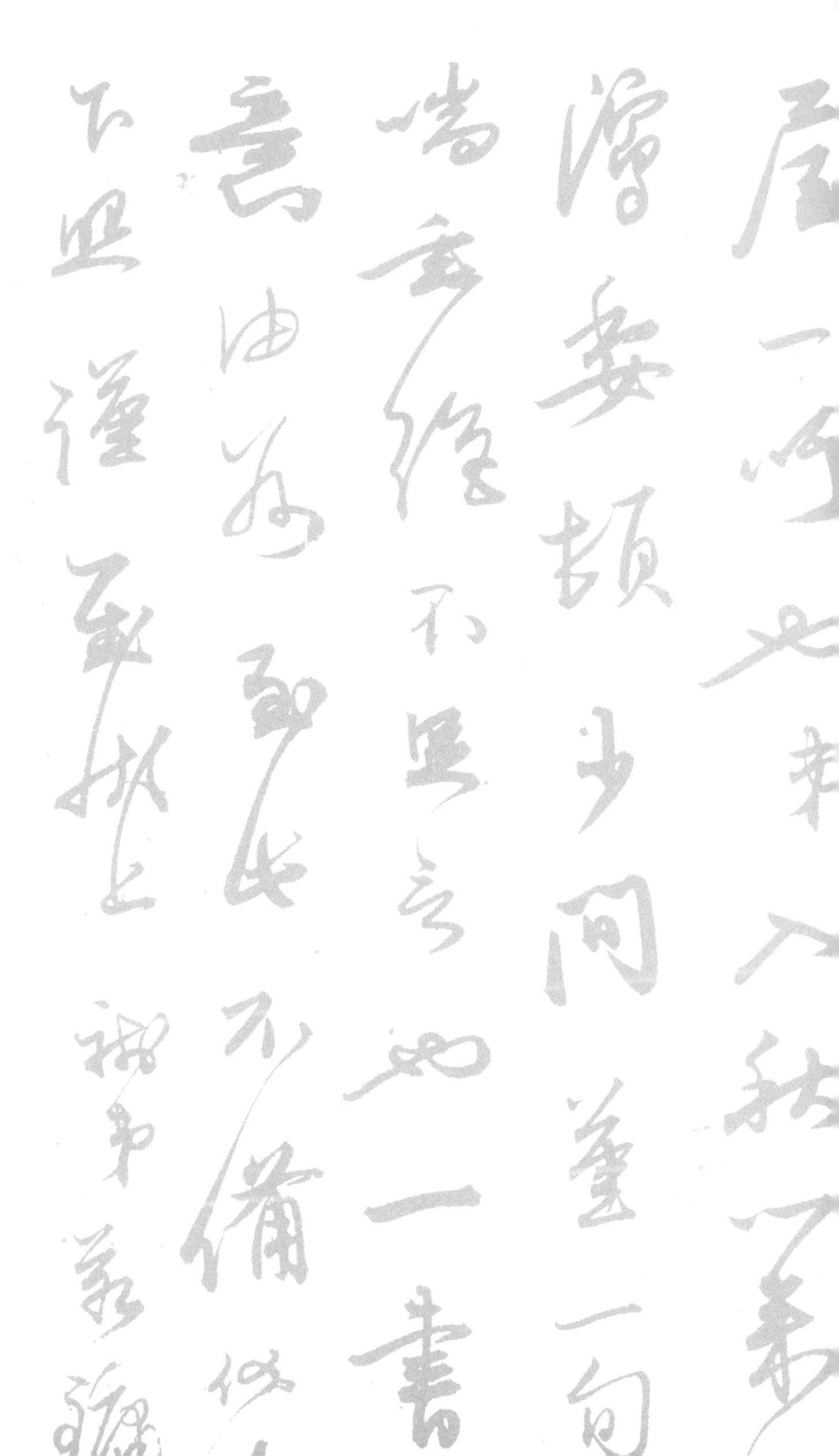

prologue

역사를 왜 배우느냐 묻는다면

박시백 『박시백의 조선왕조실록』의 저자

'역사를 왜 배워야 하느냐.' 이는 내가 종종 마주하게 되는 질문이다. 그럴 때면 나는 이 땅의 일원으로 살아가려면 우리말과 글을 알아야 하는 것처럼 우리 역사와 문화를 알아야 하지 않겠느냐고 답한다. 때로는 나 자신의 정체성을 바로 알기 위해서라고, 오늘을 바로 살아가기 위해서라고 답하기도 한다. 혹은 역사에 대한 교양이 쌓이면 우리가 살아가는 이 시대를 더 잘 이해할 수 있고, 그만큼 더 바른 판단을 할 수 있을 뿐 아니라 정치와 사회, 문화와 예술에 대한 이해까지도 한층 깊어질 수 있다고, 조금 더 긴 답을 내놓기도 한다.

어느 것 하나 똑 떨어지는 답이 아니고, 어쩌면 이 모든 것이 필요한 답의 일부에 지나지 않아 이들의 총합이라야 제대로 된 답이랄 수 있겠지만, 이 모두가 '왜'에 대한 답으로 충분하지 않은가 한다.

역사는 어렵다고들 한다. 고조선 이전부터 시작해 각 시대의 정치체제, 경제구조, 사회와 문화, 풍속은 물론 주요한 사건과 인물들, 또 그 인물들이 남긴 업적이나 저작과 예술품까지, 심지어는 관련된 연도들까지 외워야 하는 게 학교에서 배워온 역사였으니 그럴 만도 하다. 하지만 역사는 우리 조상들이 이 땅 위에서 살아낸 이야기다.

그들이 내딛은 발자취의 흐름이자 역사의 고비마다 어떻게 대처했는지에 대한 서사다. 우리가 끝내 경험해보지 못할 숱한 경험들의 축적이다. 잘 정리된 역사는 '사건'이 아니라 '사연'을 담고 있다. 그러기에 역사는 잘 만들어진 드라마나 영화처럼 얼마든지 재미있을 수 있고, 우리의 마음속에서 희로애락을 끌어낸다.

여기 역사를 만나는 새로운 길이 있다. EBS〈역사채널ⓔ〉는 '내가 두려워하는 것은 역사뿐이다'라는 연산군의 말과 함께 시작하여 길어야 5분 남짓 되는 짧은 시간 동안 역사 속의 사건들과 인물들, 혹은 한 시대의 풍경이나 단면을 가지고 시청자를 만난다. 짧고 간결한 설명, 내용을 뒷받침해주는 영상을 통해 숨겨진 사건의 의미를 밝혀내고 간과되었던 인물들을 재조명한다. 또한 과거 어느 시점의 풍경이 뜻밖의 모습으로 우리 앞에 펼쳐진다. 텔레비전이 물속으로 사라지는 엔딩신과 함께 방송은 끝나지만 한참 동안 5분의 강렬한 인상에 사로잡혀 생각에 잠기게 된다.

이 책은 〈역사채널ⓔ〉의 내용을 모아 편집한 『역사ⓔ』시리즈의 두 번째 권이다. 책은 영상에서 보여준 장면과 서술을 옮긴 후, '책'의 장점을 십분 발휘해 해설과 참고자료를 더했다. 책 속에 포함된 해설은 영상의 한 줄을 한 단락 혹은 한 장으로 풀어낼 만큼 충분한 자료 조사와 연구에 기초하고 있다. 때문에 독자들은 영상을 통해 얻은 강렬한 인상 위에 구체적이고 세밀한 역사 지식을 세우게 될 것이다. 역으로 책을 통해 방송을 다시 보는, 환기 효과도 있다. 텔레비전으로 접한 짧은 영상과 글이 얼마나 세밀한 조사와 연구를 통해 만들어진 것인지, 한 줄의 설명을 위해 얼마나 많은 맥락과 이야기를 정제하고 다듬었는지 느낄 수 있기 때문이다. '잘 만들어진' 영상에 값하는 '잘 만들어진' 책이다.

이 책이 가진 또 하나의 미덕은 기억해야 할 이들에 대한, 잊지 말아야 할 일들에 대한 선명한 '제기提起'다. 오늘을 우리가 살아가듯 역사 속의 선조들도 그 시대의 오늘을 살다간 사람들이다. 하루하루 일상이 있었을 테고 지켜야 할 소중한 가족들도 있었다. 그러나 시대가 엄중하여 역사가 부를 때, 개인의 영달과 출세는 물론 가족의 안위와 자신의 생명까지 다 버리며 나라를 위한 길, 대의를 위한 길에 나선 이들이 있었다. 일제강점기 죄수로 투옥되었던 이름 없는 '6264'의 독립투사들이 그러했고, 조선의 맥박을 이어가려 했던 '서당교육'이 그러했으며, '파락호'라 불리는 수모를 감수하며 독립운동을 지원한 김용환 선생과 한국 최초의 여의사 '박에스더'가 그러했다. 『역사ⓔ』는 한 줄의 기록을 바탕으로 그 안에 숨겨진 인물과 사연을 호출함으로써 그들이 있었기에 오늘의 우리가 있었다고, 잊지 말고 기억할 것을 주문한다.

책은 우리가 결코 잊어선 안 될 일들 또한 적시한다. 야스쿠니신사 이야기를 담은 '그들만의 영웅'과 일본인 전범들을 다룬 전범재판에 대한 이야기 '조선은 없었다'가 그것이다. 가해자가 가해의 역사를 반성하기는커녕 추억하고 기념하려는 오늘이기에 망각은 부끄러움을 넘어 죄악이 될 수 있다. 그러기에 지금 여기서, 역사를 배워야 하는 이유를 덧붙여야겠다. 기억해야 할 것은 기억하고 잊지 말아야 할 것은 잊지 않기 위해서라고.

contents

prologue
역사를 왜 배우느냐 묻는다면 …5

 1부 세상에 버릴 사람, **아무도 없다**

01 책의 신선, 책쾌 …12
02 이름 없는 시인 …28
03 조선의 공부벌레 …42
04 당나귀를 탄 여의사 …60
05 귀하신 몸 …76
06 홍길동의 후예 …92
07 세상에 버릴 사람은 아무도 없다 …108

2부 사라진 것들, **되살리다**

01 조선 최고의 실용서 …126
02 삽살개 아리랑 …146
03 변장한 임금 …160
04 단 하나의 혼수 …176
05 잃어버린 소금 …190
06 그들만의 영웅 …208
07 조선은 없었다 …226

3부 시대의 맥박, **살아 있다**

01 귀신폭탄 …244
02 살인사건을 빌미로 살인하지 말라 …260
03 503번의 승리 …274
04 파락호의 비밀 …292
05 6264 …308
06 두 개의 폭탄 …322
07 조선의 맥박 …336

· **이미지 출처** …354

1부 세상에 버릴 사람, 아무도 없다

01 책의 신선, 책쾌
02 이름 없는 시인
03 조선의 공부벌레
04 당나귀를 탄 여의사
05 귀하신 몸
06 홍길동의 후예
07 세상에 버릴 사람은 아무도 없다

neminis
01

책의 신선, 책쾌

"천하의 책이 모두 내 책이요,
이 세상에서 책을 아는 이는
오직 나밖에 없다."

책 속의 지식이 권력이 되던 시대
지식을 나누는 것을 꺼려하던
조선의 지배층

유숙의 〈수계도권〉

민간 서점이 거의 없었던
당시 조선에
책을 유통하던 이가 있었다

"한양에 책쾌가 있는데
모든 곳의 책을 반값에 사서
제값을 받고 판다더라."
– 『미암일기』

책쾌冊儈
: 전국을 돌아다니며 책을 팔던 서적중개상

그리고
18세기 등장한 희대의 책쾌

"붉은 수염에 우스갯소리를 잘했는데
눈에서 번쩍번쩍 빛이 났다."
— 『조신선전曹神仙傳』

"소매에 잔뜩 넣어다니는 것은
오직 책뿐이었다."
— 『일사유사逸士遺事』

"몸 안에서 한 권 한 권 계속 꺼내어…
그렇게 꺼내놓은 책이
방 안에 가득 쌓이곤 했다."
— 『금계필담金溪筆談』

시장 골목에서 관청으로
양반에서 마부 소년까지

책이 필요한 사람이 있다면
바람처럼 달려가 책을 팔았던 책쾌

희귀본 금서를 구하는 데 능통했고
손님이 원하는 책을 주문까지 받았던
신출귀몰한 행적과 책에 대한 해박한 지식으로
신선이라 불리던 인물

조생

"천하의 책이 모두 내 책이요,
이 세상에서 책을 아는 이는
오직 나밖에 없다."

－『일사유사』

조생이 활약하던 1771년
조선의 왕을 모독하는 내용이 담긴
중국의 서적 『명기집략』의 유통

영조는 조선 내
모든 책을 거둬 불태우고
책을 유통한 이들을 처형한다.

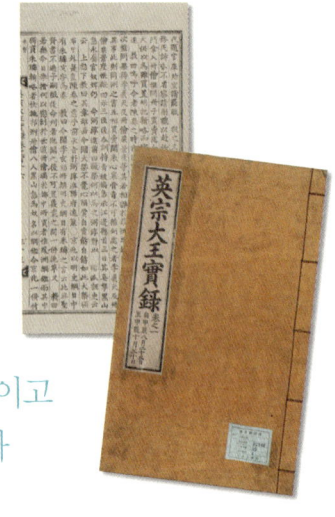

"벌거벗긴 채 두 손이 뒤로 묶이고
태양 아래 엎드려 죽게 된 자가
100여 명에 달했다."

－『영조실록』, 영조 47년 6월

이후 더욱 강화된
서적 유통의 감시

하지만

중국의 신간 서적에서 서학 관련 서적까지
다양한 책을 구하기 위해
책쾌를 찾는 이들은 점점 많아졌다

오늘날의
서적 외판원, 출판 판매담당자, 비평가

책쾌는 일제강점기와 6·25 전쟁 후까지 이어지다
산업구조의 변화와 함께
1960년대에 이르러 사라졌다

"천하에 책이 없다면
나는 달리지 않을 것이오.
이는 하늘이 천하의 책을 통해
나에게 명한 것이니
나는 천하의 책과 함께 생을 마칠 것이오."
-『추재집』중 조신선 편

책의 신선, 책쾌

걸어다니는 책방, 책쾌

틈 사이로 저녁 햇살 비스듬히 비쳐 떠도는 먼지를 희롱하는데
정히 앉아 향을 태우며 이 몸을 돌아보네
하루종일 닫힌 문 왕래하는 이도 없건만
때때로 책 장수가 찾아오네

조선의 문인 김흔의 한시 「우연히 읊다偶吟」이다. 인적도 없고, 해가 뉘엿뉘엿 넘어가는 저녁시간에 때때로 찾아오는 책 장수 이야기를 하고 있다. 조선시대에 고을마다 다니며 김 생원 집, 이 대감 집에서 책 보따리를 풀어놓던 책 장수들, 이들을 가리켜 당시 부르는 명칭이 바로 책쾌였다.

책쾌가 등장한 것은 15세기 무렵이다. 조선은 문치주의를 표방하고 학문을 숭상하는 나라라 했지만, 책 한 권 구하기가 쉽지 않았다. 국가에서 서점 설립을 엄격하게 제한한 탓이다. 책쾌는 그 틈을 비집고 판매자와 구매자 사이를 연결했던 책 거간이었다. 서점 여는 것이 금지되었던 조선시대에 그들은 '찾아가는 서비스'로 책을 팔았다.

조선 후기가 될 때까지 책은 시장 좌판에서 소규모로 팔리거나 물물교환 형태로 거래됐다. 『고려사』 등을 통해 보면 이미 10세기부터 책을 사고파는 행위가 등장한다고 하지만, 서점에 대한 명확한 묘사

는 찾을 수 없다. 조선 중기 중종 때가 돼서야 오늘날의 서점, 책방에 해당하는 서사書肆를 설치하자는 논의가 등장한다. "서적을 인출하는 곳이 교서관校書館 하나뿐이니 학문에 뜻을 두는 사람이 있어도 책을 구할 수 없어 뜻을 이루지 못한다"며 도성 내에 서점을 만들도록 허용해달라는 요구였다.

　서점을 만들자는 일각의 주장은 수백년 동안 이런저런 이유로 허용되지 않았다. 당시 의정부 정승들은 "한 번도 해보지 않은 풍속이다", "서점이 없어도 개별적으로 책 매매가 잘 되는데 굳이 서점을 만들 필요가 있겠냐" 등 이런저런 이유를 들며 서점 설치를 반대했다.

　책이 귀하고 지식이 귀했던 시절, 아는 것은 힘이었다. 고로 책은 나누면 안 되었다. 조정은 통치를 위해 사고史庫를 통제해야 한다고 판단했고, 책의 자유로운 유통을 막기 위해서 책방의 개점을 금지했다. 서책의 공급과 수요가 양반 사대부 계층에 집중되었고, 조정에 의해 통제되었다. 그야말로 모든 지식의 공급과 유통을 국가가 관장했다.

조선 후기, 새로운 물결이 일다

　임진왜란과 병자호란 등 전쟁의 여운에서 벗어난 뒤 조선의 인구는 폭발적으로 늘어났다. 상업이 발달하고, 이에 따라 신분제가 동요하기 시작했다. 양반 못지않게 지식을 쌓고 학문을 연구하는 신흥 계층이 나타났다. 중국 책을 구하기 위한 사무역이 활발해지면서 책을 사고파는 것에 대한 인식 또한 바뀌어갔다. 특정 계층이 지식을 독점하던 시대가 서서히 종말을 고하고 있었다.

영·정조 시대로 들어서며 청나라를 통해 새로운 문물이 유입되었다. 낯선 문화를 갈망하는 지식인들이 개성 있는 문체로 글을 썼다. 이옥, 박지원, 유득공, 박제가 같은 지식인들이 서로 교류하면서 문화의 장을 새롭게 펼쳤다. 이런 시대적 흐름 속에 책과 관련된 업종들이 급격히 부상했다. 그중 하나가 책쾌였다.

영조 시대에 들어서 이미 수백 명의 책쾌가 서울에서 활동했다. 서울에서만이 아니라 지방까지 발을 넓혀 먼 거리를 오간 이들도 있었다. 단골을 확보하기 전 책쾌들은 책을 들고 집집마다 찾아다니며 거래처를 뚫었다. 그뒤 단골 고객으로 만들어 지속적으로 관계를 유지해나갔다. "책 보기를 혹독하게 즐기는 것은 벽癖(버릇)의 하나다"라고 했던 유만주와 같은 장서가는 책쾌들이 당장 달려갈 단골 고객이었다.

책쾌는 책을 팔기만 하는 사람은 아니었다. 오늘날 고서를 수집하고 판매할 때 해당 분야의 높은 식견을 갖추고 있어야 하듯, 당시의 책쾌들은 난해한 옛 고서까지 필사하고 해제를 달 정도로 학문에 조예가 깊었다. 게다가 원만한 대인관계에 상거래 영업방식까지 두루 갖추고 있어야 했다. 김안국의 문집 『모제집』에는 책을 팔러 돌아다니던 양존인이란 인물에 관한 시가 실려 있다. 이를 통해 당시 영업 형태를 짐작할 수 있다.

> 양존인이란 자가 전에 책을 팔러 다니더니
> 그가 다시 와서는 책값을 받아가네.

스스로 책값을 받지 않겠다 하는 자 있다면
그 말을 곧이듣고 책값을 주지 않으려는 이도 있네.
찾아와 책값을 구하면 주어야지, 장난삼아 쓴 책이라도.

 양존인은 책쾌로 보인다. 대다수의 책쾌들은 아마 양존인처럼 집집마다 방문해 외상으로 거래한 뒤 나중에 돈을 받아가는 형태로 장사를 했을 것이다.
 책쾌는 개인적으로 책을 팔러 다니기에 양반도 체면을 따지지 않는다면 할 수 있었다. 실제로 많은 몰락한 양반들이 생계 유지를 위해 책을 싸들고 생업 전선에 뛰어들었다. 그 유형도 다양해 다른 것들을 팔면서 책도 함께 파는 '겸업(투잡)형'인 경우도 있었다. 영화 〈음란서생〉에는 책을 파는 황가라는 인물이 등장하는데, 놋그릇을 팔면서 책을 파는 그의 경우가 바로 겸업형 책쾌라고 할 수 있다.
 새로운 지식에 대한 열망이 높아가면서 17세기 후반 경부터 책쾌에 이어 새로운 업종이 등장하기도 했다. 세책貰冊업이었다. 세책이란 돈을 받고 책을 빌려주는 것을 말한다 즉, 세책방貰冊房은 조선 후기에 소설책을 일일이 필사해 고객에게 빌려주고 대여료를 받아 이윤을 챙겼다. 오늘날로 말하면 책 대여점인 셈이다. 조선 후기로 가면서 책을 공급하는 곳도 다양해졌고 공급량도 늘었지만 모든 사람이 책을 구할 수 있었던 것은 아니다. 책값은 일반 서민이 감당하기에는 여전히 비쌌다. 이런 독자들을 노리고 등장한 것이 세책업이었다. 돈을 받고 필사한 책을 빌려주던 세책방은 서울을 중심으로 성행했다. 서울에서만도 서른 곳이 넘었을 정도였다.
 책을 빌려주는 도서 대여점이 등장하고 책쾌가 전국을 누비며 책을 공급할 수 있었던 것은 당시에 그만큼 책을 읽고자 하는 독자들이 늘었음을 뜻한다. 이때 책이란 이야기책, 소설이었다. 한문 소설이 국문으로 번역, 필사되면서 소설은 전성기를 맞았다. 조선 후기는 소설의 시대였다. 지금까지 알려진 국내 고소설 작품만 해도 약 858종에 이르며 다양한 형태의 이본을 모두 합친다면 그 수는 수만 종을 헤아리고도 남는다.

이 배후에는 여성들의 '독서클럽'이 있었다. 18, 19세기 사대부 집안 여성들이 경쟁적으로 돈을 주고 소설책을 빌려 읽는 상황이 벌어졌다. 당시 인기 있는 소설은 중국 소설인 『삼국지』 『수호전』 『서유기』 『초한연의』부터 창작 소설인 『구운몽』 『사씨남정기』 『장화홍련전』까지 다양했다. 창작 소설은 영웅과 악인의 대결, 가정 갈등과 연애를 다룬 소설이 인기를 끌었다. 사대부들은 이를 두고 "세책에 빠져 지내는 사회 풍토가 걱정된다"며 한탄했다.

이 시기에는 방각본 소설이 크게 유행했다. 방각본은 상업적인 민간 출판 도서로 목판에 글자를 새겨서 인쇄한 책을 가리킨다. 전국의 서당에서 광범위하게 교재로 쓰였던 한석봉의 『천자문』 역시 방각본이었다. 대량 생산이 가능한 방각본의 등장과 더불어 사대부가를 방문해 책을 팔던 책쾌, 책을 빌려주고 돈을 받는 세책방 등은 18세기 들어 나타난 새로운 문화현상이었다.

책쾌는 여기저기를 돌아다니며 수집한 독자의 반응을 작가나 세책업자, 필사자에게 전해주었다. 독자의 여론을 전달하는 정보원 노릇도 한 것이다. 또한 실학을 공부하는 이들에게 중국과 서구의 실용학문 서적을 전해주고 권유했다. 책쾌들이 희귀 서적을 밀반입하는 주요 통로는 역관들이었다.

'조신선曹神仙'이라 불리던 조생曹生

조선 후기, 당대의 최고 지식인들과 교유한 책쾌가 있었다. 그는 "천하의 책이 모두 내 책이요, 이 세상에서 책을 아는 이는 오직 나밖에 없다"며 호언장담했다. 그는 추우나 더우나 삼베옷을 입고 붉은 수염 휘날리며 조선 팔도를 유랑했다. 어떤 이들은 그를 신선이라 부르기도 했다. 그의 이름은 조생이었다.

   조생은 조선시대 책쾌 가운데 가장 유명했다. 실학파 선비를 비롯해 양반 세도가, 규방의 규수, 기생에 이르기까지 당대 책벌레들을 단골로 확보하고 있었다. '한양에서 조신선을 모르면 간첩'이란 말이 돌 정도로 조생은 한양을 무대로 활약한 최고의 책쾌였다. 언제 보아도 늙지 않는 모습과 붉은 수염, 삼베옷의 품과 소매에 책을 잔뜩 넣어다니는 기이한 모습, 구하기 힘들다고 소문이 자자한 책도 척척 구해내는 능력이 마치 신선을 연상하게 했을 것이다. 그는 희귀본이나 금서를 구하는 데도 능통했다. 자신이 꼭 읽고 싶은 책을 제때 구하기가 어려웠던 상황에서 조생은 조선의 많은 지식인들에게 가뭄에 단비 같은 존재였다. 그에 대한 일화는 정약용의 『여유당전서』, 서유영의 『금계필담』, 장지연의 『조생』 등 여러 문인들의 문헌에 기록돼 있다.

"조신선이라는 자는 책을 파는 아쾌로 붉은 수염에 우스갯소리를 잘하였는데, 눈에는 번쩍번쩍 신광神光이 있었다. 모든 구류九流·백가百家의 서책에 대해 문목門目과 의례義例를 모르는 것이 없어, 술술 이야기하는 품이 마치 박아한 군자博雅君子와 같았다."
                                              – 『조신선전』, 정약용

   정약용이 "박식한 군자君子와 같다"고 할 만큼 조생은 지식과 학식을 갖춘 인물이었다. 대체로 책쾌들은 책을 등짐이나 보따리에 넣고 다녔지만 조생은 옷 속에 넣고 다녔다. 희한하게도 그리 크지 않은 그의 소맷부리 속에서 사람들이 주문한 엄청난 양의 책들이 마구 쏟아져나왔다고 당시 그와 거래한 문인들은 기록하고 있다.

그러나 외모나 기이한 행적 이상으로 그의 가정사나 속사정에 대해서는 아는 사람이 전혀 없었다. 추재秋齋 조수삼은 조생에 대해 "나는 일찍이 어렸을 때부터 조생에게서 책을 구입하여 공부했는데 내 이렇게 주름이 자글자글하게 늙었지만 그는 아직도 젊은 모습 그대로이니 그는 아마도 신선일지도 모른다"고 적고 있다. 어떤 사람은 조생이 100년을 살았다고 하고 누구는 160년을 살았다고도 한다. 사람들이 궁금해서 나이를 물으면 항상 "난 35세라우"라고 대답했다고 한다. 또한 책을 판 돈으로 그는 주로 술을 마셨다. 재물에 집착하지 않고 술을 즐기는 초연한 모습의 조생이 사람들에게는 신선으로 보이기에 충분했다.

조생은 책을 사고 싶어 하는 사람과 팔고 싶어 하는 사람을 한눈에 꿰뚫고 있었다. 손님들이 원하는 책을 주문 제작해 팔기도 했다. "천하의 책은 모두 내 책이다"라고 큰소리칠 정도로 책에 대해 해박했다.

조선 문인들의 글에 오르내리던 조생, 그의 이름이 국가의 공식기록에 오른 것은 조선 후기 대표적 금서인 『명기집략』 파문이 일어났을 때다. 중국의 주린이 지은 『명기집략』은 인조반정을 부정하고 광해군을 옹호하는 내용을 담고 있었다. 이 책이 사대부 사회에 유통된 것을 알고 영조는 대대적인 조사를 벌였다.

조선의 항의에 청나라는 『명기집략』을 모두 폐기했다. 그러나 『명기집략』은 이미 조선에 흘러들어와 읽을 사람은 모두 읽은 상태였다. 당시 조정이 처벌한 대상은 세 갈래였다. 책을 소지한 사람, 책을 전파한 책쾌, 중국에서 책을 들여온 역관. 이들 가운데 가장 큰 타격을 받은 쪽은 책을 퍼뜨린 책쾌였다. 불온서적이 그토록 많은 이들에게 퍼진 것은 책을 파는 이들 탓이라고 여겼던 것이다. 『승정원일기』는 '이런 음험하고 참혹한 글을 책쾌에게 팔고 사서 몇 차례 왕복했다니 이를 생각하면 오싹하고 몸서리쳐진다'고 하는 영조의 말을 적고 있다. 책쾌에 대한 조선 조정의 조처는 극단적이었다. 효시되거나 아니면 노비가 되었다. 이 일로 책쾌는 중국에서 나오는 신간 서적을 사고팔 수 없게 되었다. 도성 내로 책쾌가 왕래하는 것조차 금지됐다.

이때 조생은 이미 지방으로 몸을 피해 종적이 묘연해졌던 것으로 전해진다. 사람들은 '역시 조신선'이라 하며 그의 예지력에 감탄했다.

책을 팔다, 시대정신을 팔다

개항 이후 19세기 말 조선에는 근대적 의미의 출판사가 등장했다. 서점도 점차 하나둘 문을 열었다. 이런 사회적 흐름 때문에 책쾌는 고객들을 하나둘 놓치게 되었다. 20세기 들어 책쾌들은 일반적으로 구하기 어려운 고서를 중심으로 자신의 영역을 특화시켰다. 한국전쟁 이후까지 소수의 특정 고객을 직접 찾아다녔다.

송신용은 우리나라의 마지막 책쾌로 알려진 인물이다. 그는 갑신정변, 갑오개혁 등으로 조선 정국이 요동치던 구한말 혼란기에 태어나 1920년대 중반부터 본격적으로 서적 중개상의 길을 걷기 시작했다. 일제강점기와 한국전쟁, 그리고 전후 격동기에 유실될 뻔했던 우리나라의 수많은 서적과 문서 등을 보존하고 필요한 이들에게 공급했다. 많은 학자와 인사들이 송신용과 책으로 교분을 나눴다. 그가 남긴 거래 장부책의 한 대목이다.

"궁체 국문사본 『태평광기』는 최남선에게 양도했고, 신흠의 문집인 『상촌집』은 월탄 박종화에게 팔았다."

송신용은 1919년 3·1운동에 참여한 뒤, 독립운동을 하기 위해 상하이 임시정부를 찾아간 민족 정신이 투철한 지사였다. 1930년대 들

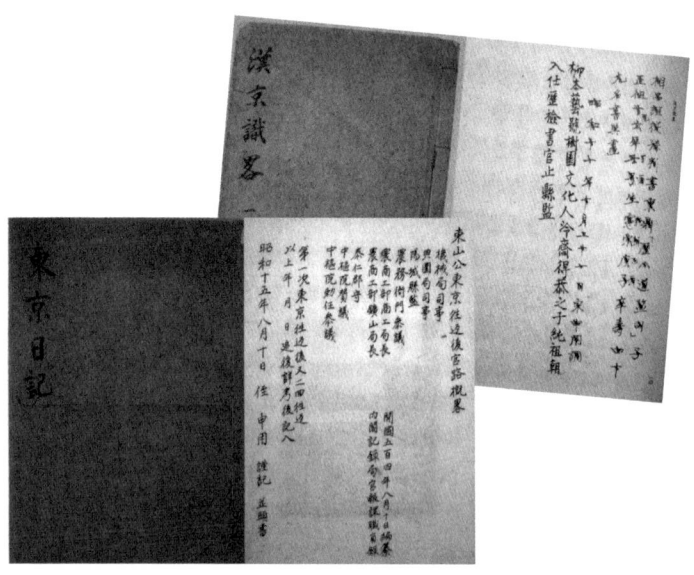

송신용이 필사했다고 적혀 있는 『동경일기』와 『한경지략』

어 그는 서울을 무대로 서적 중개상으로 나서 전통문화유산 보존의 길로 나선다. 국문학자 가람 이병기가 쓴 『가람일기』에는 송신용이 수시로 집을 드나들며 책을 소개했다는 사실이 여러 차례 등장한다.

"1937년 7월 10일(토). 송신용군이 『악부樂府』 2권을 가져오다. 값은 400원. 이 책은 고 이용기가 수집. 분량은 꽤 많다. 가사, 잡기, 패설 등을 초록하여 누덕누덕 붙여놓은 거다."

송신용은 전국에 흩어져 있는 고서들을 발굴하고 가격이 아무리 비싸다 해도 꼭 자신이 구입해 직접 해설을 하고 발문을 쓰기도 했다. 송신용은 당대의 학문을 좋아하는 선비요, 서책 수집가이자 재야 민속학자였다.

구한말과 일제강점기, 그리고 해방과 한국전쟁이라는 사회 혼란기 속에서 책을 팔았다는 것은 개인적인 이윤 추구를 넘어서는 행동이다. 책쾌는 책의 보급과 유통으로 사회와 문화에 영향을 끼쳤던 '문화 활동가'였다. 1962년 송신용의 죽음으로 이땅의 책쾌도 역사 속으로 사라졌다.

예나 지금이나 책은 단순한 상품이 아니라, 시대의 문화를 창조하고 유통하는 매개체다. 그런 의미에서 본다면 '책쾌'라는 직업은 당대의 문화를 이끈 독특한 직업군이라 할 수 있다.

근대적 의미의 상업 또는 매매가 활발하지 못했던 시절, 책을 팔러 다니던 책쾌나 이를 구입하던 고객 모두에게 책의 매매는 의미 있는 행위였다. 책쾌가 활동하지 않았다면, 민간에서 책을 사고팔지 않았다면 아마도 조선의 지식 활동은 위축될 수밖에 없었을 것이다. 책쾌, 그들은 더 크고 더 넓은 지식의 창고를 여는 열쇠를 쥐고 있었다. 그들이 있어 조선은 우물 안 개구리로 전락할 운명에서 벗어날 수 있었다.

참고자료

기이한 책장수 조신선 정창권, 사계절, 2012
책쾌 송신용 이민희, 역사의 아침, 2011
조선의 베스트셀러 이민희, 프로네시스, 2007
조선 전문가의 일생 규장각한국학연구원, 글항아리, 2010
16~19세기 서적중개상과 소설 서적 유통 관계 연구 이민희, 역락, 2007

neminis
02

이름 없는 시인

시인의 남은 생애는 늙은 나무꾼 신세 ^{翰墨餘生老採樵}
지게 위에 쏟아지는 가을빛 쓸쓸하여라 ^{滿肩秋色動蕭蕭}
동풍이 장안 대로로 이 몸을 떠다밀어 ^{東風吹送長安路}
새벽녘에 걸어가네 동대문 제이교를 ^{曉踏靑門第二橋}

"생김새는 기괴하나 시를 무척 잘한대."

"김홍도에게 영감을 주고
정약용, 박제가도 울고 갈 천재라지, 천재!"

"대체 그 자가 누군데 그래?"

김홍도의 〈송하선인취생도〉

강가에 있는 나무꾼 집일 뿐
과객 맞는 여관이 아니라오
내 성명을 알고 싶다면
광릉에 가서 꽃에게나 물으시게

―「과객에게贈過客」

이름이라 답할 수 없는 이름
정초부

정초부樵夫

: '정씨 성을 가진 나무꾼'

노비를 소나 말처럼
주인의 재산이라고 여기던 조선시대
한문과 성조를 알아야 하는 한시를 지어
조선을 놀라게 한
노비 정초부

"글 읽는 소리를 듣고 암기하는 것을
주인이 기특히 여겨 자제들과 함께
글을 읽게 하였다."
－『삼명시화』

"여씨가 초부의 시를 양반 사회에 퍼뜨리니
그 명성이 서울에 가득하였다."
－『일사유사』

시詩 잘 짓는 노비를
시詩 잘 짓는 사람으로 대하고
주인이 아닌 친구로 지낸
정초부와 여춘영

"어릴 때는 스승, 어른이 되어서는 친구로 지내
시에서는 오로지 내 초부뿐이었지."

하지만

신분제에 가로막힌
냉혹한 현실!

"짚신을 신은 두 다리를 드러내고 패랭이를 쓰고
도롱이를 입은 채 대청 아래에서 시를 바쳤다."
-『일사유사』

양반들에게 정초부는
엄연히 천민!

그러자

"여씨가 노비의 문건을 불태웠다."
-『초부유고』

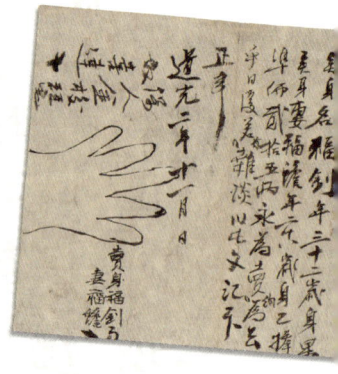

여춘영은 정초부를
노비 신분에서 해방시킨다

하지만

한시를 고급문화,
인재 등용의 척도로 삼았던 당시
시단에 정식으로
이름을 올릴 수 없었던 초부

"한밤중에 다락에 오른 것은
달빛 구경하려는 것이 아니고
아침 세 끼 곡기 끊은 것은
신선 되려는 것 아닐세."

결국
곤궁한 삶 속에서
이름 없이 살다 생을 마친
'정씨 성을 가진 나무꾼'

"이런 재능을 가진 자를
변변찮은 신세로 살게 했으니
세상은 인재를 귀하게 여기지 않았다."

그가 죽고 난 후, 문인들은 그의 시를 모아 시선집 『초부유고樵夫遺稿』를 만들었고, 이는 오랜 시간이 흐른 뒤에 발견되었다.

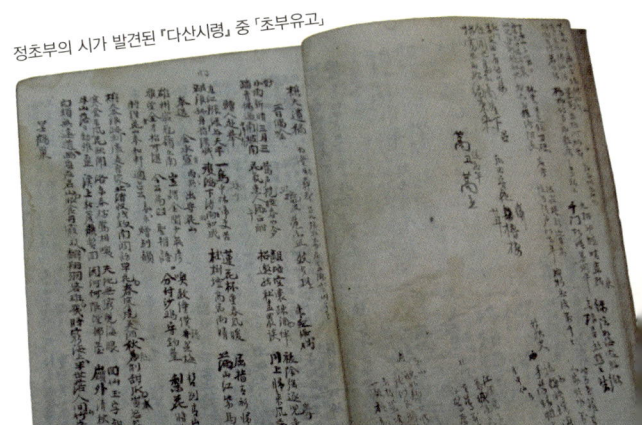

정초부의 시가 발견된 『다산시령』 중 「초부유고」

이름 없는 시인

난 그저 초부일 뿐이오

2011년, 한 대학 도서관에서 조선시대 필사본 시집이 발견됐다. 정약용, 박제가 등 18세기의 내로라하는 문인들의 시만 골라 묶은 『다산시령』이었다. 그런데 이 시집을 펼치니 그 안에는 묘하게도 또다른 책 하나가 들어 있었다. 약 90수의 한시가 담긴 시집 『초부유고』였다. '유고'는 작자 사망 후에 타인에 의해 만들어진 책이다. 유고를 남기고 떠난 '초부'는 누구였을까?

초부樵夫는 글자 그대로 나무꾼이다. 이름도 없이 초부라 불린 무명의 시인. 그는 조선 정조 때 활약했던 시인 정초부(1714~1789)였다. 그의 본명은 봉鳳, 『초부유고』에서는 이재彛載로 불렸다고 기록하고 있다.

정초부는 양근(지금의 경기도 광주시 남종면 수청리)에 살면서 나무를 해서 한양에 갖다 팔았다. 생김새가 괴이하고 말도 어눌했는데, 시 하나는 글 좀 쓴다 하는 양반들도 감히 견줄 자가 없었다고 한다. 그의 이야기는 『초부유고』라는 시집이 발견되기 전에도 이미 여러 기록에 등장했고, 그가 남긴 작품 또한 많은 시선집에 실려 전해지고 있었다. 시화와 야사가 제법 많이 전해오는 만큼 정초부란 이름은 장안의 화제를 몰고 다니던 인물이었다.

정초부는 원래 명문가인 여씨 가문의 노비, 즉 최하층 천민이었다. 그는 어렸을 때 날마다 낮에는 나뭇짐을 해오고 밤에는 주인을 모시고 잤는데, 하루는 초부가 혼자서 흥얼흥얼 한시를 읊고 있는 것을 주인이 기특하게 여겨 어떻게 알았느냐 물으니 곁에서 주인이 책 읽는 소리를 듣고 외웠다고 했다. 주인은 그에게 한자를 가르쳤고 자제들과 함께 글을 읽도록 했다. 그가 글을 익히는 속도는 놀라울 정도였다. 과거시험에서 짓는 한시를 과시科詩라 했는데, 과시를 잘 지어 주인집 자제들에게 도움을 줄 정도였다.

정초부와 함께 공부하던 여춘영은 자기보다 스무 살이나 많았던 노비 정초부와 신분의 벽을 넘어 교류했다. 그를 스승이자 친구로 여겼고 정초부의 시를 세상에 알렸다. 여춘영의 문집인 『헌적집軒適

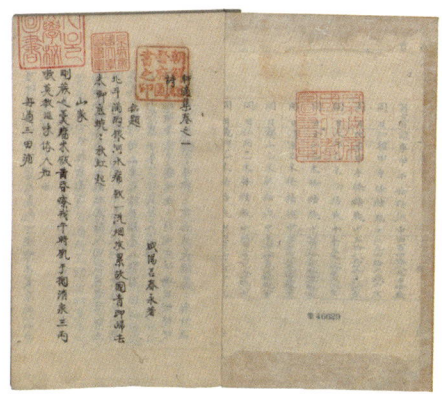

여춘영의 『헌적집』

集』에는 정초부에 대한 시, 두 사람이 함께 지은 시가 곳곳에 실려 있다.

당시 한시는 아무나 지을 수 없었다. 엘리트 중에서도 최고의 엘리트들만이 할 수 있는 영역이었다. 한자에 대한 깊은 이해는 기본이고, 15개 내외의 규칙들을 완벽하게 이해하고 있어야 시를 한 수 지을 수 있었다. 운율과 음의 높낮이를 맞추는 것은 물론, 기승전결에 맞게 한자를 풀어내야 했다. 보통 10년 이상은 공부해야 쓸 수 있다고 할 만큼 한시는 고난도의 예술작품이었다. 그런데 어떻게 제대로 글공부도 하지 못했던 노비가 한시를 지을 수 있었을까.

당시에도 글을 아는 노비들은 있었다. 하지만 정초부처럼 한시까지 짓는 이는 없었다. 글을 아는 노비들은 대부분 주인 대신 서류 처리 같은 잡무를 대신하면서 노비들의 수장 노릇을 했다. 남의 집 종으로 살지만 마음 편히 생계를 유지할 수 있었다. 그러나 정초부는 그 길을 선택하지 않았다. 편히 사는 길을 선택할 수 있었지만, 평생 시를 지으며 가난한 나무꾼으로 살았다.

시인의 남은 생애는 늙은 나무꾼 신세

정초부는 43세 무렵에 노비 신분에서 벗어나 양인이 되었다. 주인인 여춘영이 한시를 잘 지어 명성이 자자한 사람을 종으로 두는 것이 도리가 아니라 여겼던 듯싶다. 게다가 초부의 주인이던 여춘영은 정약용, 이벽 등 당대 지식인들과 가깝게 지내고 있었다. 천주교의 물결을 받아들인 그는 신분 차별에 대한 인식 또한 다른 양반들과는 달랐을 것이다.

자유인이 된 정초부는 갈대울, 월계(지금의 팔당대교 부근)라 불리는 곳에 자리를 잡았다. 노비로 살던 여춘영의 집에서 그리 멀지 않은 곳이었다. 사는 곳은 옮겼지만 정초부는 여전히 예전처럼 나무를 해다 팔았다. 정조가 통치하던 당시, 경기 일대의 주민들은 뗏목을 타고 남한강 물길을 따라 한양을 오갔다. 정초부도 그 배를 타고 오가며 땔감을 팔던 사람 중 하나였다. 그의 시에는 나무꾼의 정서가 고스란히 배어 있다.

시인의 남은 생애는 늙은 나무꾼 신세 翰墨餘生老採樵
지게 위에 쏟아지는 가을빛 쓸쓸하여라 滿肩秋色動蕭蕭
동풍이 장안 대로로 이 몸을 떠다밀어 東風吹送長安路
새벽녘에 걸어가네 동대문 제이교를 曉踏靑門第二橋

쌀쌀한 가을, 새벽부터 지게를 지고 나무 팔러 동대문으로 들어오는 나무꾼의 고단한 삶이 눈앞에 보이는 듯하다. 그의 시는 한 편의 그림 같으며 아름다운 서정성이 빛난다. 『초부유고』에는 정초부가 지은 약 90수의 시가 전해지는데 그 가운데에서 가장 유명한 시는 단원 김홍도의 그림과 함께 전해지고 있다. 오늘날 한강 동호대교 부근의 풍경을 읊은 정초부의 시를 김홍도는 〈도강도〉(혹은 도선도)라는 그림의 화제畵題로 사용했다.

동호의 봄 물결은 쪽빛보다 푸르러 東湖春水碧於藍
또렷하게 보이는 건 두세 마리 해오라기 白鳥分明見兩三
노를 젓는 소리에 새들은 날아가고 柔櫓一聲飛去盡
노을진 산 빛만이 강물 밑에 가득하다 夕陽山色滿空潭

나무를 가득 싣고 오가다 정초부가 배 위에서 봤음직한 풍경이다. 아름다운 한 폭의 그림과 같은 이 시는 18세기 후반을 대표하는 서정시의 하나라는 평가를 받고 있다.

『추재기이秋齋紀異』라는 책을 쓴 조선의 시인 조수삼은 "동호의 봄 물결은 지금도 푸르건만 그 누가 기억하랴? 시인 정초부를"이라고 하면서 그의 명성을 회고했다. 정약용의 아들 정학연과 함께 지은 시에서는 "오백 년 문명이 영조 정조 때에 꽃피웠으니 나무꾼과 농사 짓는 여인네까지 시를 잘 짓네"라며 넌지시 정초부 이야기를 하고 있다. 정초부는 조선의 르네상스라 하는 영·정조 시대의 문화계를 대표하는 하나의 상징과 같았다.

조선은 정치, 경제, 문화 등 사회 전반이 양반 사대부를 중심으로 움직이던 나라였다. 그런데 18세기 들어서면서 문학을 하겠다고 나타난 신진 세력들이 있었다. 사대부가 독점하는 한시까지 넘보는 이들이 하나둘 나타났다. 임진왜란과 병자호란을 겪은 뒤 17세기 중엽을 지나면서 사회적 지위가 높아진 중인 이하의 계층이었다.

그들은 양반 사대부가 걸어 닫은 폐쇄적인 시단에 도전장을 내밀었다. 인왕산 자락에 위치한 주택가, 오늘날 옥인동, 통의동이라 불리는 이곳은 조선시대 도성의 서북쪽에 자리를 잡아 서촌이라 불렸다. 이 지역은 중인의 집단 거주지였다. 골목길이 구불구불 이어진 곳에서 역관, 의관, 율관 등 당시 기술직들이 모여 시를 지었다. '위항문학委巷文學(골목문학, 중인문학)'이라는 말까지 나왔다.

이런 재주 있는 이들 가운데에는 천민 출신도 있었다. 그중 대표적인 인물이 바로 17세기 노비 출신으로 젊은 나이에 양인이 된 역관 시인 홍세태였다. 그뒤를 이어 김해의 관노였던 어무적, 전함노였던 백대붕, 궁실에 딸린 종이던 최기남, 스스로 하인이라 선언한 이단전이 노비 문학의 맥을 이었다. 그리고 나무하는 시인 정초부도 있었다.

강가 다락에 홀로 올라

신분 상승을 해서 양인이 되었고 시 하나로 이름을 떨쳤지만 정초부는 여전히 가난했다. 배를 곯다가 하루는 관아에 가서 쌀을 꾸려고 했다. 그러나 호적대장에 그의 이름은 없었다. 힘없이 빈손으로 돌아와 초부는 다락에 올라가 시를 읊었다.

산새는 옛날부터 산 사람 얼굴을 알고 있건만 山禽舊識山人面
관아의 호적에는 아예 늙은이 이름이 빠져 있구나 郡藉今無野老名
큰 창고에 쌓인 쌀을 한 톨도 나눠 갖기 어려워라 一粒難分太倉粟
강가다락에 홀로 오르니 저녁밥 짓는 연기 피어오르네 江樓獨倚暮烟生

노비라는 흔적이 지워지면서 동시에 나라에서 도움을 받을 근거 자료도 없어지고 말았다. 양인이 되었지만 노비로 있을 적보다 생계는 더 곤궁했다. 아마 정초부는 다시 여춘영 집안의 노비가 되고 싶었을지도 모른다. 그 시절 실제로 많은 양인이 노비가 되려고 했다. 당시 조정은 재물을 받고 관직을 부여해주는 공명첩을 남발하고 있었다. 돈을 주고 양반이 된 자들이 늘면서 세금과 군역의 의무를 져야 하는 양인들은 줄었다. 자연스럽게 양인, 즉 평민들의 부담이 늘어났고, 세금이 늘자 일부러 노비가 되려는 양인들이 생겨났다. 신분상으로는 주인에게 예속이 되지만 먹고사는 건 해결이 되기 때문이다. 하지만 정초부는 그저 가난한 시인으로, 나무꾼으로 남았다.

시간이 지나 군수가 정초부의 시를 보게 됐다. 관아에 쌀을 꾸러 왔던 자가 시를 지었다니 믿을 수 없었다. 군수는 초부를 불러다가 다른 제목을 주고 시를 지어보라 했다. 그 제목으로 멋진 시 한 수를 즉석에서 지어내자 군수는 쌀을 하사한 뒤 그 사실을 널리 알렸다.

그뒤로 정초부가 사는 곳 월계는 명소가 되었다. 양반들은 그를 월계에 산다 해서 '월계초부'라고 불렸다. 이곳을 지나는 사대부들은 정초부를 떠올리고 그를 만나보고 싶어 했고 일부러 찾아오기도 했다. 당대의 명사였던 신광수라는 사람은 월계를 지나다가 소문을 듣고 초부의 집을 찾았는데, 그를 만나지 못하자 "아침에는 나무 팔아 배 위에서 쌀을 얻고, 가을에는 나무에 기대 산속의 종소리를 읊네"라는 시를 남기고 돌아왔다. 정초부에게 나중에라도 꼭 만나보고 싶다는 소망을 시 한 수로 밝힌 것이다.

초부의 명성은 날로 높아져 어느 날에는 고관들과 시를 읊는 자리에 초대되기도 했다. 그가 초대된 자리는 노론 사대부의 폐쇄적 시회였던 '동원아집東園雅集'이었는데, 이 성대한 모임을 기념하기 위해 〈동원아집도東園雅集圖〉라는 그림도 그려졌다고 한다. 현재 〈동원아집도〉는 전해지지 않지만 이 그림을 자세히 설명한 글이 남아 있다. 그림을 하나하나 들여다보고 작성된 문장은 그림의 한가운데를 묘사하면서 '패랭이를 쓰고 구부정하게 대청 아래에 서서 시를 바치는 사람이 초부'라고 적고 있다.

지체 높은 양반네들의 자리에 갈 정도로 유명인사였지만 초부는 그들과 얼굴을 마주할 수 없었다. 한시를 잘 짓는 정초부가 양반들 눈에는 그저 신기하게 보였을 뿐, 그 이상도 이하도 아니었다. 실력으로는 초부가 훨훨 날고 있다 해도 신분상 여전히 천한 자였다. 신분의 벽은 그렇게 높았다. 재능을 구경 삼아 찾아오는 양반들에게 정초부는 속내를 비추듯 한 편의 시를 남겼다.

> 강가에 있는 나무꾼 집일 뿐 江上樵夫屋
> 과객 맞는 여관이 아니라오 元非逆旅家
> 내 성명을 알고 싶다면 欲知我名姓
> 광릉에 가서 꽃에게나 물으시오 歸問廣陵花

신분제에 가로막힌 현실 속에서 정초부가 할 수 있는 일은 한시를 짓는 일이었다. 그가 현실을 견딜 수 있는 힘은 붓에서 나왔다. 그는 가난조차 시로 풀어냈다. 한밤중에 다락에 오른 것은 달빛을 구경하려는 것이 아니고, 아침 세 끼 곡기를 끊은 것은 신선 되려는 것이 아니라고 했다. 외로움과 허기를 친구 삼아 지내던 시인 정초부, 그는 어느 날 더이상 외롭지 않고 배고프지 않을 곳으로 떠났다. 1789년 그의 나이 76세였다.

여춘영은 평생의 지기인 정초부가 떠나자 만시輓詩 12수를 남겼다. 그는 시에서 "어릴 때는 스승, 어른이 되어서는 친구로 지내며, 시에서는 오로지 내 초부뿐이었지少師而壯友, 於詩惟我樵"라고 초부와 지냈던 시절을 회상했다. 아들 둘을 데리고 정초부의 무덤을 찾아가 그를 기리는 제문을 읊었다.

저승에서도 나무하는가? 黃壚亦樵否
낙엽은 빈 물가에 쏟아진다 霜葉雨空汀
삼한 땅에 명문가 많으니 三韓多氏族
내세에는 그런 집에 나시오 來世托寧馨

참고자료

노비문학산고 이상원, 국학자료원, 2012
조선을 사로잡은 꾼들 안대회, 한겨레출판, 2010
추재기이 조수삼, 안대회 역, 한겨레출판, 2010

neminis
03
조선의 공부벌레

"중국 말을 배우려고 하는 것은
진실로 아름다운 일이다."

- 『세종실록』, 세종 21년(1439) 12월 4일

조선을 건국한 이듬해

"사역원司譯院을 설치하고
중국 말을 익히게 하였다."
-『태조실록』 태조 2년(1393) 9월 19일

사역원
: 통역을 전담하는 관리, 역관을 양성하는 외국어 전문 교육기관

역관은 외교를 위해
반드시 필요한 인재였다

그런데
역관이 되기란 하늘의 별 따기!

조선 사신들의 연행 과정과 중국 연경에서의 활동상을 그린 〈연행도〉

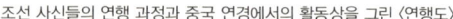

1. 철저한 입학사정관제

10대 60.2퍼센트
9세 이하 28.4퍼센트

언어 습득의 효과를 높이기 위해
어린 학생들을 우선적으로 선발

현직 역관으로 구성된
열다섯 명의 심사위원

지원자의 자질 뿐만 아니라
가문까지 심사

심사위원 중 열세 명 이상이 찬성해야
사역원에 입학할 수 있었다

2. 엄격한 교육 시스템

외국 출신의 귀화인을 사역원 선생으로 등용
최소 3년 이상 외국어 공부!

글자마다 음과 뜻을 풀이해놓은 외국어 학습서

중국어 회화책 『노걸대老乞大』 『박통사朴通事』
일본어 교재 『첩해신어捷解新語』

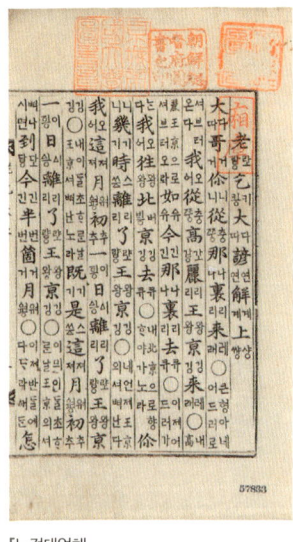 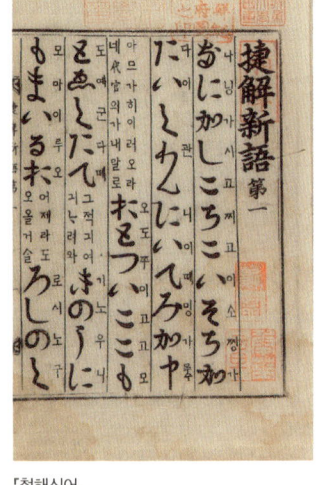

「노걸대언해」　　　　「첩해신어」

생도들은 암기와 번역, 작문까지
세 달에 한 번씩 평가시험을 치러야 했다

3. 현저히 낮은 합격률

생도들의 최종 관문은

역과 譯科
: 통역관을 선발하는 잡과 시험

최종 합격자는 단
열아홉 명!

기준에 미달될 경우 합격자를 선발하지 않았다

그런데
어렵게 역관이 되었음에도 불구하고
사역원 도제조 都提調 신개 등이 아뢰기를

"중국 말을 능히 통하는 자가 드물고 적으며…
중국 사신이 올 때 어전에서 말을 전할
적당한 사람을 얻기가 매우 어렵습니다."

-『세종실록』, 세종 24년(1442) 2월 14일

뛰어난 역관을 양성하기 위해
극약 처방을 내린 세종대왕

"사역원에서는 반드시 중국 말만 사용토록 하고
이를 어긴 생도에게는 횟수에 따라 매질하라!"

한글을 창제했음에도
중국어를 장려한다

숙종은 사역원 내에
우어청偶語廳을 설치
선생부터 학생까지 모두
우리말 대신 외국어로 대화하게 했다

혹독하게 공부했던 조선의 공부벌레

그 결과

임진왜란 때
명나라의 원병援兵을 이끌어낸
역관 홍순언

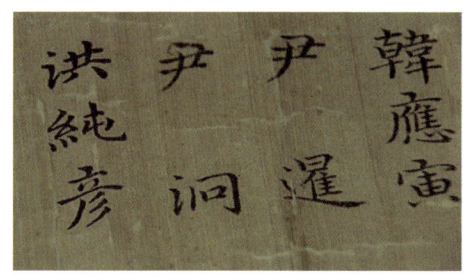
광국공신록에 기재된 역관 홍순언의 이름

백두산 정계비를 세울 때
조선의 이익을 대변한
역관 김지남

조선의 역사를 새로 쓴
조선 최고의 전문가
역관

조선의 공부벌레

조선의 제1외국어는 중국어

조선시대의 외교정책은 '사대교린事大交隣'이라는 말에 집약되어 있다. 이는 큰 나라 중국은 섬기고, 이웃인 일본과는 동등하게 잘 지낸다는 뜻이다. 외교를 위해 정기적으로 중국과 일본에 사신을 보냈기 때문에 사신들에게 외국어 능력은 필수였다.

이미 삼국시대부터 외국어 전문가를 길러내려는 노력이 있었다. 고구려, 백제, 신라는 모두 어린 학생들을 큰 나라 중국, 즉 당나라로 유학을 보냈다. 유학생들은 당나라 과거시험에 급제해 벼슬에 오를 정도로 중국어에 능통했다. 대표적인 인물이 신라의 최치원이었다. 최치원은 열두 살에 당나라로 조기유학을 간 뒤, 열여덟 살에 과거에 급제하여 벼슬살이를 했다. 그는 빼어난 글솜씨로 사람들을 놀라게 할 만큼 중국어에 대단한 실력을 보였다.

고려 때에도 역시 원나라에 유학생을 보냈다. 우리 역사에서 외국어 통역을 전담하는 관리를 뜻하는 '역관'이란 말이 처음 등장한 것도 바로 이 시기다. 『고려사』를 보면 1276년(충렬왕 2년)에 통문관을 설치했고 역관을 두었다고 기록되어 있다. 당시 고려의 제1외국어는 몽골어였다.

외교를 위해서는 예나 지금이나 상대국의 언어를 할 수 있는 외국어 능력이 중요하다. 물론 조선시대에는 말을 잘 못해도 주변국이 모

neminis
03

두 한자문화권이었기 때문에 필담으로도 소통은 할 수 있었다. 하지만 글을 주고받는 것만으로는 의사소통에 한계가 있었다. 더욱이 역성혁명으로 새로운 왕조를 연 조선으로서는 대국으로 등장한 명나라 중심의 국제질서를 받아들여야 했다. 『세종실록』에는 중국과 돈독한 관계를 유지하는 데 통역의 중요성을 강조하는 대목이 다음과 같이 나온다.

중국으로 가는 조선 사신의 모습을 그린 〈항해조천도〉

"사대事大를 하는 데 있어 역학(통역·번역)보다 더 중요한 것은 없습니다. 중국 사신을 접대할 때나 우리 사신이 명나라에 갔을 때 통역이 잘못되면 조롱과 비웃음을 받게 됩니다."

조선은 중국어 교육에 심혈을 기울였다. 조선의 태조 이성계는 건국 이듬해인 1393년에 외국어 전문 교육기관을 설치했다. 이름하여 '사역원'이다. 명나라와의 관계를 중요하게 여긴 만큼 중심에 둔 외국어는 중국어였다. 신라, 고려가 그랬듯 조선 역시 대국에 유학생을 보내고 싶어 했다. 하지만 명나라는 유학생을 받아달라는 조선의 요청을 점잖게 거절한다.

조선 조정은 중국어를 연습할 수 있는 다른 기회를 찾아야 했다. 역관을 양성하는 사역원에서는 '4학四學'을 설치했다. 중국어인 한학漢學뿐만 아니라 몽골어인 몽학蒙學, 일본어 왜학倭學, 여진어인 여진학女眞學 등이 포함됐다. 1636년 병자호란이 일어난 뒤 4학에도 변화가 생겼다. 여진학 대신 만주어를 담당하는 청학淸學이 새로 편성된 것이다. 각각 한학청, 몽학청, 왜학청, 청학청이라는 불리는 관청에서 외국어 교육을 전담했는데 당연히 중국어인 한학청의 규모가 제일 컸다.

역관이 되기 위한 고된 과정

역관이 되기 위해서는 우선 사역원에 입학해야 했다. 사역원 생도들의 입학 연령은 대체로 10대나 그 이전으로 제한됐다. 조선 초기에는 15세 이하라는 연령 제한이 있었는데 후기로 갈수록 제한은 낮아져 18세에 활동한 역관의 경우, 다섯 살 때 입학한 사례도 있었다.

반드시 현직 역관의 추천이 있어야 했고, 추천에 따라 심사를 받앉는데 열다섯 명의 역관 중 열세 명 이상의 찬성을 얻어야 사역원 입학이 허락됐다. 들어가기도 어려웠지만 생도로 들어가서도 엄격한 수련과정을 거친다. 기숙사 생활을 하면서 하루종일 공부를 했고, 한 달에 두 번 시험을 쳐야만 했다. 적어도 3년간의 수련 과정을 거친 뒤 과거시험인 역과를 치러야만 역관이 될 수 있었다.

조선시대의 통역관 양성은 중앙에서는 사역원, 지방에서는 그 지방의 역학원에서 맡았다. 교육에서 가장 주안점을 둔 것은 회화능력이었다. 가장 많이 쓰였던 중국어 교재는 『노걸대』와 『박통사』다. 노걸대의 '노'는 우리말의 '씨', 영어로 하면 '미스터' 쯤 되는 말이고 '걸대'는 몽골인이 중국인을 가리킬 때 쓰는 말이었는데, 고려 상인이 중국에 장사를 하러 다녀오는 과정에서 나올 수 있는 다양한 대화를 담고 있었다. 『노걸대』가 상인의 무역 활동을 주제로 하는 비즈니스 회화에 가깝다면, 『박통사』는 중국의 일상생활에 관한 내용이 대부분이었다.

일본어 교재인 『첩해신어』는 '새로운 말(일본어)을 빨리 해독하는 책'이란 뜻으로, 일본에 포로로 잡혀갔다가 10년 만에 돌아온 강우성이란 인물이 지은 책이었다. 이밖에 몽골어 교재로 『첩해몽어捷解蒙語』, 『몽어노걸대蒙語老乞大』 등이 있었다.

조선 초기에는 대부분의 역학서를 해당국에서 직수입했다. 대부분 각 나라들이 자국의 어린이를 가르치기 위해 편찬한 책이었는데 초보용 교재로 교육 효과가 없었다. 이에 조선은 직접 외국어 교재들을 만들었고, 그 종류가 80종에 달했을 정도로 다양했다. 특기할 것은 이들 학습서가 철저히 실용 회화 중심이었다는 점이다.

사역원 생도들이 수강할 과목에는 문서 번역과 글씨 연습도 포함되어 있었다. 그 외에 역사, 한시 등에 대한 식견을 기를 수 있는 책도 필수 목록에 들어 있었다. 외국의 사신들과 수준 높은 대화를 나누기 위해서는 국제적인 감각과 학문적 소양이 중요했기 때문이다.

시험과목에는 사서오경 등을 포함시켜 인문적 소양을 점검하는 기회로 삼았다. 합격 정원이 중국어 열세 명, 그 외 언어는 두 명씩 해서 모두 열아홉 명이었는데 기준에 미치지 않으면 합격자를 내지 않았다. 그만큼 역관이 되는 길은 만만치 않았다.

외국어 중 중국어를 익히는 일은 생각보다 쉽지 않았다. 『세종실록』 세종 24년(1442) 2월 14일자 기록을 보면 사역원 책임자인 신개의 말이 적혀 있다.

"중국 말을 10년이나 배워도 중국 현지에 두어 달 다녀온 사람만도 못합니다. 이는 사역원에서는 마지못해 중국 말을 한다 해도 평상시에는 늘 우리말을 쓰고 있기 때문입니다."

이에 신개는 고육지책으로 세종에게 건의한다.

"사역원 내에서 공사를 의논하거나 밥을 먹거나 할 때, 무조건 중국 말을 쓰도록 해야 합니다. 만약 이를 어기는 생도는 그때마다 매질을 가하도록 하소서."

사역원 안에서 조선말을 쓰면 처벌하자는 내용이었다. 관원의 경우에는 형벌을 주거나 벼슬을 주지 말자고 했고, 사역원 학생들의 경우 약속을 어긴 횟수에 따라 매를 때리자고 했다. 세종이 허락해 이를 실시했으나 그래도 외국어 교육은 뜻대로 풀리지 않았다. 나이가 들어 중국 말을 배워야 했던 사대부들은 곤욕스러웠다. 세종 때에는 집현전 부제학 설순이 상소문을 올리기까지 했다.

"중국 말은 배우기가 매우 힘듭니다. 어려서부터 배워도 어려운데 신석견 등은 나이가 이미 지나고 혀가 굳어서 오랫동안 배운다 해도 힘들 것입니다. (…) 사람의 소질이란 다른 것인데…"

급기야 사역원에서는 원어민을 모셔달라고 조정에 몇 차례 건의했지만, 외국인 교수를 초청하는 것은 현실적으로 쉽지 않았다. 여진족이나 왜인, 중국인 포로나 귀화인들을 외국인 교사로 활용했지만, 그 숫자는 지극히 적었다.

그러다가 고육지책으로 하루종일 외국어로만 말하는 학교를 만들기도 했다. 우어청偶語廳이었다. 오늘날 영어마을의 원조인 셈이다. 우어청은 입학하기도 어려웠고, 들어가도 엄격한 규칙과 시험 때문에 과정을 끝내기 쉽지 않았다. 또 간신히 이 과정을 마쳤다 해도 과거시험에 합격해야만 역관이 될 수 있었다.

이름을 날린 조선의 역관들

역관의 업무 중에서 가장 중요한 일은 외국에서 온 사신을 영접하고 외국으로 가는 사신단을 수행하는 일이었다. 임무에 따라 사신단의 규모는 수십 명에서 오백 명까지 이르렀고, 수행 기간이 몇 달 이상이 걸릴 때도 있었다. 사신단을 수행하는 경우 보통 한번 나갈 때 열 명에서 스무 명의 역관들이 합류해 출발했다. 사신단에는 많은 일행이 있었지만 일행 중 의사소통을 하는 이는 역관이 유일했기에, 사신 업무의 성과는 사실상 역관의 능력 여부에 따라 결정되었다. 사신들은 저마다 능력을 인정받은 역관을 데려가기 위해 애썼다.

왜란과 호란을 겪은 뒤 청나라, 일본 등 주변국과의 관계가 급격히 변화되면서 역관의 역할은 급부상했다. 대표적인 업적을 남긴 인물이 김지남과 홍순언이다.

김지남은 환갑이 넘도록 중국에 자주 드나들며 유창한 중국어로 외교, 경제, 정치적인 현안들을 많이 해결했다. 숙종 시대에 청나라와 국경분쟁이 일어났을 때 백두산 정계비를 세우고 국경을 확정한 것이 대표적인 업적이다. 또한 아들 김경문과 함께 외교사 자료집이라고 할 수 있는 『통문관지通文館志』를 편찬하기도 했다. 이 책에는 사역원의 관제, 역과부터 중국과 일본에 보내는 외교문서 및 접대 음식, 대표적인 선배 역관들의 전기에 이르기까지, 역관들이 알아야 할 모든 것이 총망라되어 있다.

조선 선조 대에 역관으로 활약한 홍순언은 『통문관지』에 실린 역관들 가운데 한 사람이다. 임진왜란이 시작된 지 두 달 만에 수도 한양이 함락되자 의주까지 피난을 간 선조는 명나라에 원군을 요청했다. 명나라가 조선에 군대를 파견하기란 쉽지 않았다. 쇠락의 시기에 다른 나라를 도울 상황이 아니었기 때문이다. 그러나 명으로 간 사신단은 황제에게서 원군 파병을 허락받는다. 함께 명으로 간 역관 홍순언이 이전에 맺어두었던 인연의 도움으로 기적 같은 일이 일어난 것이다.

이같이 한 시대를 뒤흔드는 중요한 역할을 해왔지만 중인의 신분이었던 역관은 양반 사회의 신분 차별을 견뎌야 했다. 신분은 세습됐기에 역관은 한 가문에서 대물림되는 경우가 많았다. 대표적으로 밀양 변씨, 우봉 김씨 등이 역관 가문이었다.

조선 초기 사역원 생도들은 약 80명이었다. 이후 갈수록 역관의 수가 늘어나면서 조선 후기에 이르러 사역원 소속의 역관은 600명에 달했다. 그러나 수백 명의 역관 가운데 실제 관직을 부여받고 직무를 수행한 역관은 70여 명에 불과했다. 대다수 역관은 임시직으로 제대로 된 녹봉도 받지 못했다. 경제적으로 안정되지 못했던 이들에게 기회가 주어진 것은 오로지 사행으로 나설 때였다. 당시 조정은 역관들의 사행길에 출장비 대신 무역 허가권을 주었다. 출장비는 줄 수 없고 대신에 사무역 허가권을 줄 테니 잘 활용해보라는 뜻이었다. 역관들은 조선에서 중국으로 출발할 때 인삼을 들고 가서 팔고, 인삼을 판 돈으로 중국에서 비단이나 책 등을 수입해왔다. 당시 청나라는 일본과 직접 교역하지 않았기 때문에 조선은 중국과 일본, 중국과 여진 사이에서 중개무역을 하며 큰 이익을 남겼다. 이때 국내외 정세에 밝았던 역관들은 거간 노릇을 하면서 부를 축적할 기회를 가질 수 있었다.

조선 후기 유명한 갑부 중 상당수는 역관 출신이다. 연암 박지원의 『허생전』에는 주인공 허생이 사업을 벌이기 위해 큰돈을 빌리는 변씨라는 인물이 등장한다. 거지 행색의 허생에게 선뜻 1만 냥을 내준 '변 부자'는 집안 대대로 역관을 지냈던 실존 인물로 인조 때의 역관 변승업이다. 지금으로 치면 거의 1000억 원대의 재산을 가진 거부였다. 변승업은 대일 무역으로 큰돈을 벌었는데 '내 돈으로 양반인들 못 사겠는가'라며 큰소리를 쳤다고 한다.

역관의 위상은 조선 후기로 가면 웬만한 양반가를 압도한다. 역관의 외교력이 그 어느 때보다 필요해졌기 때문이다. 청나라와의 미묘한 외교관계를 해결하기 위해서는 역관의 힘이 절대적이었다. 외국어 능력도 중요했지만 수없이 사행길을 오가면서 얻은 역관의 국제 감각과 현장 경험이 중요했다.

더 나아가 역관들은 조정으로부터 은밀하게 전해들은 통상 정보를 파악해 장사 수완을 발휘했다. 권력 이동의 흐름을 꿰뚫는 혜안과 축적한 부를 토대로 정치의 전면에 나서기도 했다. 서얼 출신 장희빈이 궁녀로 입궁해 서인정권을 무너뜨리고 남인정권을 세우는 '기사환국己巳換局'의 주역이 될 수 있었던 것도 조선 후기 역관 명가였던 인동 장씨 가문이 배후에 있었기에 가능했다.

중국, 일본 등지에서 접한 앞선 문물의 경험을 바탕으로 개화기 때 선각자로 활동한 이들도 있었다. 3·1 독립선언 당시 민족대표 33인 가운데 한 사람이었던 오세창이 대표적인 인물이다. 만세보萬歲報

를 창간했던 그는 동서로 뛰어다니며 골동 서화를 구매했다. 조선왕조가 망하면서 전통문화의 가치가 땅에 떨어져 오래된 서화들이 헐값으로 일본에 팔려나가는 것을 막으려 한 것이다. 전형필이 지금의 간송미술관을 설립하게 된 것은 오세창의 자문 덕이라고 전해진다.

그렇다면 조선에서는 서양 언어를 통역하는 역관은 없었을까? 사역원에서 제도화되지는 못했지만 분명히 있었다. 최초의 서양 언어 통역관은 네덜란드인 벨테브레였다. 1626년에 일본으로 향하다가 풍랑을 만나 동료 두 명과 함께 제주도에 도착했던 그는 박연朴淵이라는 이름을 갖고 조선에 정착했다. 그리고 20여 년 세월이 흘러 하멜이 제주도에 표류해 도착하자 통역을 맡았다. 하지만 통역은 잘 이뤄지지 않았다고 한다. 하멜은 『하멜표류기』에서 벨테브레가 눈물을 흘리며 반겼으나 그의 어설픈 네덜란드어를 알아듣기 힘들었다고 전했다. 20년 넘게 네덜란드어를 쓰지 않아 어휘를 많이 잊어버렸기 때문이었다. 벨테브레는 하멜이 전라도 강진 병영으로 이송되기까지 3년 동안 함께 지내며 그에게 조선어를 가르쳤다. 우리나라에서 서양인에게 조선어를 가르친 첫번째 선생님이 된 셈이다.

시대를 바꾼 조선의 세계인, 역관

1882년 한미수호통상조약이 체결되면서 학습과 교육이 필요한 외국어는 더 확대됐다. 전통적인 외국어였던 중국어나 일본어보다 영어가 더 필요해진 것이다. 조선 조정은 1883년에 '동문학同文學'이라는 외국어 교육기관을 설립했다. 동문학에서는 영어 교수를 초빙했는데, 미국에서 원어민을 모셔오지 못하고 영어를 할 줄 아는 중국인을 초빙했다.

그뒤 얼마 지나지 않아 1891년 역과가 폐지되고, 더이상의 역관은 배출되지 못했다. 500년 동안이나 운영됐던 사역원도 1894년 갑오개혁에 이르러 시대적인 사명을 다하고 문을 닫게 되었다.

양반 사대부들보다 많은 재산과 식견을 가졌음에도 신분 상승에서 좌절을 겪어야 했던 중인계급의 역관들. 그들은 자주 해외로 드나들며 누구보다도 빨리 국제 정세의 변화를 간파했고, 새로운 사상과 선진 문물을 받아들이는 데 적극적이었다.

역관의 업무는 단순히 통역에 머물지 않았다. 누구보다 빨리 국가 기밀과 해외 선진 문물을 접하게 되는 직업의 특성상, 때로는 국경을 넘나들며 상업적으로 성공을 거둔 무역상으로, 때로는 일급기밀이나 우수한 기술을 입수한 스파이로, 또 어떤 경우에는 닫힌 시대에 개화를 촉진한 선각자로 이름을 남기기도 했다.

동아시아 문명을 연구해온 경희대 후마니타스 칼리지의 임마누엘 페스트라이쉬 교수는 우리의 자랑스러운 전통으로 역관 제도를 손꼽는다. 17, 18세기의 조선은 폐쇄된 나라라는 인상을 주지만 실상은 매우 다르다는 것이다. 조선은 이미 국가에서 주도적으로 외국어를 가르치고 외교관을 배출하는 시스템을 확보하고 있었다. 당시 조선에는 중국이나 일본보다 다양한 외국어를 구사하는 통역 전문가가 훨씬 많았다. 중국어, 일본어는 물론 몽골어와 만주어 전문가도 있었다.

역관, 그들이야말로 당대의 코스모폴리탄이었다. 그들을 통해 조선은 세계에 눈을 떴다.

참고자료

조선을 통하다 이한우, 21세기북스, 2013
조선 전문가의 일생 규장각한국학연구원, 글항아리, 2010
조선 최대 갑부 역관 이덕일, 김영사, 2006
조선평전 신병주, 글항아리, 2011

neminis
04

당나귀를 탄 여의사

"쥐 귀신이 병을 물어 온다던데?"

사람들은 문에 '고양이 그림'을 붙여놓고
병이 물러나기를 기다렸다

1902년
서울에 퍼진 유행병 '콜레라'

"쥐 귀신이 병을 물어 온다던데?"
사람들은 문에 '고양이 그림'을 붙여놓고
병이 물러나기를 기다렸다.

이때 당나귀를 타고 나타난 여인

"저 젊은 여자는 병자를 그냥 만진대!"

"저 여자가 말한 것처럼 물을 끓여 먹으면
정말 병에 걸리지 않을까?"

1886년
이화학당에 입학해
뛰어난 영어 실력을 뽐내던 소녀는
한국에서 의료 선교 활동을 펼치던
의사 로제타 홀의 통역을 맡는다

로제타 홀과 박에스더, 박유산 부부

그리고 어느 날
구순구개열 수술을 지켜본
소녀에게 생겨난 꿈

'언청이라 놀림을 받던 아이가
고운 입술을 가진 귀여운 아이가 됐다.
의사가 하는 일은 정말 아름다운 일이다.
반드시 혼자의 힘으로 수술할 수 있는
의사가 되겠다.'

1894년 12월 미국행
1896년 10월 볼티모어 여자의과대학 입학
1900년 졸업

한국 최초의 여의사가 되다

하지만

"발목 염증이 난 아이에게
개고기로 만든 국물을 마시게 했다."
– 〈한국여성회의 보고서〉, 1902년

"폐결핵에 걸린 아내에게
생쌀을 먹인 후 생매장하려고 했다."
– 〈한국여성회의 보고서〉, 1902년

미신과 남녀 차별에 희생되던 환자들을 위해
가마를 타고 당나귀를 타고
산골 마을까지 왕진을 가야 했다

1900년 평양 광혜여원 2414건
1901년 서울 보구여관 3000건
1903년 평양 광혜여원 4857건
1904년 평양 광혜여원 8638건

한 달 진료 300건 이상

한국 최초의 간호원 양성소 설립

그녀는 황해도 평안도 일대를 오가며
의료 교육 및 무료 진료 활동을 이어간다

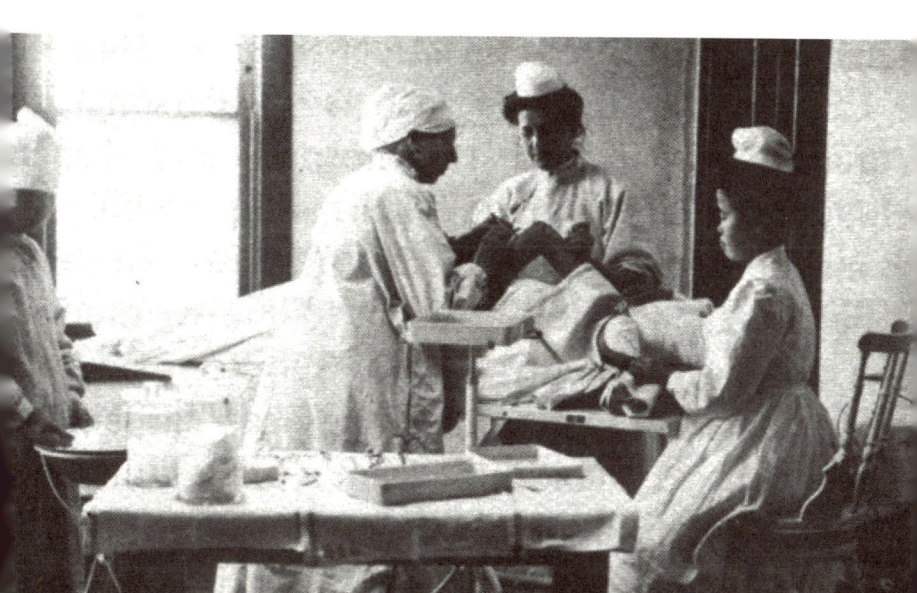

그리고

1910년 4월 13일
폐결핵을 얻은 지 5년 만에
34세의 젊은 나이로 세상을 떠난다

1887년
보구여관

1912년
해리스 기념병원

1993년
이화여대 의과대학

한국여성의학사의 밑거름이 된
그녀의 의료·계몽 활동

"육체뿐 아니라
영혼의 고통을 구제하는 병원,
그러한 병원이 많이 세워져
많은 환자를 치료할 수 있기를 희망한다."

박에스더 1877~1910

당나귀를 탄 여의사

이화학당의 네번째 학생

박에스터의 본명은 김점동金點童이다. 김점동은 서울 정동에서 딸만 넷인 가난한 집의 막내딸로 태어났다. 아버지 김홍택은 배재학당의 설립자인 미국인 선교사 아펜젤러의 일을 돕고 있었다. 아버지가 서양 선교사의 집에서 허드렛일을 돕던 까닭에 김점동의 집안은 서양 문물에 일찍 눈을 뜰 수 있었다.

1885년, 최초의 서양식 근대학교인 배재학당이 문을 열었다. 이어 여성을 위한 교육의 요람도 탄생했다. 오늘날 서울 정동 이화여자고등학교 자리에 세워진 이화학당이다. 설립자는 한국 최초의 여성 선교사 메리 스크랜턴으로 그는 남편과 사별한 뒤 의사인 외아들 윌리엄 스크랜턴과 함께 한국에 왔다.

"우리의 목표는 여인들이 우리 외국인들의 생활양식, 의복 및 환경에 맞추어 바뀌는 데 있지 않다. 우리는 다만 한국인을 보다 나은 한국인이 되게 하는 것으로 만족한다." 이는 메리 스크랜턴의 교육관이었다. 메리 스크랜턴은 1886년, 교실과 기숙사를 갖춘 번듯한 교사를 세웠다. 하지만 지원자가 한 명도 없었다. 신학문과 영어를 배워 출세하기 위해 청년들이 몰려들었던 배재학당과는 딴판이었다. 양반집 딸들은 내외가 심해 접근조차 할 수 없었고, 가난한 집에서는 일손이 모자란다며 딸을 내놓으려 하지 않았다. 심지어 서양인이 학교를 차려 아이들을 유괴해간다는 소문을 믿고 여자아이를 학교에 보내려 하지 않았다. 선교사들은 일일이 방문해서 부모를 설득해야만 했다.

반년이 지나서야 겨우 첫 학생이 들어왔다. 이화학당의 첫 학생인 김씨는 양반의 소실로 영어를 배워 왕비의 통역을 맡겠다는 야심을 갖고 있었는데, 등교하고 몇 달 되지 않아 병에 걸려 학교를 그만뒀다. 두번째 학생은 너무 가난해서 어머니가 맡기고 간 열 살짜리 꽃님이었고, 세번째 학생은 콜레라에 걸려 성 밖에 버려졌던 네 살짜리 별단이었다. 그리고 네번째 학생이 김점동이었다. 훗날 박에스더는 당시 메리 스크랜턴을 처음 만났을 때를 다음과 같이 회상했다.

"내가 열 살 때 스크랜턴 부인을 처음 만나러 가게 되었다. 매우 추운 날씨여서 부인이 나를 난로 가까이 오라고 했는데 나는 부인이 나를 난로에 잡아넣어 태워버릴 것만 같아 두려웠다. 그러나 부인의 친절하고 아름다운 얼굴이 이내 그런 생각을 떨쳐버리게 했다."

이화학당에 입학한 김점동은 성경, 한글을 비롯해 산수, 한문, 영어 등 신학문을 배웠다. 총명하고 영리했던 점동은 다른 학생들에 비해 학습능력이 뛰어났다. 특히 영어 실력은 누구도 따를 수 없었다.

그녀는 열두 살 때 세례를 받고 이름을 에스더로 바꾼다. 그리고 자신의 어학 실력을 십분 발휘해 한국인과 서양 선교사 사이에서 통역을 하는 역할을 맡았다.

의술을 배우기로 결심하다

이화학당에서 공부한 김에스더는 14세인 1890년부터 메리 스크랜턴의 추천으로 보구여관保救女館에서 통역과 간호 보조 일을 했다. 보구여관은 1887년에 이화학당 구내에 세워진 최초의 여성 병원이다. 남녀를 한 병원에서 진료하기 어려운 현실을 고려해서 이화학당 구내에 여성과 어린이만을 위한 진료소를 개설하자고 스크랜턴이 제안하자 명성황후는 보구여관이라는 병원 이름을 하사했다.

김에스더는 보구여관에서 통역 업무를 하면서 자신의 운명을 결정지을 한 사람을 만나게 된다. 의료 선교 활동을 위해 미국에서 온 여의사 로제타 홀이었다.

어느 날 입술이 갈라진 아이 하나가 부모와 함께 진료를 받으러 병원에 왔다. 속칭 '언청이'라 일컫기도 하는 구순구개열 환아였다. 의사인 로제타는 수술을 받으면 고칠 수 있다고 했지만 부모와 아이는 반신반의하는 듯했다. 외과수술이라는 것을 듣지도 보지도 못했기 때문이다. 수술을 받고 얼마 뒤, 아이가 붕대를 풀자 부모는 감격에 겨워 눈물을 흘렸다. 의사와 통역자에게 연신 고개를 숙이며 감사를 표했다. 이 광경을 옆에서 지켜본 김에스더는 자신도 의술을 배워 고통받는 사람들을 돕겠다고 결심했다. 로제타 홀 또한 김에스더의 이러한 결심을 적극 지지했다.

제아무리 신여성이라고 하는 김에스더였지만, 100여 년 전 한국 사회의 풍습을 거스를 수는 없었다. 김에스더의 집은 결혼을 서둘렀다. 이때 로제타는 에스더에게 한 남자를 소개한다. 같은 의사이자 선교사인 남편 제임스 홀을 돕던 조선의 청년, 박유산이었다. 두 사람은 잘 어울렸다. 하지만 김에스더의 부모는 사윗감을 못마땅하게 여겼다. 박유산의 신분이 낮다는 이유였다. 김에스더는 박유산이 함께 꿈을 나눌 수 있는 사람이라는 확신을 가졌다. 결국 부모의 반대를 무릅쓰고 김에스더는 열일곱 살의 나이에 박유산과 결혼한다. 1893년, 두 사람은 한국 역사상 최초로 교회에서 서양식 결혼식을 치른다. 그리고 에스더는 결혼을 한 뒤에는 남편의 성을 따르는 서양의 풍습에 따라 김에스더에서 박에스더로 이름을 바꾼다.

"대한에 이런 부인이 있음을 치하하노라."

우여곡절 끝에 2년 뒤인 1895년, 박에스더 부부는 미국 유학길에 오른다. 로제타와 함께였다. 청일전쟁 와중에 전염병까지 유행하던 평양에서 남편인 윌리엄 제임스 홀이 발진티푸스에 걸려 세상을 떠나자 혼자된 로제타 홀은 미국으로 돌아가기로 결심한다.

로제타의 도움으로 뉴욕 리버티에 도착한 박에스더는 1895년 리버티 공립학교에 들어가 유학 생활을 시작했고, 얼마 지나지 않아 볼티모어 여자의과대학(지금의 존스홉킨스 의과대학)에 최연소로 입학했다. 그곳에서 의학과 천문학을 전공했다.

오가는 교통비야 로제타가 도와줬다고는 하지만 미국 생활에 필요한 경비는 온전히 두 사람이 해결해야 했다. 박에스더가 고학하는 것을 안타깝게 여긴 로제타는 보다 못해 조선으로 다시 귀국하는 것이 어떻겠느냐고 권유하기도 했다. 그러나 박에스더는 뜻을 굽히지 않았다.

박에스더가 낯선 땅에서 열심히 공부할 수 있었던 데에는 남편의 도움이 컸다. 유학을 떠날 때까지만 해도 박유산 역시 공부에 뜻이 있었다. 그러나 박유산은 곧 자신의 학업을 접는다. 둘 다 공부할 처지도 아니었고, 둘 중 하나가 공부해야 한다면 그건 아내여야 한다고 생각했기 때문이다. 박에스더가 의사가 되길 바랐던 남편 박유산은 낯선 이국땅에서 농장 일과 식당 일도 마다하지 않으며 부인의 학비와 생활비를 벌었다. 그는 그때까지도 상투를 틀고 다녀 서양인들에게 큰 구경거리가 되었다고 한다.

그러던 어느 날, 박유산에게 폐결핵이라는 어두운 그림자가 찾아왔다. 당시 의학 기술로 폐결핵은 손을 쓸 수 없는 병이었다. 결국 그는 서른둘의 젊은 나이에 미국 땅에서 눈을 감았다. 아내의 의과대학 졸업 3주를 남겨두고서였다. 현재 볼티모어 서쪽 로레인 파크 공동묘지에는 '1868년 9월 21일 한국에서 태어나 1900년 4월 28일 볼티모어에서 사망했다'는 문구가 새겨진 박유산의 묘비가 세워져 있다.

헌신적으로 외조를 도맡았던 남편의 갑작스런 죽음 앞에서 박에스더는 망연자실했다. 박에스더의 귀국 소식을 전하는 『신학월보神學月報』의 1900년 12월 기사에는 이 같은 내용이 실렸다.

"부인의학박사 환국하심. 박유산 씨 부인은 6년 전 이화학당을 졸업한 사람인데, 내외가 부인 의사 홀 씨를 모시고 미국까지 가셨더니 공부를 잘하시고 영어를 족히 배울뿐더러 그 부인이 의학교에서 공부하여 의학사 졸업장을 받고 지난 10월에 대한에 환국하였다. 공부가 여러 해 되었는데 그동안 박유산 씨는 세상을 떠나시고 그 부인이 혼자 계시니 섭섭한 마음을 어찌 다 위로하겠는가만… (중략)… 미국에 가셔서 견문과 학식이 넉넉하심에 우리 대한의 부녀들을 많이 건져내시기를 바라오며 또 대한에 이러한 부인이 처음 있게 됨을 치하하노라."

사람을, 세상을 진료하는 여의사

1900년 10월 박에스더는 조선으로 돌아왔다. 그때까지 한국인으로서 대학을 제대로 졸업한 사람은 손가락으로 꼽을 정도였다. 몇 명 안 되는 대학 졸업생 가운데서 그녀는 첫번째 여성이었고, 첫번째 여의사였으며, 첫번째 여성 과학자였다.

의사가 되어 귀국한 박에스더는 다시 조선에 들어와 있던 로제타 홀과 함께 활동을 시작했다. 미국으로 가기 전에는 조수였지만 5년 만에 로제타의 동료 의사로 현장에 서게 된 것이다.

구한말 당시 조선인들은 서양 의술을 그저 신기한 것으로 생각하고 경이롭게 봤을 뿐 호감을 갖지는 않았다. 그러다가 고종이 푸른 눈의 의사들에게 마음을 돌리는 하나의 사건이 생기는데, 바로 갑신정변 당시 일곱 군데에 칼을 맞은 명성황후의 조카 민영익을 미국공사 알렌이 외과수술로 살려낸 일이다. 이를 계기로 고종은 서양 의학에 감명을 받았고, 서양식 병원 건립을 제안한 알렌의 뜻을 받아

옛날 제중원의 모습

들여 갑신정변 이후 몰수한 홍영식의 집에 광혜원을 설치했다. 이곳이 훗날 제중원으로, 한국인 의사를 양성한 곳이다. '제중원 박사들'은 당시 최고의 지식인으로 사회의 존경을 받았다. 그러나 100여 년 전만 해도 양의사들은 조선에서 그다지 환영받는 존재가 아니었다. 백성들은 양의사들을 주사 바늘과 칼을 휘두르며 사람 잡는 도깨비라고 여겼다.

 조선의 의료 환경은 열악했다. 남녀유별이 심했던 당시 부녀자들의 상황은 더욱 좋지 않았다. 아픈 부위를 의사에게 보이기는커녕 진맥조차 자유롭지 못했다. 여성들은 병에 걸려도 치료 한번 제대로 받을 수 없었다. 여성 환자를 위해 여자 의사가 절대적으로 필요했다.

 로제타와 두어 명의 선교 의사밖에 없던 때, 박에스더가 할 일은 태산처럼 많았다. 박에스더는 귀국 후 열 달 동안 3000명의 여성 환자를 돌볼 정도로 열심히 일했다. 휴일도 휴가도 엄두를 낼 수 없었다. 평양의 여성 전용병원인 광혜여원으로 자리를 옮기고 나서는 병원에서 환자가 오기만을 기다리지 않았다. 평안도와 황해도를 두루 다녔다. 엄동설한에도 당나귀가 끄는 썰매를 타고 환자를 찾아나섰다.

 박에스더가 펼친 의료 활동은 미신과의 싸움이기도 했다. 산간벽지의 의료 혜택을 받지 못한 사람들은 양의사에게 몸을 보이는 것을 두려워했다. 그들은 병이 들면 무당을 찾아가 푸닥거리를 할지언정 의사를 찾지는 않았다. 박에스더는 홀대를 받으면서도 묵묵히 환자들을 돌보았다. 한 사람이라도 더 살리겠다는 신념이 있었기에 가능한 일이었다. 진료를 받아본 사람들은 곧 그의 진심을 알아보았다. 어느새 '귀신이 재주를 피운다'는 이야기를 들을 만큼 박에스더는 명의로 소문났다.

 박에스더는 매년 평균 5천 명이 넘는 환자들을 만났다. 진료 활동뿐만이 아니었다. 간호원 양성소에서 위생학 등을 강의하며 위생 관념을 가르치는 활동도 펼쳤다. 그렇게 10년의 세월이 흘렀고 과로는 끝내 폐질환을 불러왔다. 10년 전 남편이 그랬듯 그도 역시 폐결핵을 이겨내지 못했다. 1910년 그는 에스더, 별이란 뜻의 이름처럼 그렇게 하나의 별이 되었다. 그의 나이 34세였다.

박에스더와 가족처럼 지내던 로제타 홀의 슬픔은 남달랐다. 로제타 홀의 아들 셔우드 홀은 박에스더의 죽음을 계기로 폐결핵 전문 의사가 되어 한국에 결핵요양소를 세우겠다고 결심했다. 셔우드 홀은 1928년 한국 최초의 결핵요양소를 세웠고 결핵 퇴치를 위한 크리스마스실을 한국 최초로 도입했다. 로제타 홀은 자신의 일기에 박에스더에 관해 이렇게 기록했다.

"그녀는 날마다 나에게 새로운 인생을 배우게 한다."

참고자료

근대 의료의 풍경 황상익, 푸른역사, 2013
여성을 넘어 아낙의 너울을 벗고 최은희, 문이재, 2003
한국 근대사 산책 4 강준만, 인물과사상사, 2007

neminis
05

귀하신 몸

종1품
육조판서보다 높은 품계

영조 13년
큰 병에 걸린
세 살의 어린 세자

의원들이 신중을 기해 만든 탕약

하지만
탕약을 마시기 힘들어 하는 세자
이런 세자를 위한 해법

"젖을 통해 드시는 것만 못할 것입니다."
–『승정원일기』, 영조 13년(1737) 7월 30일

젖 유乳
어미 모母
젖을 통해 약의 효능을 세자에게 전달했던
유모

세자의 병을 치료했을 뿐 아니라
영양분을 공급하는 유일한 생명줄

왕실은 유모의 건강이
세자의 건강과 직결된다고 여겼다

"원자가 올봄 여름부터 다리 힘이 쇠약해져
건강하게 걷지 못하고
때로는 일어서는 것도 어렵게 여깁니다.
의원이 가서 맥을 짚어보고 '습증濕證'이다,
유모에게 습증이 있기 때문이다'라고 했습니다."
- 우의정 윤개

『왕세자입학도첩』 중 〈왕세자출궁도〉

왕도 부럽지 않은 식사
끼니마다 영양분을 고루 갖춘
특별 보양식

세자가 왕이 되면
유모에겐 특별한 직첩이 내려졌다

봉보부인 奉保夫人
종1품
육조판서보다 높은 품계

남편의 지위와 상관없이
자신의 공로로 품계를 받은
조선시대 유일한 여성

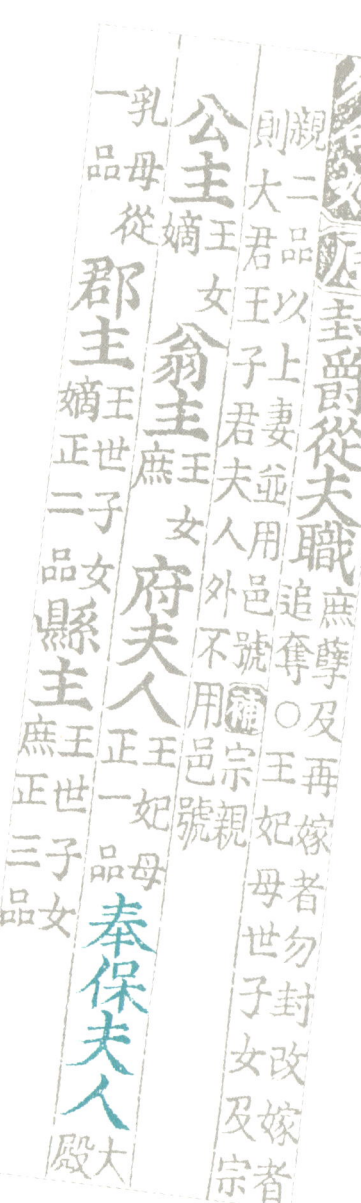

수시로 하사된 곡식과 노비, 말
남편과 자식에게 주어진 높은 관직

봉보부인이 사망하면
국가에서 예를 갖추어 장례를 치렀다.

낳은 정보다 기른 정을 인정받았던
봉보부인, 유모

유모는 조선의 왕을 키운
귀중한 여인이었다

귀하신 몸

젖어미를 찾아라

왕이 아들을 보는 것은 나라의 운명이 걸린 일이었다. 아들을 얻기 위해 왕과 왕비는 길일을 택해 합방했다. 임신하면 왕비는 본격적으로 태교에 들어갔고, 만삭이 다가오면 궁궐 안에 특별히 마련된 산실청産室廳으로 들어갔다. 조선시대 왕비는 왕의 정실부인이었다. 대부분 양반 사대부의 자녀 중에서 간택되었는데 왕의 부인이자 국모인 왕비에게 가장 중요한 책무는 왕위 계승권자, 즉 아들을 낳는 일이었다.

태어난 왕자는 대개 삼칠일(21일)이 지나면 어머니 품을 떠났다. 수유와 육아는 왕실의 몫이었다. 왕자는 자신의 보육을 위해 설치된 보양청輔養廳으로 들어가 왕비의 젖이 아닌 유모의 젖을 먹고 자랐다. 아기가 먹을 음식이나 옷, 훗날 읽게 될 책을 공급하는 것 또한 보양청에서 담당했다.

동서양을 막론하고 고대사회부터 유모 제도는 존재했다. 유모는 왕족이나 귀족 등을 중심으로 애용됐는데, 산모의 건강이 나쁘거나 젖이 부족한 경우에 유모를 두기도 했지만 대체로 신분 과시용이었다. 조선시대 사대부인 경우 생모가 산후조리도 해야 했고 허드렛일을 할 수 없었기에 유모나 보모를 두었다. 왕가에서는 유모를 더 중시했다. 유모는 젖을 주는 것뿐만 아니라 기저귀를 갈고 목욕을 시키고 안아주고 돌봐주는 등, 어머니가 해야 할 모든 육아를 맡았다.

조선시대에 왕비나 후궁, 또는 부녀자를 훈육하기 위해 행동 기준을 적은 책 『내훈內訓』을 보면 유모에 대한 기록이 있다. '국왕이 세자를 낳으면 사대부의 아내나 대부의 첩으로 하여금 세자에게 젖을 먹이게 하다가 3년이 되면 내보낸다'는 내용이다. 초기에는 사대부의 아내나 첩으로 하여금 왕자의 유모를 하게 했던 것으로 추측된다. 하지만 남녀유별이 철저했던 유교사회에서 현실적으로 사대부 집안의 여인이 자기 아이를 두고 궁궐에 머물며 남의 아이를 기르는 것은 불가능했다. 결국 남녀유별의 의무가 없는 천민층 산모 중에서 세자의 유모를 골랐다.

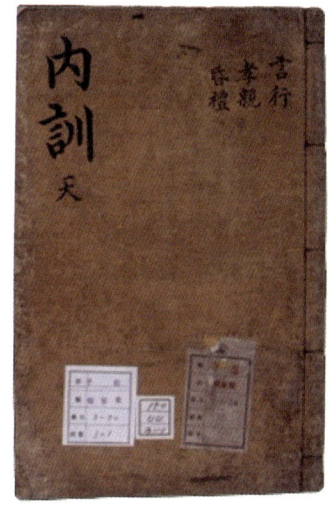

소혜황후가 집필한 『내훈』

유모는 산모가 아기를 낳기 얼마 전에 뽑았는데 왕실에서 유모를 뽑는 심사위원은 대비나 대왕대비가 맡았다. 각 기관의 공노비 가운데서 젖먹이 아기를 가지고 있는 사람이 우선 1차 면접 대상이 되었다. 유모 선정 기준은 꽤나 까다로웠다. '몸이 튼실하게 생기고, 병이 없어야 하고,

말이 없어야 한다. 더하여 젖이 진한 흰색이어야 하며, 술은 먹지 말아야 하고, 짜거나 신 음식을 먹어서도 안 된다' 등 유모의 건강 상태와 습관을 먼저 고려했다. 영아 사망율이 높았던 조선시대에 왕자에게 젖을 먹이는 유모의 건강 상태는 우선적으로 따져야 하는 조건이었다.

건강뿐만이 아니다. 정신이 맑고, 성품이 온화해야 한다고 했다. 아이는 젖을 물리는 젖어미의 품성을 닮는다고 생각했기 때문이다. 1809년 8월, 순조의 아들 효명세자가 태어나자 영중추부사 이시수는 유모 선발에 대해 다음과 같이 건의했다.

"옛말에 이르기를 '유모는 반드시 너그럽고 인자하며, 따뜻하고 공손하며, 예의를 차리고 말을 적게 하는 이를 골라서 자식의 스승으로 삼는다'고 했습니다. 이는 덕을 이룬 군자의 일이므로 이런 여자를 구하기는 쉽지 않습니다만, 일에 따라 올바르게 가르치는 데 최선을 다해야 한다는 뜻임을 알 수 있습니다. 유모는 반드시 외모가 단정하고 품행과 행실이 양순한 사람이어야 합니다."
　　　　　　　　　　　　　　　－『순조실록』, 순조 9년(1809) 8월 11일

유모는 왕실에서 중요한 존재였다. 유모가 먹는 것은 곧 왕자가 먹는 것이었기에 유모의 식단은 보양식이었다. 왕실은 유모의 건강이 왕자의 건강과 직결된다고 여겼다.『명종실록』에는 왕자가 갑자기 다리의 힘이 약해지고 쇠약해진 듯하자 유모의 건강 상태를 따졌고 의원이 "유모가 습증이 있다"고 하자, 곧바로 유모를 교체했다.

경우는 다르지만 유모의 중요성을 말해주는 또다른 예도 있다. 영조 38년 때의 일이다. 영조에게는 끔찍하게 아끼는 손자가 있었다. 언제부턴가 이 아이가 설사를 자주 했다. 술 냄새도 나는 것 같았다. 아비인 사도세자가 뒤주에 갇혀 죽은 지 얼마 되지 않은 때였으나, 아비에 대한 그리움으로 술을 마신 것이라고 하기에는 아이가 너무 어렸다. 손자의 나이는 고작 한 살이었다. 원인을 살펴보니 문제는 유모에게 있었다. 유모가 시도 때도 없이 술을 마셨던 것이다. 건강과 인품을 잘 살펴 골랐음에도 손자의 유모가 알코올중독이니 바꿔야 하는 것이 마땅한 처사였을 텐데 영조는 그렇게 하지 못했다. 한 번 선택한 유모를 바꾸는 것은 아이의 정서와 발달에 좋지 않다고 생각했기 때문이다.

왕실에서는 왕자의 유모를 구하는 것을 단순히 젖을 먹일 사람이 아니라 아들의 스승을 뽑는 문제로 생각했다. 아이가 어릴 적부터 가장 가까이 대하는 유모는 생활 습관 하나하나가 모범적이어야 했다. 왕자의 교육에 대해 『조선왕조실록』에서는 "강보에 있을 때부터 바탕이 있도록 교양하여, 두세 살 어린 나이의 희롱에 있어서도 절도 없는 데에 접하지 말고 좌우의 듣고 보는 것이 모두가 바른 법도에 맞도록 하면, 습관과 성질이 이룩되어 착하지 않으려 하더라도 그럴 수가 없을 것입니다"라고 적고 있다. 어릴 때부터 '착하지 않으려 하더라도 그럴 수 없는' 환경을 만들어준다는 것이다. 이는 환경만 나쁘지 않다면 사람은 착한 본성을 유지할 수 있다는 성리학적 믿음에 근거한 생각이었다.

유모나 보모상궁은 궁 밖으로 나가지 않고 계속 궁궐에 머무르며 왕손을 보살폈다. 이때 유모는 자신의 아이를 떼어놓고 오기도 하고 때로는 두 아이를 동무 삼아 같이 키우기도 했다. 하지만 대부분 자기 자식은 남에게 맡기고 왕손의 보육에만 전념해야 했다. 유모의 자식은 『심청전』의 심청이처럼 젖동냥으로 키워지곤 했는데, 간혹 젖을 먹지 못해 유모의 자식이 죽는 경우도 있었다.

왕자가 서너 살이 되어 정식교육을 받게 되면 유모는 궁 밖으로 나와 살았다. 물론 이후에도 젖어미로서 왕자와의 관계는 계속 유지됐다. 갓난아기 때부터 가장 밀착된 관계였기 때문에 왕자에게 유모는 친모 못지않은 존재였다. 아니 오히려 친모보다도 더욱 가까운 존재였다. 훗날 왕자는 왕이 되면 자신을 키워준 유모의 은혜를 잊지 않고 보상해주었다.

젖어미로 종1품 자리에 오르다

유모는 천인의 신분이었다. 하지만 젖을 먹여 기른 왕자가 왕이 되면 '귀하신 몸'이 되었다. 공식적인 국가 문서에 그 이름을 올리며, 봉보부인에 봉해졌다. 그야말로 인생역전이었다. 봉보부인이라는 작호가 처음으로 만들어진 것은 세종 때였다.

"임금이 유모의 공을 중하게 여겨 옛 제도를 자세히 살펴 법을 세우게 하였더니, 예조에서 아뢰기를 삼가 예전 제도를 자세히 살펴보니 제왕帝王이 유모에게 벼슬을 주는 것이 한나라에서 시작하여 진나라를 거쳐 당나라까지 모두 그러하였으니, 마땅히 예전 제도에 따라 이제부터 유모의 벼슬을 아름다운 이름을 써서 봉보부인이라 칭하고, 품계는 종2품과 비슷하게 하소서."
— 『세종실록』, 세종 17년(1435) 6월 15일

처음에는 종2품이던 것을 훗날 예우를 높여 종1품으로 정했다. 종1품은 오늘날 장관격인 육조의 판서(정2품)보다 높으며, 영의정 다음가는 벼슬이다. 봉보부인이 되면 가마를 타고 종을 거느리고 다니며, 궁중 행사에서도 정경부인이나 공주, 옹주들과 어깨를 나란히 할 수 있었다. 봉보부인은 조선에서 남편의 지위와 상관없이 자신의 공로로 품계를 받은 유일한 여성이었다. 세종의 유모인 홍인부의 아내 이씨는 임금의 은혜를 특히 많이 입었는데, 『세종실록』에 기록된 내용은 다음과 같다.

"홍인부의 아내가 친정에 가므로 임금이 쌀 20석과 콩 20석을 주도록 명하였으니, 인부의 아내는 임금의 유모이다."
― 세종 3년(1421) 2월 2일

"유모인 홍인부의 아내가 항상 그의 아들을 양민이 되게 해달라고 청하나, 내가 천인이 양민이 되는 법을 중히 여겨 지금까지 들어주지 않았다. 하며 황희, 맹사성 등과 상의하니 이들이 '마땅히 유모의 공을 논의하여 양민이 되게 하여 주는 것이 좋겠습니다' 하였다."
― 세종 14년(1432) 6월 19일

"유모의 남편이 죽자 쌀과 콩 합계 30석, 종이 80권 및 관곽을 부의하고, 이어 승정원에 명하여 품질이 좋은 베 20필을 더 주게 하였다."
― 세종 15년(1433) 5월 19일

유모가 천인 출신이었으므로 그 남편도 신분이 비슷했을 것이다. 그런데 세종의 유모 이씨의 남편 홍인부는 정3품 무관직까지 상승했고 자식들도 천민에서 양인이 되었다. 남편이나 자식의 앞길에도 많은 혜택이 돌아왔던 것이다. 조선시대 여성들이 남편이나 아들 덕에 품계를 받았지만 봉보부인은 그 반대의 경우였다.

봉보부인에게는 높은 지위에 걸맞은 연봉도 보장되었고 임금의 탄신일이나 자신의 생일 또는 나라에 기쁜 일이 있을 때도 특별한 축하예물을 받았다. 어느 왕이든지 자신의 유모를 홀대한 경우는 없었다.

사대부가의 경우도 다르지 않았다. 신부의 예단 품목에 유모의 예단이 포함되어 있었다. 조선 후기 실학자 이익은 네 살 때 숨진 유모

'승정'을 추억하면서 쓴 제문에 "다른 어미에게서 젖 먹여 길러질 때면 몹시 따르지만 장성하면 정성껏 보답하는 자가 없다"며 "죽을 때까지 1년에 한 번씩 제사 지내겠다"고 약속했다. 인조 때의 문신인 이식은 유모의 묘에 1년에 두 번 제사를 지냈다고 전해진다. 그만큼 젖을 먹이며 기른 정은 쉽게 잊지 못하는 인연으로 이어졌다.

하지만 왕세자의 유모가 되었다고 해서 모두 가문의 영광을 얻을 수 있는 건 아니었다. 왕세자가 아무리 별 탈 없이 잘 자란다 해도, 정치적 소용돌이에 휘말리지 않아야 했다. 그래야 무사히 왕위를 이어받을 수 있었기 때문이다. 현실에서 실제로 왕세자로 책봉된 장자가 왕이 될 확률은 높지 않았다. 조선시대 왕위승계 제1원칙은 적장자 승계, 즉 중전이 낳은 장자가 왕위를 계승해야 하는 것인데, 조선의 왕 27명 가운데에서 이 원칙에 따라 왕위를 이어받은 왕은 문종, 단종, 연산군, 인종, 현종, 숙종, 이렇게 여섯 명뿐이었다.

봉보부인에 대한 애착이 강했던 왕들

불행한 어린 시절을 보냈던 왕일수록 유모에 대한 애착이 강했다. 단종이 대표적이었다. 단종은 유모를 매우 따랐고 훗날 단종비를 간택하는 자리에도 유모와 함께했다. 일찍 세상을 떠난 현덕왕후를 대신하여 대비의 대우를 받았던 것이다.

성종 또한 유모를 따랐다. 성종의 어머니, 인수대비로 더 잘 알려진 소혜왕후는 성종을 출산한 지 얼마 되지 않아 덕종(의경세자)이 죽자 이후 궁 밖으로 나가 사가에 살아야 했다. 이 때문에 성종은 어린 시절 유모에게 많이 기대며 살았다. 심리적으로 위축되고 외로웠을 당시 유모에 대한 성종의 감정은 더 애틋했을 것이다. 왕이 되자 성종은 유모 백씨를 봉보부인에 봉하고 남편에게도 벼슬을 내렸다. 신하들의 반발이 빗발쳐도 성종은 눈 하나 깜짝하지 않았다. 그러나 이후 성종이 백씨를 멀리하게 되는 사건이 일어난다. 백씨가 사적으로 누군가에게 관직을 내려줄 것을 왕에게 청하러 왔던 것이다. 그렇지 않아도 항간에 백씨에게 뇌물을 바치고 아부하는 자들이 많다는 소문이 자자하던 차였다. 이에 성종은 유모 백씨를 준엄하게 꾸짖는다.

"'너는 무슨 물건을 받고 이런 청을 하는가? 관직은 공기公器인데, 내가 나이가 어리다고 해서 은밀한 청을 듣고 사람들에게 벼슬을 준다면 국가의 정사가 어떻게 되겠는가? 만약 또다시 이런 말을 한다면 내가 반드시 용서하지 않을 것이다' 하니 백씨가 부끄럽고 두려워하며 물러갔다."

-『성종실록』, 성종 1년(1470) 7월 24일

하지만 성종은 이후 젖어미의 잘못을 감싸주었다. 백씨가 죽었을 때에는 몹시 슬퍼하며 졸기卒記를 써서 실록에 남겼으며, 종1품의 예를 갖춰 장례를 치러주었다.

봉보부인을 끔찍이 여겼던 임금으로 성종의 아들 연산군을 빼놓을 수 없다. 포악한 임금이라고 알려진 연산군이었지만 자신의 유모에게는 역대 어느 왕보다도 많은 은전을 베풀었다. 『조선왕조실록』에는 봉보부인에 대한 기록이 111건이 있는데, 이 가운데 많은 부분이 연산군 시대에 집중되어 있다. 일찍이 생모를 잃고 모정에 굶주렸던 연산군의 봉보부인에 대한 애정은 과도했다.

"홍문관 직제학 표연말 등이 아뢰기를 '전하께서 봉보부인에게 노비 7명을, 보모에게 노비 6명을 하사하시고, 또 명하여 봉보부인의 친척 6촌까지 천인이 양인으로 된 자가 6명이고, 사천私賤이 공천公賤

이 된 자가 24명이고, 공천으로 포공布貢을 바치게 한 자가 10명이라 하오니, 신들은 놀라움을 이기지 못합니다.'"

― 『연산군일기』, 연산군 2년(1496) 3월 13일

    연산군은 즉위하자마자 유모인 최씨에게 노비 7명을 내린 것도 모자라 그녀의 죽은 남편에게도 벼슬을 내렸다. 게다가 그녀의 친척까지 모두 천인의 신분을 벗어나 양인이 되게 해주었다. 연산군의 행동을 지켜보던 신하들은 선왕인 성종의 이야기를 들려주면서 반대했다. 대신과 대간 들의 상소가 줄을 잇자 연산군은 최씨에게 주던 특혜를 잠시 거둬들였다.
    하지만 얼마 뒤, 사람들이 사건을 잊을 즈음 연산군은 다시 최씨의 직첩(벼슬 임명장)과 녹봉을 돌려주었다. 최씨가 병들어 눕게 되자 위로한다는 명목으로 그녀의 아들들과 사위에게 벼슬을 내려주기도 했다.
    유모는 잘되면 엄청난 보상을 받았지만, 잘못할 경우 가장 먼저 비판의 대상이 되었다. 왕자가 잘못되거나 왕이 폐출될 경우에는 가장 먼저 탄핵을 당했다. 왕자와 왕을 올바르게 모시지 못했다는 이유에서였다. 심지어 경종이 후사를 두지 못하고 젊은 나이에 병으로 죽자 보모상궁이었던 최 상궁은 사약을 받았다. 경종이 병약했고, 임금의 가장 중요한 소임인 후사를 두지 못했던 이유가 어려서부터 남녀상열지사의 도를 제대로 가르쳐주지 못한 탓이라고 여겼던 것이다. 최 상궁은 단지 그녀가 어릴 적 유모였다는 이유만으로 그 죗값을 치러야 했다.
    나라의 흥망성쇠는 임금의 덕성과 능력에 따라 크게 좌우되었다. 따라서 조선은 미래의 성군을 키워내기 위해 세심한 교육 프로그램을 준비했다. 왕세자 교육의 기본은 인성과 감성, 지식을 두루 갖추는 것이었다.

따라서 제일 먼저 임금에게 영향을 미치는 존재인 유모는 더할 나위 없이 중요했다. 유모는 성품이 인자하며, 외모가 단정하고, 품행이 양순한 사람으로 정했다. 왕자를 가까이서 돌볼 내관, 사부들을 선발할 때도 후덕하고 건실한 성품을 최우선으로 했다. 지식 습득보다 인성 교육을 중시했기 때문이다. 이 모든 것은 국가의 리더로서 신하를 공경하고 백성의 고통을 보살필 줄 아는 덕성 있는 군주, 어진 군주를 길러내기 위함이었다.

참고자료

조선의 왕세자 교육 김문식 김정호, 김영사, 2003
조선의 왕비로 살아가기 심재우 외, 돌베개, 2012

neminis
06

홍길동의 후예

구한말 조선,
그들이 나타났다!

조선 중기
허균이 쓴 한글 소설 『홍길동전』

동에 번쩍! 서에 번쩍!
탐관오리를 벌하는
의적 홍길동 이야기

그로부터 300여 년 뒤

돈으로 관직을 사고파는 관리들과
계속되는 흉년
혹독한 세금

쌀죽 한 그릇 값에
땅을 팔아넘겨야 하는 농민들

대대손손 살아온 땅에서
쫓기듯 떠난 사람들

그들이
활빈당活貧黨이 되어 돌아왔다!

충청도
경상도
전라도
경기도
전국 규모의 대규모 비밀조직

그들이 노린 대상은
탐관오리와
베풀 줄 모르는 부자들

"약탈한 곡식과 재물은
가난하고 굶주린 사람들에게 나눠주었다."

활빈당을 잡지 못해
전전긍긍한 조정

음식과 술로 그들을 환영한 백성들

1890년경부터 1905년까지
활빈당의 소식은
신문 지면을 빠짐없이 장식했다

그리고 구한말

풍전등화 같은 나라의 운명

"요사스런 저 왜놈들이 들어와
개화를 읊조리고
조정의 간신들과 함께
대궐을 범하고 난동을 일으키는 데도
사직을 보호할 사람이 없으니
어찌 통탄할 일이 아니랴."
— 한성신보, 「활빈당 선언」 1900년 10월 8일

1905년
을사늑약 강제 체결

'도둑'의 이름을 버리고
'의병'으로 다시 태어난 활빈당 단원들
농기구 대신 무기를 든 사람들

활빈당
구한말 최대 지하조직

그들은 혼란한 세태 속에서
반봉건, 반외세의 시대적 소명을 위해 애썼다

홍길동의 후예

소설 속 활빈당, 300년 뒤 다시 부활하다

"우리가 이제는 백성의 재물은 추호도 건드리지 말고, 각 읍의 수령과 방백들이 백성에게서 착취한 재물을 빼앗아 혹 불쌍한 백성을 구제할 것이니, 이 무리의 이름을 '활빈당'이라 하리라."

허균(1569~1618)의 소설 『홍길동전』의 한 대목이다. 조선 초기 세종 때를 배경으로 한 소설에서 주인공 홍길동은 의로운 도둑, 의적이 된다. 홍길동은 의적단의 이름을 빈민을 구제하는 활동을 한다 하여 '활빈당'이라 짓고 팔도 지방 수령들이 백성으로부터 빼앗은 재물을 가난한 백성에게 나누어준다.

광해군 때 형조판서를 지낸 허균은 상상의 세계에서나마 '가난한 사람들을 살리는 무리'를 만들어 나쁜 무리들을 혼내주고 그 재산을 빼앗아 가난하고 굶주리는 이들에게 골고루 나누어주었다. 그는 새로운 세상을 향한 갈증을 그렇게 풀었다.

허균이 상상의 이야기 속에 등장시킨 의적단이 300여 년 뒤인 19세기 구한말, 전국 각지에서 출몰했다. 그야말로 '동에 번쩍 서에 번쩍'이었다. 이번에는 소설이 아니라 현실의 이야기였다.

19세기 조선은 쇠약해지고 있었다. 인구는 폭증하는데 흉년과 기

neminis
06

근은 계속되었고, 많지 않은 토지에서 나오는 곡식은 소수의 양반과 지주들이 독차지했다. 지배층의 수탈, 세도정치의 학정, 자본주의 열강의 침탈 속에서 국가권력은 백성을 보호하지 못했다. 민심은 흉흉해졌다. 임오군란, 갑신정변 등의 정치적 위기는 농민 저항의 불길을 당겼다. 1890년대 들어 민란은 전국적으로 들불처럼 삽시간에 번져갔고, 이는 결국 1894년 동학농민운동으로 폭발했다. 하지만 동학농민운동은 실패로 끝났다. 많은 지도자들이 처형당했고 참가자들은 뿔뿔이 흩어졌다.

이런 가운데 떠오른 조직이 바로 활빈당이다. 사실 구한말 활빈당

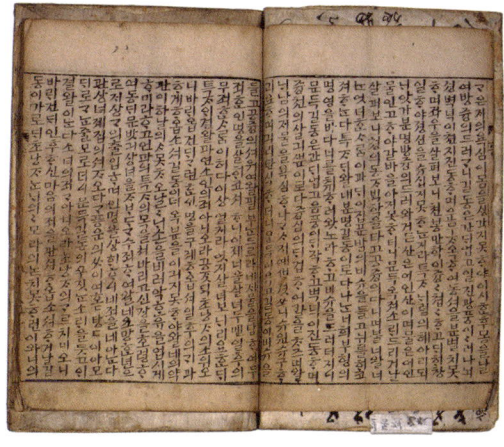

「홍길동전」

에 대한 최초의 기록은 동학농민혁명이 일어나기 전에 이미 『조선왕조실록』에 등장한다. 『고종실록』 1885년(고종 22년) 3월 6일자는 1만여 명이나 되는 무리들이 스스로를 활빈당이라 칭하고 다닌다고 기록하고 있다.

당시 활빈당은 농사를 지을 땅도 없어지고 먹고살 길이 사라져 떠돌던 농민들이 마지막으로 선택한 길이었다. 아무것도 없는 이들에게 가장 쉬운 것은 도적질이었고, 좀도둑들이 점점 대담한 도적질을 하게 되면서 화적이 되었다. 화적은 조선시대 내내 있어왔지만 특히 19세기 중엽부터 도처에서 늘어났다. 민중의 삶이 고통스럽다는 증거였다. 전국에 흩어져 있던 화적들은 지역별로 세력을 형성하고 상호 협력하는 체제를 만들었다.

맹감역과 마중군의 활약

봉건지주와 일본 지주에게 이중의 수탈을 당한 농민들은 스스로를 '홍길동의 후예'라 주장하면서 조직 이름을 '활빈당'이라고 지었다. 1902년에 작성된 것으로 보이는 이른바 「활빈당발영」이란 문서에는 소설의 주인공 홍길동에 대한 언급이 나온다.

"옛날 고래지풍古來之風으로 길동 선생 이후로 이칠성, 그후로는 맹감역이니, 편답遍踏팔도뿐 아니라 열국列國에도 편답하고, 이제 궁궁릉릉에 거居하노라. 우리도 막비군운莫非君運이요. 천하를 얻은 후에는 이 허물을 면할사…"

「활빈당발영」에도 나타나듯이 활빈당의 계보를 크게 보면 홍길동을 선생으로 하고 있고, 그다음이 이칠성, 다음이 맹감역이다. 활빈당을 총괄하는 인물로 맹감역과 함께 마중군이 유명했다.

　흥미로운 것은 이들 맹감역과 마중군이 한 사람이 아니었다는 사실이다. 전국 각지에서 활빈당을 지도하는 우두머리들이 동시에 이 이름을 쓰고 있어서 구한말에 이르면 전국 각지에서 여러 명의 맹감역과 마중군이 출몰한다. 아마도 소설에서 '홍길동'이 여덟 개의 분신을 전국 각지에 보내는 것처럼 전국 각지에서 동시다발적으로 맹감역과 마중군이 나타나 '동에 번쩍, 서에 번쩍' 하는 효과를 노렸기 때문일 것이다.

　『조선왕조실록』은 활빈당의 조직원이 1만여 명에 달했다고 기록하고 있다. 그만큼 활빈당은 상당한 조직력을 갖추고 있었다. 활빈당은 상하 조직원들끼리만 연결되고 횡적으로는 알 수 없는 일종의 점조직 형태로 운영되었다. 입단 절차도 까다로웠고 입단식은 살벌했다. 구한말의 재판 기록을 정리한 『사법품보』에 따르면 '함도결박啥刀結縛'이라고 해서 신입단원은 선배들이 둘러선 가운데 칼을 입에 물고 결박당한 채 땅에 무릎을 꿇고 매를 맞으면서 충성 서약식을 했다고 한다. 조직 기밀을 유지하고 체포되었을 때 동료들의 이름을 함부로 발설하지 않도록 정신무장을 시킨 것이다. 활빈당은 선언문과 투쟁 강령까지 발표했다. 다음은 선언문의 일부 내용이다.

"우리는 본디 어리석은 백성으로서 몸을 초야에 두고 혹은 경서를 읽고 밭을 갈았다. 그럼에도 마음은 항상 조정에 걸어 만세의 일월을 받들었다. 중흥 이후 하늘이 어찌 재앙을 품어 요괴한 저 왜놈들이 와서 개화를 읊고 조정의 간신들과 부동하여 궁궐을 범하고 난을 일으키는데도 사직을 도울 사람이 없다. 어찌 통탄을 금치 못하랴. 무릇 사방의 오랑캐와 통하여 온 이후 시장의 중요한 이권은 모두 저들이 약탈하고 그뿐만 아니라 백폐를 갖추어서 삼천리강산의 많은 민중이 이산하여 원성이 끊어지지 않는다. 이보다 억울한 일이

어디 있으랴."

활빈당이 공격 대상으로 삼은 것은 탐관오리뿐만이 아니었다. 일본이 침략의 야욕을 노골적으로 드러내자 활빈당은 외세의 침탈에 강하게 저항했다. 조선에 불어닥친 안팎의 위기에 대처하여 활빈당은 「일본과 통상무역을 금하라」 「대한사민논설 13개조」 「활빈당격문」 등 각종 선언문을 발표했다. 이들이 발표한 「대한사민논설 13개조」와 「활빈당격문」에 이들의 뜻이 잘 나타나는데 두 문건을 요약하여 정리하면 다음과 같다.

1. 요순의 법을 행할 것
2. 사치하지 않은 선왕의 복제를 본받을 것
3. 백성이 소원하는 문권을 임금에게 올려 일국의 홍인을 꾀할 것
4. 무익한 개화 대신 민간 화목하고 상하 원없는 정법을 행할 것
5. 방곡을 실시하여 구민법을 채용할 것
6. 사전을 혁파하고 균전으로 하는 목민법을 채용할 것
7. 곡가의 앙등을 막기 위해 곡가안정책을 쓸 것
8. 금광의 채굴을 엄금할 것
9. 악형의 여러 법을 혁파할 것
10. 세금을 경감할 것
11. 도우(소를 죽이는 것)를 금하여 농사를 못 짓는 폐해를 없앨 것
12. 행상자에게 징세하는 폐단을 금할 것
13. 통상무역을 금할 것
14. 시장에 외국 상인의 출입을 금할 것
15. 타국에 철도부설권을 허용하지 말 것

주로 방곡령의 요구나 세금 경감 등 당시의 현실적 민생 문제와 관

련된 요구들이 포함되어 있다. 철도부설권의 양여 반대 등 반일정서가 실린 주장도 적지 않았다. 1900년대, 일본이 조선의 상황을 자국에 보고한 「일본 공사관 시찰 보고서」를 보면 활빈당이 주장한 것들에 대해 본국에 보고하는 기사들이 자주 등장한다. 그만큼 일본도 활빈당의 활동을 주목하고 있었다.

활빈당은 1904년까지 활발하게 활동했다. 1890년경부터 1905년까지 신문에 활빈당의 기사가 실리지 않은 날이 없을 정도였다. 구한말의 재판 기록을 정리한 『사법품보司法稟報』를 보면 1890년에서 1905년에 이르는 약 15년 사이, 활빈당과 관련해 처벌받은 사람의 숫자는 무려 200여 명에 달했다.

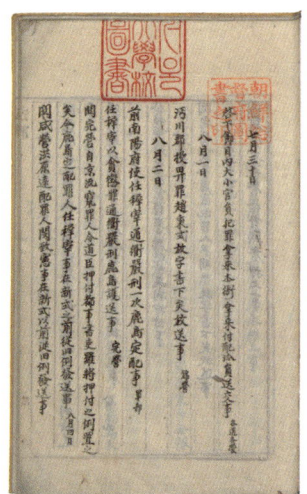
구한말 재판 기록들이 정리되어 있는 「사법품보」

활빈당은 화적 출신들이 많았지만, 동학군에서 싸우던 사람들도 있었고, 먹고살 것이 없어 들어온 양민들도 있었다. 그들은 적게는 10~20명, 많게는 100여 명씩 떼를 지어 빈민을 구한다는 명분을 내걸고 여기저기서 양반 부자들의 재물을 약탈하여 백성에게 나누어 주었다. 때로는 관아를 습격하여 옥에 갇힌 죄수들을 풀어주고 창고를 열어 농민들에게 곡식을 나눠주기도 했다.

활빈당이 모두 의로운 도적이었던 것만은 아니다. 활빈당을 빙자해 대낮에 시장을 덮치기도 하고, 배를 타고 서해안 여러 곳을 습격하거나 해적질을 하는 무리도 있었다.

대한제국은 활빈당 소탕을 위해 동분서주했다. 이들을 체포하기 위해 오가작통법(다섯 집을 1통으로 묶는 군·현제의 일종)을 강화할 정도로 신경을 썼다. 하지만 역부족이었다. 지방 고을의 허약한 군대는 출동도 제대로 하지 못했고, 경찰력은 없는 것이나 마찬가지였다. 그래서 지역마다 유생들이 나서서 자위단을 만들거나 부호들은 자체 경비인들을 두기도 했다. 하지만 쫓기는 상황에서도 활빈당은 자신들의 주장을 굽히지 않았다. 광무 7년 3월 19일자 황성신문에 활빈당은 자신들의 항변을 이렇게 싣고 있다.

"너희가 우리를 도적이라 하느냐. 실로 화적은 근일 관찰觀察이네, 수령이네, 시찰視察이네, 대대장이네, 위원이네 하는 명색이 다 진화적眞火賊인즉 너희가 아무리 재산을 쌓아두어도 필경 보존치 못하고 저 진화적의 주머니나 채우게 될 것이니 차라리 우리 활빈당에게 주어서 기한인飢寒人을 구제함이 상책일 것이다."

진짜 화적들은 관찰이네, 수령이네 하는 이들이지 가난한 이들을 돌보는 자신들이 아니라는 이야기다. 도적의 신분으로 남의 재산을 빼앗는 행동을 했다 해도 활빈당에 대한 당대 민중의 평가는 후했다. 백성들은 한편으로 고마워하고 한편으로 두려워하면서, 밥을 짓고 술을 빚어 그들을 대접하였다.

이처럼 맹위를 떨치던 활빈당도 1904년 이후, 일본이 침략의 야욕을 노골적으로 드러내면서부터 서서히 몰락의 길로 들어섰다. 1904년 러일전쟁을 겪으면서 일본 군대가 전국에 파견되어 국내 치안을 담당하게 되었고 이로 인해 치안이 강화된 것이다. 1906년 고문경찰제가 확대 시행되면서 조선인 경찰의 수도 크게 늘었고 활빈당의 주요 간부들이 체포되거나 처형당했다. 지도부가 무너지면서 그들의 활동은 지리멸렬해졌다.

게다가 1905년, 활빈당의 활동 변화가 일어나는 결정적인 사건이 발생한다. 일본과 우리나라 사이에 을사늑약이 맺어진 것이다. 그러자 전라도의 최익현, 경상도의 신돌석, 충청도의 민종식을 비롯해 전국 각지에서 의병들이 일어난다. 나라의 존망이 위태로운 시기, 활빈당도 선택을 해야만 했다. 더이상 부패한 관리와 토호가 활빈당의 주요 공격 대상이 될 수 없었다. 그렇게 이들은 의병으로 흡수되어 갔다.

부패한 권력과 외세를 향한 민중들의 저항

활빈당은 1894년 동학농민운동 이후부터 1905년 을사늑약이 맺어지기까지 10여 년간 가장 활발하게 활동했다. 활빈당의 활동은 동학농민운동과 1905년 이후 의병활동 사이의 빈 공백을 메우는 민중의 항쟁으로 평가할 수 있다. 재일 사학자 강재언 선생은 "활빈당의 에너지는 사회발전의 법칙에 맞는 새로운 사상과 결합하지 못했다"며 "그럼에도 그 에너지는 다음의 의병운동으로 연결되는 귀중한 저수지가 되었다"고 평가했다.

하지만 지금까지 동학농민운동이나 의병 활동에 비해 활빈당은 주목받지 못했다. 이들의 수단이나 활동 방식이 정당하지 못했다는 이유에서였다. 그러나 당대 민중의 생각은 달랐다. 구한말 온건 개화파 핵심인물 중 한 사람인 김윤식이 쓴 『속음청사續陰晴史』에 나오는 내용이다.

> 부호들의 곡식을 빼앗아 빈민에게 나눠주는데
> 나이가 적고 젊은 사람에게는 주지 않고
> 나이 들고 빈곤한 사람에게 우선으로 나눠주니
> 빈민이 그 덕을 기려 세운 목비(나무 비석)가 숲과 같았다

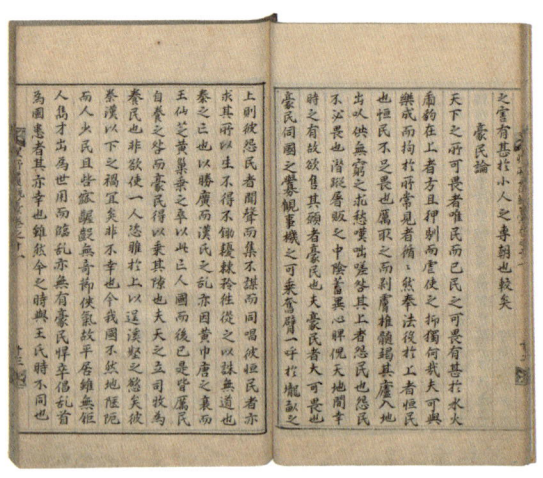

조선 중기의 문신 허균이 집필한 문집 『성소부부고』 중 「호민론」의 일부

지배층이 사리사욕에 눈이 멀어 백성을 돌보지 않을 때 곡식을 나눠주는 활빈당을 위해 백성들은 복비를 세웠다.

홍길동의 후예이길 바랐던 활빈당. 그들이 그린 사회의 모습은 허균이 꿈꾼 이상향과 다르지 않을 것이다. 광해군 시대 뛰어난 문객이었던 허균. 그의 사상은 당대에는 불온하다며 외면받았지만 후대에 재조명되었다. 다음은 허균이 쓴 『호민론豪民論』의 일부분이다.

"천하에서 오직 두려운 것은 백성뿐이라. 백성은 물이나 불이나 호랑이보다도 더 두려운 것이다. 그런데도 윗자리에 있는 사람들은 제 마음대로 이들 백성을 업수이 여기고 모질게 부린다. 도대체 어찌하여 그러는가."

오늘날의 민본주의, 백성을 주인으로 보는 사상이 그대로 드러나는 문장이다. 『호민론』에서 허균은 한 사회의 모순과 부조리, 부패를 없애려면 호걸과 같은 인물, 즉 지도자가 있어야 한다고 주장했다. 이 지도자가 바로 '호민豪民'인데, 호민이 나타나서 시대의 사명을 깨닫고 사회의 부조리를 바꿔나가려면 평소에 무기력하고 우매한 것 같던 민중도 따라 일어나 저항 세력이 된다는 것이다. 이런 사상을 지녔던 허균이 이상적인 혁명가, 호민의 이상형으로 내세운 모델이 바로 홍길동이었다.

홍길동의 후예를 자처하며 저항의 깃발을 높이들었던 활빈당. 그들의 활동은 동학농민운동, 의병운동과 더불어 우리의 오늘을 있게 한 또다른 뿌리가 아닐까. 사회의 모순이 극에 달했던 구한말, 활빈당은 부패한 권력과 밀려오는 외세를 향한 당시 민중들의 또다른 저항의지의 표출이었다.

참고자료

근대이행기 민중운동의 사회사 박찬승, 경인문화사, 2008
민란의 시대: 조선시대의 민란과 변란들 고성훈 외, 가람기획, 2000
조선의 마지막 홍길동을 꿈꾼 의적 활빈당 권기경, 한솔수북, 2010
활빈당-의적에서 의병으로 이영춘, 『역사비평』계간 제17호, 1992

neminis
07

세상에 버릴 사람은 아무도 없다

"양육하지 못하도록 법을 제정하라."
— 아리스토텔레스

"사회에서 격리시켜라."
— 플라톤

고문과 사형 집행이 이어진
그들의 잔혹한 역사

그렇다면 우리는?

독질인 篤疾人
매우 위독한 병에 걸린 사람

잔질인 殘疾人
몸에 질병이 남아 있는 사람

폐질인 廢疾人
고칠 수 없는 병에 걸린 사람

장애를 질병 중의 하나로 여겼던 조선시대

"부모가 나이 70세 이상이 된 사람과 독질이 있는 사람은 나이가 70세가 차지 않았더라도 시정 한 사람을 주고…"
– 『세종실록』, 세종 14년(1432) 8월 29일

시정 侍丁
: 조선시대에 나이가 많은 부모를 봉양하기 위하여 군역에서 면제된 사람

장애인과 그 부양자에게는
각종 부역과 잡역을 면제하고

장애인을 정성껏 보살핀 가족에게는
표창을 수여했다

반면
장애인을 학대하는 자에게는
가중 처벌을 하고
장애인이 무고하게 살해되는 사건이 발생하면
해당 고을의 읍호를 한 단계 강등했다

특히
장애인의 자립을 중요하게 여겨

점복사, 독경사, 악공 등
장애인을 위한 전문직 일자리를 창출하고
신분에 상관없이
능력 위주의 채용을 했다

장애인에 대한
편견과 차별 없는 조선시대

그 결과
역사를 빛낸 수많은 장애인들

조선 초기 우의정과 좌의정을 지낸
척추장애인 허조

중종 때 우의정을 지낸
간질장애인 권균

광해군 때 좌의정을 지낸
지체장애인 심희수

영조 때 대제학과
형조판서에 오른 청각장애인 이덕수

조선시대 장애인은
단지 몸이 불편한 사람일 뿐
그 이상도 이하도 아니었다

"옛날의 제왕은 모두 시각장애인에게
현송(거문고를 타며 시를 읊음)의 임무를 맡겼으니
이는 세상에 버릴 사람이 아무도 없기 때문인 것입니다."
-『세종실록』

세상에 버릴 사람은 아무도 없다

모두가 자립할 수 있어야 한다

"소경은 점치는 데로, 궁형 당한 자는 문 지키는 데로 돌리며, 아인啞人(언어장애인), 농인聾人(청각장애인), 벽인躄人(하반신장애인)까지 모두 일자리를 갖도록 해야 한다."

이는 북학파의 선구자라 불리는 홍대용이 『담헌서湛軒書』에 적은 내용이다. 이 한 문장에 조선의 장애인 고용 정책이 압축되어 있다. 모든 사람이 차별 없이 자립할 수 있어야 한다는 생각은 단지 홍대용 한 사람만의 것은 아니었다.

신분제 사회였던 조선시대, 제아무리 잘난 인물이어도 신분제라는 유리천장을 깰 수 없었다. 그러나 조선이란 사회는 장애를 가졌다고 해서 그 사람을 차별하지 않았다. 과거의 장애인들은 오늘날에 비해 더욱 힘들게 살았을 것이라고 지레짐작할 수 있지만 사실은 전혀 달랐다.

조선에는 장애인이라는 명칭도 없었다. 대신 질환에 따라 잔질자殘疾者(몸에 병이 남아 있는 사람), 독질자篤疾者(매우 위독한 병이 있는 사람), 폐질자廢疾者(고치기 어려운 병에 걸린 사람)라고 불렀는데, 중국의 영향을 받은 이런 용어들은 『고려사』에서부터 등장한다. 오늘날과 마찬가지로 과거에도 다양한 유형의 장애가 존재했다. 다만 오늘날에는 교통사고, 산업재해로 인한 장애가 많다면 과거에는 질병이나 전염병, 전쟁이나 형벌 등으로 장애를 입는 경우가 많았다. 옛 기록에서 가장 많이 등장하는 장애는 시각장애였다. 특이한 것은 당시에는 광질狂疾(정신병)이나 간질 같은 정신질환, 성기능 장애도 장애의 영역에 포함시켰다는 점이다.

고대 그리스, 로마에서 장애아는 국가를 위해 이로울 것이 없는 존재로 여겨졌다. 나라에서는 적극적으로 장애아의 유기를 권장했고, 로마인들은 장애인을 강에 익사시키거나 활쏘기 연습의 표적물로 서게 했다. 같은 시기에 이 땅에서는 장애를 병증의 하나로 보았고 장애인을 구제의 대상으로 보았다.

조선시대의 '장애인 무한 돌봄 서비스'

삼국시대부터 조선시대까지 국가는 장애인에 대한 진휼 정책을 계속 시행했다. 조선의 장애인 정책은 가족 부양이 원칙이었다. 만약 가족이 장애인을 부양할 수 없을 때에는 친척과 이웃 등 마을공동체에서 지원해줬다. 그렇다고 조정에서 마냥 수수방관했던 것은 아니다. 국가는 국가 나름대로 할 수 있는 장애인 정책을 폈다. 당시 장애인 정책은 합리적이고 구체적이었다. 조정은 우선 장애인을 '자립이 가능한 사람'과 '자립이 불가능한 사람'으로 나누어 지원 정책을 펼쳤다. 『정종실록』에는 정종이 정전에 나아가 다음과 같이 지시하는 대목이 나온다.

"환과고독鰥寡孤獨과 노유老幼, 폐질자 가운데 스스로 살아갈 수 있는 자를 제외하고 궁핍하여 스스로 생존할 수 없는 자는 소재지 관아에서 우선적으로 진휼해 살 곳을 잃지 말게 하라."
— 『정종실록』 정종 2년(1400) 7월 2일

먼저 자립이 가능한 사람은 시각장애인이었다. 조정은 시각장애인들이 자립해 살아갈 길을 터주려 노력했다. 우선 시각장애인들을 위한 기관으로 '명통시明通寺'를 설립했다. 명통시는 국가의 지원을 받는 공적기관으로 서울 5부의 시각장애인이 모여 조직적으로 활동하는 단체였다. 세계 최초의 장애인 단체였던 셈이다.

김준근의 〈판수 독경하는 모양〉

명통시에서 맹인들은 매달 초하루와 보름에 한 번씩 모여 경문을 외우며 나라의 안위를 빌었다. 나라에 가뭄이 들 때는 기우제를 관장하기도 했다. 조정은 시각장애인에게 평소에 정기적으로 쌀과 콩, 베 등을, 때로는 노비와 건물까지 내려주었고 생계유지를 위해 점복(점치는 일), 독경(불경을 외우는 일)을 할 수 있도록 길을 열어주었다. 점복은 일반 백성들 사이에 성행했을 뿐 아니라, 양반들, 심지어 임금조차도 적잖은 관심을 보였다. 점복가였던 시각장애인 승려 유담은 태종의 총애를 받아 관직까지 받았다. 그 뒤로 세종 때에는 지화, 광해군 때에는 장순명, 명종 때에는 김영창, 이렇게 시대마다 국가의 중대사를 점쳤던 인물들이 있었다.

별도로 '관현맹인' 제도도 있었다. 관현맹인은 궁중의 무용과 연주를 담당하는 부처인 '장악원掌樂院'에 소속된 정식 악공으로 관직과 녹봉을 받을 수 있었다. 관현맹인들은 궁중의 잔치와 행사에 참여해 악기를 연주했다. 남성 연주자의 출입이 금지된 궁중 여인들의 잔치인 내진연內進宴에는 반드시 앞이 보이지 않는 관현맹인 악공들이 참석했다.

조선시대에는 관현맹인 출신의 시각장애인 음악가가 많았고, 뛰어난 실력을 자랑하는 이들도 많이 등장했다. 숙종 시절의 하효달과 홍석해, 김석명 등이 대표적인 음악가들이었다.

그렇다면 자립하기 어려운 장애인들에게는 어떤 정책을 폈을까? 거동이 힘든 중증장애인들을 위해 조선은 구휼, 진휼, 진제 등의 명목으로 국가에서 직접 구제했다. 1457년 세조는 각종 장애인 대책을 밝히면서 다음과 같이 신신당부한다.

"잔질과 독질로서 의지할 곳 없는 자와 맹인들을 위해서는 이미 명통시를 설립했지 않은가. 농아聾啞와 건벽(지체장애인)들은 한성부(서울시)가 돌봐줄 '도우미'를 널리 찾고, 동서 활인원活人院이 맡아 후

하게 구휼해야 한다. 또한 계절마다 부양한 결과를 계문(보고)해야
한다."
- 『세조실록』 세조 3년(1457) 9월 16일

분기마다 농아와 지체장애인들의 구휼 결과를 보고하라는 것이다. 이보다 더 완벽할 수 없는 '무한 돌봄 서비스'라 할 만했다.

이밖에 장애인에게는 조세, 부역이나 잡역 등을 면제해주었다. '80세 이상인 장애인에게는 각기 봉양할 자를 한 사람씩 주라'는 혁신적인 복지 정책도 내놨다. 오늘날로 치면 '활동보조인 제도'인 셈인데, 이런 기록은 일찍이 『고려사』에도 등장한다. 고려의 제25대 왕 충렬왕은 "나이 80세 이상의 독질·폐질자는 그 소망함에 따라 가족 중 한 사람에게 부역을 면제하여 호양護養하도록 허락하고, 친척 가운데 호양할 사람이 없으면 국가에서 식량을 지급하고 관원을 보내 제조토록 하라"고 명을 내렸다. 조선은 동서활인원이나 제생원濟生院 같은 구휼기관을 설치하여 위기에 처한 장애인을 국가가 나서 구제하였다.

장애인이 죄를 지었을 때에도 벌을 내리는 수준 또한 달랐다. 장애인에게는 연좌제를 적용하지 않았다. 형벌 대상이 될 때에는 형벌 대신 면포를 대신 내도록 했으며, 사형 대신 유배를 보냈다. 『성종실록』을 보면 성종이 역모에 가담한 죄로 연좌제에 걸린 사람을 몰래 숨겨준 시각장애인 이검충에 대한 이야기가 나온다. 성종은 장애인을 형장으로 심문할 수 없다고 하면서 이런 상황에 형률을 어찌 적용하면 좋을지 다시 살펴보라고 지시를 하고 있다.

조선의 역대 임금 중에서 세종은 장애인 복지 정책에 어떤 왕보다 적극적이었다. 1418년 세종은 왕위에 오르자마자 중앙과 지방의 신료들에게 "환과고독과 잔질殘疾은 왕자王者의 정치에서 마땅히 불쌍히 여겨야 한다. 그들에게 환곡(식량을 빌려줌)을 우선 베풀고, 거처할

집을 잃게 해서는 안 된다"는 엄명을 내렸다. 소외계층을 위한 정책을 발표한 것이다.

그로부터 3년 뒤인 1421년, 흉년이 잇따르면서 백성들 삶이 피폐해지자 세종은 장애인과 병자를 우선 돌보라면서 "과인이 장차 감찰관을 파견해서 반드시 확인할 것이다. 만약 여염 가운데 한 백성이라도 굶어 죽은 자가 있었다면 해당 수령들을 중죄로 처단할 것"이라고 재차 강조한다. 수재 대책을 논하는 자리에서는 '장애인을 우선적으로 구제'하라고 주문하기도 했다. 기록을 살피면 세종은 거의 매년 장애인에 대한 진휼 정책을 펼쳤다. 그러나 조선 후기 완고한 주자학이 사회를 지배하면서 장애인들은 서서히 배척되기 시작했다. 국가의 지원을 받으며 가족과 마을공동체 울타리 안에서 살아온 장애인들이 서서히 분리되기 시작한 것이다.

능력만 있다면 신체 결함이 무슨 문제인가

조선시대에는 장애인이더라도 능력만 있다면 오늘날의 장관이나 국무총리에 해당하는 벼슬까지 오를 수 있었다. 황희와 더불어 빼놓을 수 없는 명재상으로 알려진 허조(1369~1439)가 대표적이다. 허조는 조선 개국 후 네 명의 왕을 모시며 이조판서, 우의정, 좌의정을 지낸 청백리다. 『세종실록』에 기록된 허조의 부음기사를 보면 그의 대쪽 같은 성품과 공평무사한 행동을 칭송하는 내용으로 가득차 있다. 그 어디에도 허조의 장애에 대한 언급은 나오지 않는다. 허조는 어려서부터 어깨와 등이 구부러진 곱추, 즉 척추장애인이었다.

우의정을 지낸 윤지완(1635~1718)은 지병으로 한쪽 다리를 잃었다. 사람들은 그를 두고 '다리가 하나뿐인 정승'이라 해서 '일각상-脚相'이라 불렀다. 『숙종실록』에는 윤지완이 다리의 병이 이미 심해서 사직해야겠다고 왕에게 청하지만 숙종이 계속해 그 사표를 반려하는 대목이 반복된다. 이런 반복이 무려 79차례에 이른다고 하니 왕이 그를 얼마나 신임했는지를 알 수 있다.

　청각장애인을 외교특사로 보내려 했던 기록도 있다. 영조 때 도승지인 이덕수(1673~1744)는 귀가 들리지 않는다며 사직하려 했지만 번번이 왕이 그의 뜻을 받아들이지 않았다. 어느 날은 청나라로 파견할 외교특사로 영조가 이덕수를 선임했다. 그러자 사헌부가 귀가 어두워서 외교특사로는 적절치 않다고 반대의 뜻을 임금에게 전했다. 그러자 영조가 이렇게 말한다. "중국어에 관해서는 모두 귀머거리 아닌가. 어찌 이것이 병폐가 될 것인가?" 중국어에 관한 한 누구나 까막눈일 텐데 이덕수의 귀가 어둡기로서니 무슨 상관이냐는 말이다. 물론 대간들의 상소가 잇따라 이덕수의 특사 파견은 취소됐지만 왕이 장애에 대해 어떤 생각을 갖고 있었는지를 이 일화는 전해주고 있다.

　그밖에도 영·정조 때의 명재상이었던 채제공은 시각장애인이었고, 17세기를 살았던 대학자이자 시인인 조성기는 척추장애인이었다. 정조 때의 시인 장혼은 절름발이였으나 조정의 인쇄소인 감인소監印所의 관리가 돼 임금이 내린 책들을 교정하고 20권의 문집을 남겼다. 시각장애인으로서 3등공신에 올랐던 이영선, 기형아로 태어나 생육신이 된 권절, 정신질환을 이겨내고 대사헌에 오른 공서린 등은 '장애인 관료'로 회자되는 이름들이다. 흥미로운 것은 『조선왕조실록』에서 장애인 관료들의 신체 결함을 언급하는 내용을 전혀 발견할 수 없다는 점이다.

　관료만이 아니다. 장애와 무관하게 재능으로 명성을 날렸던 예술가들도 많다. 장애인 예술가라 하면 대개 호메로스나 이솝, 손자, 세르반테스, 베토벤 등 동서양의 유명한 예술가들만 떠올리지만 조선시대에도 문인이나 서화가, 음악가 등 장애인 예술가가 대단히 많았

시각장애인이었지만 명재상으로
이름을 남긴 채제공의 초상화

다. 대표적 인물이 조선 후기 시각장애인 부부였던 시인 김성침과 그의 아내 홍씨, 한쪽 시력을 잃은 장애인 화가 최북이다. 언어장애인 서예가 조광진, 한쪽 눈을 잃고도 노래·춤·악기에 두루 능했던 기생 백옥, 두 눈을 실명하고 아쟁에 몰입해 입신의 경지에 올랐다는 김운란 등도 이른바 당대의 스타 예술가들이었다.

신체적 장애는 있었으되, 사회적 장애는 없었다

조선 중기 유몽인의 설화집 『어우야담於于野譚』에는 다리 하나가 짧은 지체장애인을 가리킬 때 "다리 하나가 길다"고 말해야 한다는 이야기가 나온다. 이는 조선 사람들이 장애를 어떤 관점으로 대했는지를 보여준다.

실학자 최한기 또한 인사·행정에 관한 책 『인정人政』에서 때론 눈은 있지만 마음이 어두운 사람보다 시각장애인이 더 나은 경우가 있다고 주장하면서 "어떤 장애인이라도 배우고 일할 수 있어야 한다"고 강조했다. 조선 후기 실학자 이덕무도 『사소절士小節』에서 "아이들이 장애인을 대할 때 말을 함부로 하면 안 된다"고 썼다.

조선은 장애인에 대한 차별 의식이 없었다. 함께 어울려 살아갔고, 국가도 장애인의 자립과 사회 참여를 위한 정책 수립과 운영에 적극적이었다. 양반 계층의 장애인은 과거를 통해 관직에 나아가는 데 아무런 제약이 없었으며, 각자의 능력에 맞춰 적재적소에 배치되어 비장애인과 함께 일을 하였다. 또한 예술방면에서도 탁월한 재능을 나타내며 세인의 주목을 받았다.

우리 땅에서 장애인과 비장애인을 구분 짓기 시작한 것은 근대에 이르러서이다. 근대를 거쳐 현재에 이르기까지 장애인과 관련된 정책은 한마디로 말하면 장애인을 세상과 격리하는 것이다. 그리하여 그들과 비장애인이 같은 세상에서 함께 살아가는 것이 아니라, 장애인은 장애인만의 어둡고 좁은 세상에서 살기를 강요한 것이다.

나라의 인권 수준을 보려면 장애인에 대한 처우가 어떠한지 살피라는 얘기가 있다. 장애를 가졌다는 이유로 차별받거나 기회나 권리를 제한받지 않도록 사회가 힘쓰고 있는지 여부에 따라 그 사회 구성원이 합의한 인권의 수준을 알 수 있다는 의미다. 21세기 한국의 장애인 인권은 어떨까?

현재 장애인 전체의 70~80퍼센트 이상이 실업자이고, 50퍼센트 이상은 초등학교도 졸업하지 못했다. 장애인이 전체 인구의 10퍼센트에 이르는데도 여전히 우리 사회는 장애인을 자신과 다른 사람으로 여기는 편견에서 벗어나지 못하고 있다.

1431년, 조선의 궁중음악을 정비한 박연(1378~1458)은 세종대왕에게 시각장애인 악공들의 처우를 개선해야 한다는 내용의 상소문에서 다음과 같이 말한다. "그들은 눈이 없어도 소리를 살피기 때문입니다. 세상에 버릴 사람이 없기 때문입니다." 이런 박연의 외침은 오늘날의 인권의식에 비추어 봤을 때에도 손색이 없다. 한 사회 안에서 인권을 최우선의 가치로 둔 것은 조선시대 내내 이어져온 우리의 전통이었다.

참고 자료

역사 속 장애인은 어떻게 살았을까 정창권, 글항아리, 2011

2부 사라진 것들, 되살리다

- 01 조선 최고의 실용서
- 02 삽살개 아리랑
- 03 변장한 임금
- 04 단 하나의 혼수
- 05 잃어버린 소금
- 06 그들만의 영웅
- 07 조선은 없었다

animus
01

조선 최고의 실용서

저술 기간 약 36년
참고 서적 900여 권
글자 수 250만여 자

27세에 문과에 급제
관료 생활 시작

정조의 총애를 받으며
서적 편찬 및 실용적 개혁론을 제안

그러나

세도정치가 시작된 직후
작은아버지 서형수가 유배되자
시골에 은거한다

그리고 시작된 농촌 생활

"우리나라의 사대부들은 쟁기를 잡으려 하지 않고
손가락 하나 까딱 않고 음식만 축내고 있다."

관념적인 학문 연구에만 몰두하던
사대부를 비판하며
실용적인 지식을 고민하던 실학자
풍석楓石 서유구徐有榘, 1764~1845

농촌의 삶에 꼭 필요한 지식을
16개 범주로 나누고
논밭과 강가에 직접 뛰어들어
체험한 것을 더한 후

한국, 중국, 일본에 출간돼 있던
900여 권의 책을 참고해
방대한 집필을 시작한다

그 결과 완성된

총 113권 52책

밭 가는 법에서부터 씨 뿌리는 법까지
농사 전반에 대한 내용을 다룬
본리지 本利志

가축 키우는 법과 물고기 잡는 법 등
각종 사냥 방법을 설명한
전어지 佃漁志

집 짓는 법에서 각종 기구 사용법까지
가정의 생활과학 정보를 모은
섬용지 贍用志

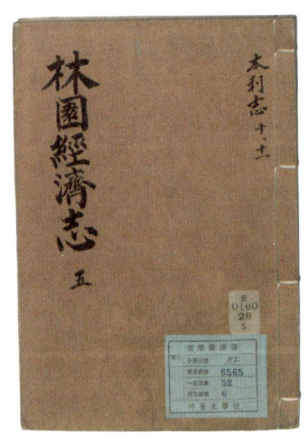

저술 기간 약 36년
참고 서적 900여 권
글자 수 250만여 자

1만여 개의 표제어에 따른 방대한 정보와
설명을 위한 삽화까지 포함한

조선 최고의 실용백과사전

김홍도의 〈기와이기〉

그러나

"수십 년 동안 쓰고 고치는 수고를 하여
책을 완성하였으나
이 책을 지키고 관리하는 것을 부탁할 사람이 없구나.
어쩌다 펼쳐보면 슬픔 때문에
알지 못하는 사이에 하염없이 눈물이 흐른다."
- 『금화경독기金華耕讀記』

완성 후 170여 년간 출간되지 못한 채
필사본으로만 남게 된 책

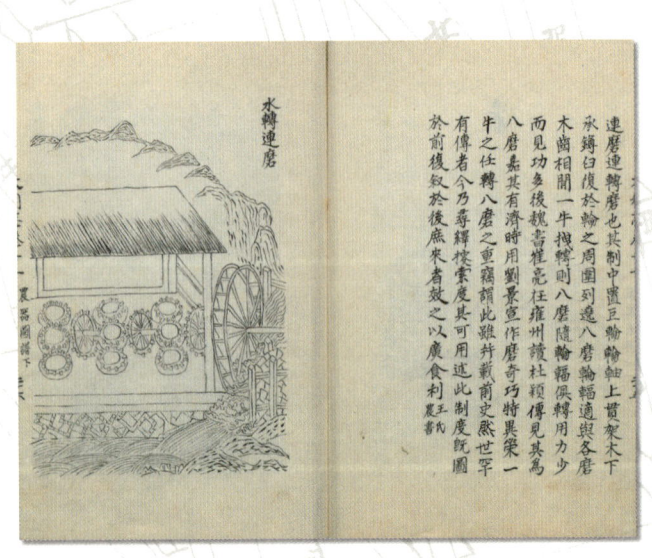

2002년

"이것은 사라진 문명의 원형을 재구성하는 일이다."

40여 명의 학자는
조선시대 출간된 서적 중
최대 분량의 단일서적이자

조선 후기 농업정책과
자급자족의 경제론을 담은
실학적 농촌경제 보고서의 번역을 시작한다

그리고 10여 년이 흐른 2014년
『임원경제지林園經濟志』는
최초의 완역을 앞두고 있다

조선 최고의 실용서

걸어다니는 백과사전, 서유구

"냉수 한 동이를 옆에 두었다가 굽자마자 물에 담기를 10여 차례 한 뒤에 유장과 물료를 섞어 다시 구우면 매우 연하고 맛이 있다."

"어떤 꽃이건 창문을 닫아놓은 채 향을 피워서는 안 된다. 연기에 노출된 꽃은 시들어버리기 때문인데 수선화가 특히 심하다."

"맑은 물을 가져다가 깨끗한 그릇에 넣고 펄펄 끓인 다음 물을 기울여 흰 자기에 붓고 맑아지기를 기다려 그 아래에 모래흙이 가라앉는다면 이는 수질이 나쁜 것이다."

서유구의 『임원경제지』는 18세기 당대의 의식주를 망라하고 있다. 원예, 요리, 기상, 지리, 의약, 건축, 음악, 서화 등 실생활과 관련한 다양한 지식을 16개 분야로 나누어 기술했기 때문에 『임원십육지』로 부르기도 한다. 자그마치 113권 52책, 250만여 자에 이르는 이 책은 조선시대 개인의 단일 저술로는 가장 방대한 분량이다. 참고한 자료만 해도 자신의 저서 7종을 포함하여 900여 권에 이르며, 책 앞부분에 분류하여 소개해놓은, 직접 참조하고 인용한 문헌만 해도 책 한 권 분량이다.

animus 01

 서유구는 어떻게 그 많은 양의 책을 읽고 혼자서 책을 쓸 수 있었을까? 여러 조건들이 결합되었겠지만 첫번째로 그는 웬만한 책은 다 소장할 수 있을 정도로 재력을 갖춘, 소위 '있는 집안'의 자식이었다.

 서유구는 1764년 한양의 대표적인 양반 가문을 뜻하는 '경화세족京華世族'인 달성 서씨 가문에서 태어났다. 경화세족은 당시 왕성한 관직 진출로 재력을 축적한 집안을 가리켰는데 서유구의 할아버지는 대제학, 아버지는 이조판서를 지냈다. 할아버지 서명응은 천문, 지리, 농업, 언어 등 다방면에 저술을 남긴 조선 최고의 학자였고, 아버지 서호수는 천문학과 수학, 기하학에 정통했으며, 작은아버지인 서형수 또한 고증학과 경학에 남다른 식견을 갖고 있었다. 또한 가정백과사전으로 익히 알려진 『규합총서閨閤叢書』의 저자 빙허각 이씨는 서유구의 형수였다. 서유구의 가문은 18세기 후반, 중국 베이징에서 발원한 새로운 학문을 받아들인 최고의 엘리트 집안이었다.

 이런 가문에서 서유구 스스로 '가문의 영광'이 된 것은 27세에 문과에 합격하면서부터였다. 정조가 규장각을 설치한 뒤로 규장각은 문벌가 젊은이들의 최고의 출세 코스로 통했는데, 이 자리에 서유구도 있었다.

 정조는 규장각을 만들어 스스로 강의 프로그램을 짜고 신하들에게 과제를 내주어 발표하고 토론하게 했다. 그때 정조의 곁에 있던 이들이 서유구, 정약용, 박제가, 유득공 등의 학자들이다. 이 젊은 소장파 학자들은 규장각에서 신분과 당파를 뛰어넘어 함께 일하고 토론하면서 실학의 기초를 닦아갔다. 신하들 가운데에서 서유구는 단연 돋보였다. 정약용보다 두 살 어렸던 서유구는 과거시험을 본 기수로 따지면 정약용보다 한 해 후배였다. 둘은 여러 차례 실력을 겨뤘는데, 시경詩經에 대한 해석은 서유구가 더 뛰어났다고 한다. 임금의 사랑을 받았던 서유구의 앞길은 탄탄대로였다. 실제로 서유구는 규장각을 비롯해 홍문관, 승정원, 성균관 등에서 요직을 거쳤다.

훌륭한 가문에 더해 개인의 능력 또한 뛰어나니 거칠 것이 없었다. 서유구의 집안은 특히 농학에 관심이 많았다. 할아버지는 농삿일이 포함된 『고사신서攷事新書』를 지었고, 아버지는 『해동농서海東農書』를 집필했는데 어릴 때 서유구는 할아버지의 농학서 집필을 도왔다. 이 과정에서 서유구는 실용 학문의 필요성을 절감하게 된다. 그가 '풍석'이란 호를 쓴 것도 바로 이때부터다.

가풍의 영향을 받은 까닭인지 서유구 또한 농학에 관심이 많아 농업기술과 농업경영, 농업정책에 관한 책을 많이 냈다. 『행포지촌浦志』 『금화경독기』 『경계책』 등이 농업과 관련한 그의 대표 저서이다. 그의 농학에 대한 관심은 이조판서, 관찰사, 대제학에 이르는 동안에도 계속되었다.

남부러울 것 없는 배경 속에서 순탄하게 살던 서유구의 삶에도 굴곡이 있었다. 1800년, 정조가 갑자기 승하하면서 조정의 분위기는 일대 반전이 일어났다. 서유구와 더불어 정조의 사랑을 받던 다산 정약용은 정조 사후 천주학 타도 바람에 휘말려 귀양살이를 시작하게 됐다. 다행히 서유구는 천주학 타도의 회오리는 비껴갈 수 있었다.

그러나 서유구의 가문도 서서히 불어닥친 세도정치의 바람을 피할 수는 없었다. 먼저 작은아버지 서형수가 김달순 옥사 사건에 연루되어 유배형을 당했다. 이어서 재종숙부 영의정 서매수가 정계에서 축출됐다. 할아버지와 아버지가 돌아가신 뒤 서씨 문중에서 정계에 진출한 이들은 모두 내쫓겼다. 가문은 몰락했다. 조정에 혼자 남은 서유구의 선택은 자진 사퇴였다. 귀향이라 했지만 유배와 다를 바 없었다.

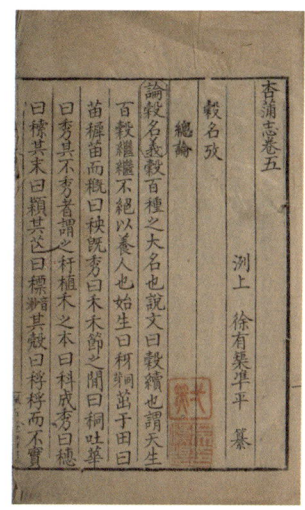

『행포지』

1806년, 마흔두 살의 서유구는 고향인 경기도 장단으로 돌아갔다. 벼슬자리를 떠난 그는 무엇을 했을까? 그보다 먼저 조정을 떠났던 다산은 귀양살이를 하는 18년 동안 강진에서 초당을 짓고 제자를 길러내며 책을 썼다. 서유구 역시 18년 동안 책을 집필했다. 농사를 짓고, 물고기를 잡으며, 인간이 살기 위해 필요한 것들을 하나하나 탐색해나가기 시작했다.

『본리지』부터 『예규지』까지 총 113권 52책

『임원경제지』는 강산이 두 번 바뀌는 세월을 담아냈다. '임원林園'은 전원 곧 농촌이고, '경제'란 물질적 생활을 말하는 것으로 '임원경제'란 농촌에서 (양반이) 물질적 생활을 해나가는 것을 뜻한다. 농업과 농학에 대한 서유구의 열정은 『임원경제지』에 오롯이 담겨 있다. 저술 분야도 넓고 그 분량도 엄청난 역작이지만 『임원경제지』의 탁월함은 체계적인 서술에서 더욱 빛이 난다. 의식주를 비롯해 예禮와 예술에 이르기까지 전체 내용이 차례차례 순서대로 잘 정리되어 있는 것이 이 책의 미덕이다.

생활에 필요한 것, 그 가운데에서 으뜸을 꼽자면 역시 '먹을 것'이다. 그래서 『임원경제지』는 주식인 곡물농사에 대해 쓴 『본리지』로 시작한다. 『본리지』에서 토양, 비료, 종자, 곡식 종류, 농기구 등 곡물을 중심으로 한 일반적인 농업을 다룬 것은 곡식을 기르는 것은 먹고사는 문제이자 나라 경제의 토대였기 때문이다.

그러나 인간이 먹을 것이 곡물만은 아니다. 채소도 길러 먹어야 하고, 열매도 수확해 먹어야 한다. 그래서 서유구는 『본리지』 다음으로 이어지는 『관휴지灌畦志』에서 채소 기르기를, 그다음에 이어지는 『예원지藝畹志』에서는 꽃의 종류와 그에 따른 재배법을, 『만학지晚學志』에서는 꽃이 진 뒤 맺히는 열매의 종류와 수확·저장법에 대해 소개하고 있다. 또한 옷감을 짜서 옷을 지을 수 있는 작물 재배법도 빼놓지 않았다. 뽕나무 재배와 비단을 짜고 염색하는 방법을 논한 『전공지展功志』가 바로 그것이다.

농사를 짓는 데 가장 중요한 것이 바로 날씨와 기후이므로 『위선지魏鮮志』에서는 그것을 다루고, 곡식과 채소, 과일 외에 육식도 필요하기에 『전어지』에 이르러서는 사냥, 어업, 목축에 대해서 정보를 제공하며, 막상 잡은 물고기나 사냥감을 어떻게 먹을까에 대해서는 『정조지鼎俎志』에서 서술해놓았다. 『정조지』에는 요리법, 술 담그는 법이 주로 쓰여 있는데 술의 종류만 해도 무려 170종류가 넘게 나온다.

먹을 것과 입을 것 다음으로는 주거와 관련된 사항을 정리했다. 『섬용지』에서는 집을 지을 때 필요한 재료와 공구, 그것을 이용해 집 짓는 기술, 또 집을 짓고 난 뒤 그 안에 들여놓을 가구와 촛불 등 조명시설까지 적어 꼼꼼히 일러주고 있다.

여기까지 오면 의식주, 즉 인간의 기본적인 생활은 대강 꿰고 있는 셈이다. 하지만 산다는 것이 의식주만 충족된다고 만족스러울 수는 없다. 삶에서 건강이 무척 중요하기에, 서유구는 식이요법이나 호흡법 같은 건강법을 총망라해 『보양지葆養志』에 담았다. 오늘날로 치면 '웰빙' 가이드북이었다.

이어지는 『인제지仁濟志』는 아플 때의 치료법을 담은 일종의 의약정보서로 『임원경제지』에서 가장 많은 분량을 차지하고 있다. 풍석은 오늘날처럼 의료인에게 의존하는 형태가 아니라 각 개인 스스로 의사가 되는 길을 제시했다. 오늘날 『인제지』는 『동의보감』보다 알찬 의학정보를 담고 있다는 평가를 받고 있다.

여기까지는 실질적으로 삶에 필요한 정보들이 중심이다. 그러나 사람이 물질적 삶에만 치중할 수는 없다. 더욱이 관혼상제冠婚喪祭의 예는 조선시대에 매우 중요했다. 서유구는 이웃 사이에 지켜야 할 예인 향음주례鄕飮酒禮, 향약鄕約 등을 일목요연하게 정리해 『향례지鄕禮志』로 엮었다. 다음에 이어지는 『유예지遊藝志』에서 독서, 서예, 악기 연주법, 그림 그리는 법 등을 설명했다. 품위와 여유가 있는 삶에 필수적인 것들이었다.

『이운지怡雲志』에는 장서를 비롯해 서예도구인 문방구, 차 마시는 다기 등에 대해 꼼꼼하게 소개해놓았다. 장서만 해도 책을 구하는 여러 방법부터 구입해야 할 책의 순서, 인쇄 종이, 인쇄본 감정법은 물론 책을 분류하는 법, 책을 햇볕에 쬐는 법, 책을 보호하는 법 등 책을 소장할 때 필요한 정보 또한 빠짐없이 기록했다.

또한 『상택지相宅志』에서는 어떤 곳에서 살아야 할지 삶의 터전을 마련하는 방법 등을 소개하며 『예규지倪圭志』에서는 가정경제를 꾸려가는 방법이나 상업 활동의 기초 자료 등 조선 전체의 경제에 대해 총괄적으로 다뤘다. 지금까지 기술한 『임원경제지』의 목차를 표로 간단히 정리해보면 다음과 같다.

16지	내용	권수(113권)
본리지 本利志	곡식 농사	권1~13
관휴지 灌畦志	채소 농사	권14~17
예원지 藝畹志	화훼 농사	권18~22
만학지 晩學志	과수 농사	권23~27
전공지 展功志	옷감 재료, 의복 만들기	권28~32
위선지 魏鮮志	날씨, 기상 예측	권33~36
전어지 佃漁志	목축, 사냥법, 물고기 잡기	권37~40
정조지 鼎俎志	요리	권41~47
섬용지 贍用志	집 짓기 일용품 만들기	권48~51
보양지 葆養志	건강법	권52~59
인제지 仁濟志	치료법	권60~87
향례지 鄉禮志	향음주례, 마을공동체 윤리	권88~90
유예지 游藝志	여가 생활	권91~98
이운지 怡雲志	문화생활	권99~106
상택지 相宅志	터 잡기	권107~108
예규지 倪圭志	상업 활동	권109~113

밥 먹고 씨 뿌리는 일상에서 개혁은 일어난다

그렇다면 서유구는 왜 『임원경제지』를 집필했을까. 책의 서문에서 그는 "시골에 살면서 뜻을 기르는 데 필요한 책은 수집해놓은 것이 거의 없어서, 시골에 사는 데 필요한 내용을 대략 채록"했다고 밝혔다. 한마디로 『임원경제지』는 괜찮은 삶, 좋은 삶을 고민한 결과물이라 할 수 있다.

『임원경제지』는 900여 종의 참고문헌에서 골라낸 자료를 인용하여 편집한 내용으로 구성되어 있다. 일각에서는 『임원경제지』가 중국 서적을 인용한 것을 두고 독창성에 의문을 제기한다. 하지만 인용한 문헌 중 조선에서 발간된 문헌의 비율이 전체 4분의 1을 넘어선다. 이 정도를 넘어서는 조선의 전문서적은 많지 않다. 또한 백과사전류를 쓰면서 전체 5분의 1에 가까운 분량으로 자신의 저술 또는 견해를 반영했다는 점에 주목해야 한다.

서유구가 『임원경제지』를 완성하기 위해 수없이 펼쳐봤던 책들은 가문의 내력이 쌓인 장서들이었다. 달성 서씨 가문은 당시 중국에서 수입한 최신 수학책을 소장하고 있는 서울의 두서너 집 가운데 하나였다. 서씨 집안은 서울 남산 아래 저동에 저택이 있었는데, 작은아버지인 서형수는 '필유당必有堂'이라는 가내 도서관을 마련했으며, 서유구는 10대 후반에 자신만의 서재인 '풍석암서옥楓石庵書屋'을 지었다. 가문이 구축한 장서를 기반으로 풍석은 매일 책을 읽고 글을 썼다. 장서는 장식품이 아니라, 그의 삶을 이끄는 유일한 도구였다.

당대 최신 과학기술을 소개하려고 노력했지만 오늘날의 관점으로 보면 『임원경제지』에는 '과학적'으로 보이지 않는 것도 많다. 예를 들어 우물 자리를 볼 때는 대야에 물을 떠놓고 물에 비친 밤하늘의 별 중에서 가장 크고 맑은 곳이 우물을 팔 자리라고 한다. 아들을 잉태하기 위해서 어느 시간에 어떤 자세로 합궁을 해야 하는지를 설명하는 장면도 등장한다.

하지만 무엇보다 『임원경제지』의 묘미는 몸으로 체득한 지식이 녹아 있다는 점이다. 논두렁 밭두렁을 돌아다닌 경험이 있기에 서유구의 저술은 빛난다. 그는 입으로만 농사를 짓지 않았고, 글로만 물고기를 잡지 않았다. 농서 『행포지杏浦志』에서 그는 자신이 농사에 대해 어떻게 생각하는지 확실하게 밝혀놓았다. 이 책은 『임원경제지』에도 반영되었는데 서문은 다음의 문장으로 시작한다.

"지금 시대에 천하의 사물 가운데 시공을 통틀어, 하루라도 빠트릴 수 없는 것을 찾는다면 무엇이 으뜸인가? 곡식이다! 지금 시대에 천하의 일 가운데 시공을 통틀어, 신분의 귀천과 지식의 다과多寡에 관계없이 하루라도 몰라서는 안 되는 것을 찾는다면 무엇이 으뜸인가? 농사다!"

서유구는 제도적 개혁에 의미를 두지 않았다. 밥 먹고, 씨 뿌리고 거두고, 땀 흘리는 일상에서 개혁은 일어난다고 보았다. 본성이 어떻고, 이치가 어떻고 하는 고준담론할 시간에 밖으로 나가서 바지를 걷어붙이고 쟁기질을 하라고 주장했다. 그는 혼자 힘으로 밭을 갈고, 꽃을 돌보고, 옷을 지어 입고, 집을 짓고, 제사를 지내면서 살았고, 그 경험과 책의 정보를 한데 아울러 113권의 책에 담았다. 다산이 경학과 경세학에 중심을 두었을 때, 풍석은 '잡학'에 빠졌다.

조선 후기 실학사상은 '실사구시, 경세치용, 이용후생'으로 요약된다. 명분보다 실리를 중시한 실학자들은 많은 실용서를 펴냈는데 서유구의 농서를 비롯해, 박지원이 농업기술에 대해 쓴 『과농소초課農小抄』, 정약전이 귀양가 있던 흑산도에서 물고기들을 정리한 『자산어보玆山魚譜』 등이 당대의 대표적인 실용서다.

신기하게도 비슷한 시기에 약속이라도 한 듯 동아시아와 세계 지식인 사회에서는 박물학 열풍이 불었다. 조선 땅에서 그 열풍을 이어간 세 명의 학자가 있었는데, 다산 정약용, 오주 이규경, 그리고 풍석 서유구였다. 서유구는 실학과 박물학, 18세기 조선의 최고 학문의 중심축에 우뚝 서 있었다. 서유구는 환갑의 나이가 되어 벼슬살이를 하게 됐는데 그 사이에도 책을 고치고 또 보탰다. 그 작업은 평생에 걸쳐 계속 되었다. 그 결과, 1만 4000여 쪽에 이르는 『임원경제지』가 완성됐다.

책은 완성되었지만 부인과 아들이 먼저 세상을 떠나자 책을 후세

김홍도의 〈밭갈이〉

에 전할 가능성은 사라지게 되었다. 서유구는 "죽기 전에 간행하자니 힘이 없고, 장독을 덮어버리기엔 아까움이 있다"며 자신의 처지에 대해 통탄했다. 그는 세상을 떠나기 전 자신의 묘비에 이렇게 썼다. "80년 세월을 죄다 낭비해버린 뒤에, 뻔뻔하게 붓을 잡고 문장으로 꾸미면서도 휑하게 아무것도 없다는 사실을 모르고 있었다."

집필 170년 만에 완역되는
조선판 브리태니커 백과사전

선조의 삶의 지혜가 그대로 살아 있는 대백과사전, '조선의 브리태니커' 『임원경제지』. 안타깝게도 현재 이 책의 원본은 남아 있지 않다. 오사카 부립나카노시마도서관에 소장된 오사카본을 포함해 고려대본, 연세대본, 서울대규장각본 등 서너 본의 필사본이 전해질 뿐이다. 원문이 없기 때문에 원전 내용의 정확도를 세밀히 점검해야 하는데, 그 작업이 만만치 않다. 방대함이 우선 부담이다. 글자 수만 총 250만여 자 되는데, 조선시대 과거시험 필수과목인 '사서' 즉 『논어』 『맹자』 『대학』 『중용』의 원문을 합친 것이 총 6만여 자이다. 『임원경제지』는 이것의 약 40배 분량이다.

내용의 전문성도 번역을 어렵게 했다. 국역전문기관인 민족문화추진회에서도 몇 차례 한글 번역을 계획했지만 결국에는 무산됐다. 『조선왕조실록』을 번역한 한국고전번역원도 두 손을 들 정도였다.

하지만 가치를 알아보고, 근성을 발휘했던 이들이 있었다. 국가출연기관이 포기한 번역 작업의 끝을 본 이들은 40여 명의 소장학자들이었다. 2002년, 이들은 '임원경제연구소'를 설립하고 국문학, 한의학, 경제학, 미학, 수학, 기계공학 등 전공을 살려 번역 작업을 시작했다.

이본異本을 비교해 잘못된 부분을 고치고 확정하는 과정을 거쳤는데, 단순히 한문 실력만으로 번역이 완성될 수 없었다. 다행히 생물학, 식품영양학, 건축학, 미술, 서예, 국악을 전공한 학자 수십 명이 번역작업을 도왔다. 전문가들 모두 서유구의 방대한 지식 세계에 혀를 내둘렀다.

네 개의 필사본과 『임원경제지』가 인용한 853종의 원전을 비교해가며 젊은 학자들이 9년간 매달린 끝에 초벌 번역이 끝났고, 2012년

개관서가 출간됐다. 그리고 이제 10년 만인 2014년, 『임원경제지』가 113권 전질을 55권 분량의 책으로 세상의 빛을 보게 될 예정이다. 『임원경제지』가 완간되는 2014년은 풍석 탄생 250주년이다.

참고 자료

산수간에 집을 짓고 서유구, 안대회 편, 돌베개, 2005
임원경제지 서유구, 정명현 등 역, 씨앗을뿌리는사람, 2012

animus
02

삽살개 아리랑

커다란 덩치
눈을 덮은 긴 털
어리숙한 표정

"우스운 외모와 달리
김유신 장군의 군견(軍犬)으로 쓰일 만큼
용맹했다."

70여 년 전만 해도
한반도 남쪽 시골 마을에서
흔히 볼 수 있던 개

삽사리

그런데

1940년 3월 8일
「조선총독부령」 제26호

"조선 개가죽을 일본이 독점한다."

역사적으로 유례를 찾기 힘든
공권력이 주도한 동물 대학살

"희생된 개가죽 수십만 매는
일본의 군용 모피로 사용됐다."

1930년대
아키타견, 기슈견, 홋카이도견, 시코쿠견

자국의 토종개를 천연기념물로 지정하며
보호에 앞장선 일본

그리고

일본 개들과 닮은 외모로
총독부가 직접 천연기념물로 지정한

진돗개와 풍산개

일본 개와 전혀 다른 외형
온몸을 덮는 긴 털을 자랑하는 삽살개는
견피 수집의 주요 대상이 된다

10년도 채 안 되어 사라진
1200년 역사의 삽살개

안중식의 〈삽살개〉

그러나
우리 개 '삽사리'를 잊지 않은 사람들

1969년
경북대 농과대학 교수진
산간벽지에서 삽살개 탐색 작업 진행

1985년
경북대 하지홍 교수팀
삽살개 복원 사업 시작

1992년
천연기념물 제368호 지정

1998년
독도 이주 삽살개 1호 '동돌이'와 '서순이'

경북대 하지홍 교수팀의 삽살개 복원 사업

일제에 의해 멸종 위기에 처했던 삽살개는 독도 지킴이로 돌아온다

2013년 현재 한국에는 3000여 마리의 삽살개가 살고 있다

삽살개 아리랑

귀신 쫓는 개

조선 초기의 정승이었던 황희는 눈빛이 어찌나 강한지 바라보는 것만으로 사람이나 동물이나 기가 팍 꺾일 정도였다. 그런 그가 하루는 개와 눈을 맞추고 한참을 보다가 '나도 이제 늙어서 죽을 날이 다 되었구나'라며 한탄을 했다. 황희 정승과 눈싸움을 벌였던, 이 예사롭지 않은 개가 바로 삽살개다.

푹신해 보이는 커다란 몸, 온몸에 길게 늘어져 두 눈을 가리고 있는 털은 산중의 신선이나 도사의 풍모를 연상시킨다. 삽살개가 신선개 또는 선방仙尨이라 불렸던 이유다. 예부터 우리 민족은 삽살개를 신령스런 동물로 여겼다. 귀신을 쫓는 영물靈物이라고도 했다. 삽살개라는 이름 자체가 '귀신, 액운煞(살)을 내쫓는다揷(삽)'는 뜻이다. 삽살개는 '삽사리' '삽살'로도 불렸고 머리가 크고 털이 길어 사자를 연상시킨다 해서 '사자개'라고도 불렸다. 특히 조상들은 땅 기운이 세서 그 기운을 누를 필요가 있을 때에 이 삽살개를 마당에 풀어놓고 길렀다. 삽살개의 기운이 땅의 기운을 눌러 안정을 찾을 수 있다고 믿었기 때문이다.

이렇듯 기가 세기로는 둘째가라면 서러워할 삽살개였지만 주인 앞에서는 반드시 꼬리를 내렸다. 삽살개는 타고나길 집 지키는 개였다. 발소리만 들어도 주인임을 알고 반겼고, 낯선 발소리를 먼저 듣고는

animus 02

  가족에게 알려 도둑을 막았다. 성격이 온순하고 사람 말도 잘 알아들었다. 특별한 교육 없이도 주인의 표정을 보고 해야 할 일과 하지 말아야 할 일을 구분해냈다. 하지만 일단 적을 만나면 상대를 꼼짝 못하게 제압했다.

  이같이 영특한 동물이다보니 삽살개는 사랑을 받을 수밖에 없었다. 삽살개는 신라 때부터 왕실과 귀족들이 길렀다고 전해지는데, 신라의 김유신 장군은 삽살개를 군견으로 싸움터에 데리고 다녔다고 한다. 신라 제33대 성덕왕의 큰아들인 김교각 스님도 삽살개를 사랑하여 당나라로 고행하러 떠날 때 함께 데리고 갔다. 왕가의 손만 타던 이 '귀족적인' 개가 민가로 흘러나온 것은 신라가 망한 후였다. 그뒤로 삽살개는 서민의 개로 우리 민족과 애환을 함께했다.

  우리나라 토종개로는 삽살개, 진돗개, 제주개, 풍산개 등이 있는데, 그중에서도 가장 오랜 내력을 지닌 개가 삽살개다. 일본 사찰의 수호신 동물석상인 '고마이누狛犬'도 한반도에서 건너간 삽살개가 뿌리라고 한다.

  신라 이후 고려와 조선에 걸쳐 민가에 흘러든 삽살개는 민화의 모델로 사랑받았다. 삽살개는 악귀가 집 안에 들어오지 못하도록 대문에 붙여놓는 '문배도'의 단골 모델이었다. 조선시대 화가 장승업, 김두량이 그린 작품 가운데에도 삽살개가 보인다. 김두량의 화첩에는 삽살개 '방尨' 자가 보기 좋게 쓰여 있어 한눈에 봐도 삽살개를 그

김두량의 〈삽살개〉

린 것을 알 수 있다.

  그림만이 아니다. "개야 개야 삽살개야, 너에게 밥을 줄 때 먹기 싫어 너를 줬냐. 윗집 총각 오시거든 짖지 마라 너를 줬지." 몰래 만나는 연인이 집을 찾을 때 제발 조용히 해달라는 내용의 해학적인 이 노래처럼 삽살개는 전래민요에도 등장한다.

  전국 곳곳에 삽살개에 얽힌 전설 또한 많다. 한 번 주인을 영원한 주인으로 섬기고, 자신의 몸을 던져서라도 주인을 구한다는 충절과 의리에 대한 민담이 주로 전해진다. 특히 술에 취한 주인이 산에서 잠이 들었는데, 산불이 나자 자신의 털에 물을 묻혀와 불을 꺼서 주인을 살리고 자신은 결국 죽었다는 '의구총' 이야기의 주인공이 바로 삽살개다.

  진도의 진돗개, 북한의 풍산개 등 여러 토종개가 있지만 삽살개만큼 문학작품에 두루 등장한 개는 없다. 백성의 설움과 한이 담긴 전래민요를 비롯하여 시조뿐 아니라 소설이나 산문에서도 곧잘 나타난다. 대표적인 것이 소설 『숙향전』이다. 숙향전은 귀하게 태어난 여주인공 숙향이 어려서 고아가 된 후 여러 위기를 극복하고 행복한 삶을 누리게 된다는 내용으로 소설에서 숙향이 마고할미의 주막에서 살게 되었을 때 그 주막에는 청삽사리가 있었다. 삽살개는 마고할미가 사라지고 숙향 혼자 남게 되자 충실하게 숙향을 보살핀다. 훗날 이선에게 편지를 전하고 답장을 받아왔을 뿐 아니라 도적이 올 것을 미리 알고 숙향을 피신할 수 있게 했으며, 역할을 다한 뒤에는 자신을 묻을 장소를 알려준 후 그곳에서 죽는다.

시인 정지용은 '그날 밤 그대의 밤을 지키던 삽사리 괴임직도 하이'라고 노래했고, 노천명은 「장날」이란 시에서 '이뿐이보다 삽살개가 먼저 마중을 나갔다'라고 적고 있다. 한결같이 우리 민족의 삶 속에서 교감하던 개는 삽살개였다.

한민족의 수난, 삽살개의 수난

삽살개는 우리 민족과 공동운명체였다. 삽살개가 수난을 겪기 시작한 것은 1931년, 일본이 만주사변을 일으킨 이후였다. 북방으로 진군하는 군인들의 추위를 막아줄 방한용 군수품이 필요해지면서 일제는 개의 가죽에 눈독을 들였다. 그중에서도 삽살개는 긴 털과 방습·방한에 탁월한 가죽을 가진 탓에 집중 공격의 대상이 되었다.

1930년대에 들어오면서 일본 내부에서는 토착견에 대한 연구와 보존 열기가 고조됐다. 아키타견, 기주견, 홋카이도견 등 토착개를 보호하는 모임이 조직됐고, 정부에서도 이를 천연기념물로 지정해 국가적인 보호 운동을 폈다.

한편 1938년, 조선총독부는 한국의 진돗개를 천연기념물로 지정했다(1942년에는 풍산개도 일제에 의해 천연기념물로 지정되었으나, 1962년 해제되었다). 진돗개를 보존하려는 순수한 뜻이 아니었다. 일본과 조선은 한 몸이라는 뜻의 내선일체를 앞세우면서 조선의 토종개를 보존한다는 명분을 얻기 위한 꼼수였다. 때문에 아키타견, 기주견, 홋카이도견 등 일본의 토종견들과 유사한 외모를 갖고 있던 진돗개는 화를 면할 수 있었지만, 일본 개들과는 생김새가 전혀 다른, 우리 토종개들은 무참히 죽어갔다. 일제는 진돗개 외의 다른 토종견들을 모조리 족보 없는 들개로 취급하면서 마음놓고 잡아들일 수 있게 한 것이다.

1939년, 일제는 견피의 배급 통제에 관한 법령을 발표한다. 이듬해에는 원피 수급을 독점하는 조선원피판매주식회사를 설립하고 이 회사를 통해서만 견피를 유통하도록 조치했다. 견피 수집이 국책이 되었으니 함부로 사고팔아서는 안 된다고 못 박았다. '조선 토종개 홀로코스트'라고 할 만했다. 이 같은 토종개 박멸 작전은 세계사에 그 유례가 없었다.

일제는 태평양전쟁에 필요한 군용 식량과 털가죽을 얻기 위해 삽살개를 대량 도살했다. 백정들에게 개를 잡을 수 있는 권한을 주는 대신, 개가죽을 공출하도록 만들었다. 그 과정에서 전국의 개들이 사라졌다. 죄 없는 생명들은 군수품 공장에서 일본군이 입고 신을 외투와 장화로 바뀌어갔다.

삽살개뿐만이 아니다. 토종개인 경주개 '동경이'도 핍박의 대상이었다. 민족말살정책이 행해지던 1932년, 일본은 자신들이 상서로운 짐승으로 여기는 고마이누와 닮았다는 이유만으로 동경이를 모조리 잡아들여 씨를 말렸다. 신라시대 때부터 사육된 경주개의 가장 큰 특징은 꼬리가 없는 것이다. 민간에서는 꼬리가 없다는 것 때문에 '병신'이라고 천대했기에 이미 많은 수가 줄어든 동경이는 식민지 체제를 거치며 서서히 사라지고 말았다.

조선총독부 산하 임업시험장이 1942년 총독부에 제출한 보고서에는 당시 한국 개들의 분포와 수량, 견피의 품질과 공출량, 향후 수급 전망 등이 지역별로 상세히 기록돼 있다. 고로쿠 다케키라는 일본의 농학박사가 작성한 이 보고서는 견피 추가 공출 계획을 세우기 위해 조선총독부가 지시하고, 이 분야의 전문가인 고로쿠 박사가 실상을 파악해 만든 것이었다.

보고서에 따르면 한 해 평균 약 10~15만 마리의 한국 토종개들이 도살된 것으로 기록되어 있다. 하지만 한국 관계자들의 증언에 따르면 실제 학살된 토종개의 수는 이를 훨씬 웃돈다. 삽살개만 해도 약 50~100만 마리가량이 목숨을 잃었다. 삽살개를 포함해 한반도 도처에서는 점점 개 짖는 소리가 사라져갔다. 귀신을 내쫓을, 나쁜 기운을 몰아낼 삽살개가 하나둘 사라지면서 이 땅에는 사악한 기운이 가득해져갔다.

삽살개의 기운을 복원하다

동네마다 흔하던 삽살개들은 36년 일제강점기를 지내는 동안 멸종의 운명을 맞았다. 그러나 다행히 아예 맥이 끊기지는 않았다. 1960년대 경북대학교 농과대학 하성진 교수가 삽살개를 찾아나서 보살펴온 덕이었다.

하성진 교수는 어릴 적 자신이 기르던 삽살개를 일제가 끌고 가는 것을 직접 경험한 세대였다. 그뒤로 축산학을 전공한 그는 제자 탁연빈 교수와 전국 산간벽지를 샅샅이 뒤져 순종 삽살개를 찾아내 보존해왔다. 그뒤를 이은 건 하성진 교수의 아들, 하지홍 교수였다. 하지홍 교수는 30대 초반에 경북대에 유전공학 교수로 부임하면서부터 삽살개와 본격적인 인연을 맺었다. 부친의 농장에 남아 있던 여덟 마리의 삽살개를 보는 순간 유전자 자원으로서 그 가치를 보존해야겠다고 결심한 것이다. 그는 삽살개와 만났던 당시 이야기를 이렇게 적고 있다.

"1984년 여름, 아버지의 목장을 다시 찾게 되었는데, 그때 남아 있던 삽사리는 단 여덟 마리뿐이었다. 여덟 마리가 문익점의 목화씨앗 세 알이구나! 정신이 번쩍 났다. 이미 계획하던 다른 연구가 있었지만, 나는 멸종 직전에 놓인 삽사리를 살리기 위한 작업에 들어갔다. 제일 먼저 시작한 것은 목장 뜰에 개들이 살 수 있는 넓은 집을 만드는 것이었다. 그리고 전국에 흩어진 삽사리를 찾아 나섰다. 시간만 나면 어김없이 개를 돌보러 달려갔다. 정성을 들인 만큼 삽사리의 수는 늘어났다. 여덟 마리에서 삼십 마리, 오십 마리… 점점 많아지는 개를 돌보는 것은 쉬운 일이 아니었다."

폭우가 쏟아지면 제일 먼저 개들을 피신시켰다. 없으면 없는 대로 많으면 많은 대로 삽살개 관리는 어려웠다. 유전자의 가치를 강조해도 귀담아듣는 이들이 적었다. 그래도 하지홍 교수는 삽살개와 함께 30, 40대를 다 보내고 사재를 털어 헌신적으로 보살폈다. 그 결과 수많은 어려움을 극복하고 마침내 삽살개를 육종하고 보급하는 데 성공했다. 문화재청으로부터 삽살개를 천연기념물로 지정받기 위한 오랜 노력 끝에 드디어 1992년, 삽살개가 천연기념물 제368호로 지정되면서 경산에 삽살개육종연구소와 사단법인 한국삽살개보존협회가 설립됐다. 이는 2010년 재단법인 한국삽살개재단으로 변경돼 오늘에 이르고 있다.

삽살개보존협회는 1999년, 전국에 100마리를 무상 분양한 것을 계기로 2000년에는 청와대에 한 쌍을 기증했고, 이후에도 지속적으로 민간에 삽살개를 보급하고 있다. 현재 재단에 등록된 삽살개는

3000마리에 달한다. 2008년 경산시는 경산의 삽살개 보존·육성을 위한 '경산 삽살개 테마공원'을 열었다.

삽살개에 이어 '꼬리 없는 병신개'로 불리며 멸종될 뻔했던 동경이도 2006년부터 시작된 복원 노력 끝에 멸종의 위기에서 벗어날 수 있었다. 현재 동경이는 천연기념물 제540호로 지정됐으며, 이는 토종개로서 진돗개(제53호)와 삽살개(제368호)에 이어 세번째다.

집을 지키고 주인을 지키는 영물 삽살개. 현재 삽살개는 이 땅의 특명을 받고 중요한 임무를 수행중이다. 독도를 지키는 것이다. 삽살개의 아버지 하지홍 교수는 독도에 삽살개를 기증한 이유를 일제의 악랄한 만행을 폭로하기 위해서였다고 말한다. 1998년 1세대 '동돌이' '서순이' 커플을 시작으로 2세대 '곰이'와 '몽이', 3세대 '독도'와 '지킴이'에 이어 2012년부터 '서도'와 '천사'가 세대교체를 해가며 지키고 있다. 1998년, 일본의 사악한 기운을 쫓아내라는 명을 받은 이후 15년, 삽살개는 4대째 독도 지킴이 역할을 대물림하고 있다.

참고 자료

우리 삽살개 하지홍, 창해, 2001
한국의 토종개 하지홍·임인학, 대원사, 1993
위풍당당 우리 삽사리 허은순, 현암사, 2012

animus
03

변장한 임금

남대문을 나간 뒤에 열어보아라

죽통 안,
흔들리는 전국 360개 군현의 이름

360대 1 제비뽑기

누구도 미리 알 수 없는 감찰지

지방 인맥이 없는 젊은 관료들
그중 임금이 선택한 단 한 명
임금 외에는 아무도 모르는 암행어사의 정체

도남대문외개탁到南大門外開坼

"남대문을 나간 뒤에 열어보아라."

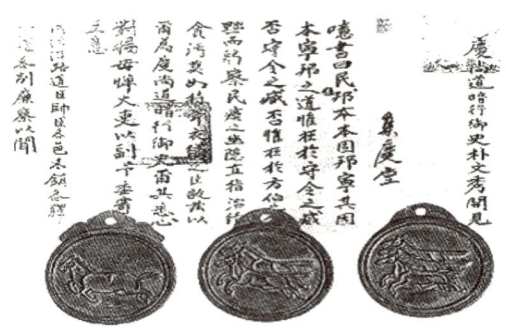

왕의 명에 따라 성문 밖에서 개봉한 암행어사의 봉서와 마패

목적지 공개 불가!
가족들과의 인사도 불가!

신분
임무
모든 것이 일급비밀

해진 도포
망가진 갓
때로는 보따리 장사꾼으로 변신

신분을 감춰야만 행할 수 있었던
암행어사의 임무

하지만
백성 속으로 들어갔을 때
비로소 보게 된 또다른 세상

"평양관찰사의 잔치를 구경하다가
몽둥이를 들고 온 감영 아전들에게
백성과 함께 쫓겨났다."
― 평안남도 암행어사 박래겸의 일기, 1822년

"관청으로 들어가
굶주린 자들을 구하기 위한
죽사발을 받아들었다."
― 평안남도 암행어사 박래겸의 일기, 1822년

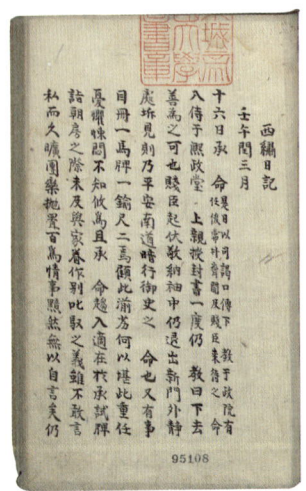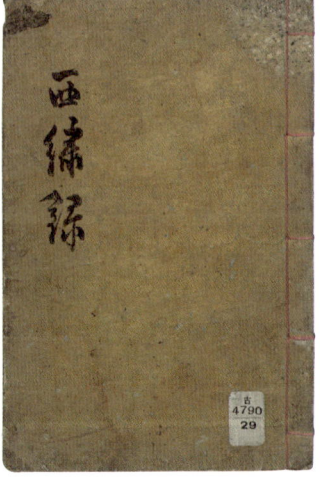

암행어사 박래겸이 남긴 민정시찰기록 『서수록』

근대에 『옥중절대가인』으로 출판된 『춘향전』의 삽화

낮은 자들의 서러움
굶주린 백성의 고통

암행어사가 본 것과 들은 것은
그대로 임금의 눈과 귀가 되었다

구중궁궐 속에서도
만백성의 삶을 헤아리고자 했던
임금의 마음

"간사한 향리와 교활한 하리는 백성들의 좀이다.
(…)
그들이 두려워하는 것은 오직 어사의 염탐뿐이다."
– 『정조실록』, 정조 7년(1783) 6월 8일

변장한 임금

"암행어사 출두요!"

어사 이몽룡이 전라도 남원군청 입구에서 부채를 들어 신호를 보내자, 방망이를 든 병졸들이 "암행어사 출두요!"를 외치며 청사에 난입한다. 마패를 보고 이방·호방·예방·공방이 일제히 나자빠지고 아수라장이 된 군청을 한번 돌아본 이몽룡은 고개를 조아린 변학도의 죄를 묻는다.

암행어사를 떠올리면 가장 먼저 떠오르는 『춘향전』의 한 장면이다. 『춘향전』이 대중적인 인기를 얻은 이유가 단순히 이몽룡과 춘향의 로맨스에만 있지는 않을 것이다. 많은 백성들은 암행어사 이몽룡이 변학도를 혼내주는 장면에서 통쾌함을 느끼지 않았을까? 민중의 고달픈 삶이 있는 곳으로 달려가 모든 걸 해결해주는 암행어사는 그야말로 '정의의 사도' '조선판 슈퍼맨'이었다.

'수의繡衣' 혹은 '직지直指'로도 불린 암행어사는 임금의 밀지를 받고 지방에 파견되어 지방관리를 감찰하는 임시관직이었다. 이 같은 감찰제도는 신라시대에도 이미 있었다. 그러나 당시에는 공개된 관리였다. 말 그대로 비밀리에, 은밀히 오가는 '암행'을 하는 어사는 조선시대에 처음 등장했다. 기록상으로 암행어사가 처음 나타난 것은 『중종실록』으로 "4월 암행어사를 각 도道에 보내다"라고 적혀 있다.

수령이 부정을 저지른다는 소식이 들려오면 왕은 암행어사를 추천해달라는 명을 내렸다. 이에 따라 삼의정三議政은 복수로 암행어사 후보를 추천했고, 이 후보 중에서 왕이 선택하여 임명했다. 왕의 권위를 대신하는 직책인 만큼 암행어사는 청렴하고 능력 있는 인물이어야 했다. 왕은 항상 강직하며 의협심과 정의감이 투철한 인물을 선정하기 위해 고민을 거듭했는데 대체로 측근 가운데 젊은 신진들을 선택했다. 퇴계 이황, 다산 정약용, 추사 김정희도 한때 암행어사로 활동했던 인물들이다.

왕의 선택을 받은 암행어사의 손에는 곧바로 임무가 적힌 '봉서'와 마패, 업무지침서인 사목事目이 들려졌다. 은밀하게 작전을 수행해야 하는 암행어사는 지정된 도성문을 나서기 전까지도 자신이 무엇을 해야 하는지 어디로 가야 하는지 알 수 없었다. 도성문을 나서야만 비로소 왕의 명령이 담긴 종이를 펼쳐서 자신의 임무를 확인했고 그날 곧바로 목적지를 향해 떠났다. 부모나 왕이 사망하는 절박한 사정이 생기더라도 자신에게 떨어진 사명을 마치기 전에는 돌아올 수 없었다. 임무가 완수될 때까지는 누구에게도 자신의 신분을 노출시켜서는 안 됐다.

암행어사는 필요하면 각 지역에 설치된 역에서 병졸이나 말을 사용할 수 있었다. 그 사용 허가서가 바로 마패다. 관직의 높고 낮음과 임무 내용에 따라 말의 수가 다른 마패를 주었는데, 영조 때에는 암행어사에게 3마패를 주로 주었고, 고종 때에는 주로 2마패를 주었다.

유척과 마패

말의 숫자는 곧 이용 가능한 병졸과 말의 수였다. 어사는 평소에 이 마패를 인장 대신으로 사용했고, 어사출두 때는 역졸이 손에 들고 '암행어사 출두'라고 외치게 했다.

　마패와 함께 들고 다니던 것으로 유척鍮尺이 있었다. 놋쇠로 만든 자인데 세금을 거두는 도구나 형벌을 내리는 도구가 규격에 맞는지 측정하기 위해 필요한 도구였다. 수령의 부정이 발견되면 즉시 암행어사는 증거 보존을 위해 관청의 창고를 잠그고 관청의 도장과 문서를 압수한 다음, 그 사실을 조정에 보고했다. 이후 해당 수령은 의금부로 잡혀가 정식재판을 받았고 혐의가 사실로 밝혀지면 해임은 물론이고, 처벌을 받았다.

목숨까지 걸어야 했던
암행어사의 고된 길

　『서수록西繡錄』은 암행어사 박래겸(1780~1842)의 생생한 민정시찰 기록이다. 순조의 명을 받아 평안도 남쪽 지방을 126일간 누빈 그의 일기에는 19세기 초 당시 백성이 어떻게 살았는지와 함께 당대의 모순을 바로잡으려 했던 암행어사의 분투가 고스란히 담겨 있다.

홍문관 부교리로 있던 박래겸은 43세이던 1822년 순조에게 봉서 한 통을 받는다. 박래겸은 봉서를 고이 받들고 나와 신문新門, 오늘날의 서대문 밖으로 나와 열어보았다. 암행어사 임명장이었다. 그가 맡은 지역은 평안도. 어사 명령을 받은 날의 일기에서 그는 모든 일을 제쳐두고 가족과 인사도 못하고 떠나야 하는 것을 걱정한다. 결국 그가 집을 떠난 건 봉서를 받아든 지 닷새만이었다.

박래겸은 업무지침서인 사목과 마패, 유척, 그리고 수행원 12명과 함께 길을 떠난다. 서울을 떠난 지 사흘 만에 황해도 남천 땅에 들어선 박래겸은 수행원을 세 개 조로 나누어 움직이게 한다. 무리 지어 다니다보면 신분이 발각되기 쉽기 때문이었다. 박래겸 일행은 해진 도포에 망가진 갓을 쓰고 궁한 선비 모습으로 변장해 네 달 남짓 평안도 지역의 21개 마을을 조사했다. 그는 가까이서 백성의 모습을 지켜볼 수 있었다.

"백성들 얼굴이 누렇게 떠 있었고 구걸하는 나그네들도 많았다. 빈민구제책을 집행하는 정사가 지나치게 추려내는 통에 백성들은 굶주림에 시달리고 호소할 길도 없다."

때로는 백성의 삶을 몸으로 느껴보려고 관청에서 굶주린 자들에게 내리는 죽사발을 받아먹기도 했다. 해진 옷을 입고 추레하게 보이려 애썼지만 사람들의 눈을 속이긴 쉽지 않았다. 암행어사는 자신의 신분을 감추기가 가장 어려웠다. 5월 12일 일기를 보면 눈치 빠른 한 기생이 자신이 누군지를 알아채자 서둘러 자리를 뜨고, 역졸들에게 탐문을 당하는 내용이 나온다. 많은 이들이 그의 신분을 빨리 알아챘다. 지방민들은 낯선 나그네를 경계하며 그의 정체를 밝히려 신경을 곤두세웠기에 아무리 변장을 해도 한계가 있었다. 게다가 고양, 파주, 장단 등 암행지역이 아닌 마을을 지나면서 수령들로부터 점심이나 저녁, 잠자리를 제공받았으니 발 없는 말이 천리를 간다고, 아무리 옛날이라 해도 암행어사가 지나간다는 소문은 새어 나갈 수밖에 없었다.

하루 평균 40리(약 16킬로미터)를 걸으며 고되고 힘들었어도 보람 있는 순간이 다가오면 그간의 고생은 다 잊히기 마련이었다. 암행어사에게 그 보람이란 바로 '출두'였다. 박래겸은 서울에서 출발한 지 51일째 되는 날에 순안에서 최초로 출두를 했다. 당시 "출두"를 외질 때를 그는 이렇게 적고 있다.

"역졸들이 빠른 소리로 암행어사 출두를 한 번 외치니 사람들이 무리 지어 놀라 피하는 것이 마치 바람이 날고 우박이 흩어지듯 하였다. 우선 문루에 올라가보니 성안의 등불이 모두 꺼지고 바깥문은 빠짐없이 닫혔다. 계속되는 소리로 빨리 외치는데, 끝내 사람의 자취는 없었다. (중략) 암행어사의 위엄과 서슬은 과연 이와 같은 것이었다."

두번째 개천에서 출두했을 때에는 "성내가 온통 끓는 솥처럼 되어 사람과 말들이 놀라 피하는 것이 산이 무너지고 바닷물이 밀려드는 듯했다. 평안도에 나온 이후 으뜸가는 장관이었다"라고 묘사했다.

그러나 실제로 대부분의 어사 출두는 차분한 분위기 속에서 이루어졌다고 한다. 굳이 "암행어사 출두요!"를 외치지 않더라도, 예를 들어 식량 부족으로 유랑민이 된 사람들을 만나면 신분을 밝히고 공개적으로 임무를 수행하기도 했다. 아마도 암행어사가 된 이후 처음 해보는 출두만은 조금 극적으로 하고 싶었던 것이 암행어사들의 솔직한 심정이 아니었을까. 박래겸은 이후 강서, 강동, 평양 등 모두

〈주유청강선유도〉

여덟 곳에서 어사 출두를 외쳤다.

박래겸은 평안도 수령(48명) 가운데 4분의 1에 달하는 12명을 적발했다. 그 가운데는 그와 친분이 있던 순안 현령 이문용까지 징계하면서 "못할 짓이지만 (그의 탐학이 심해) 어쩔 수 없었다"고 토로했다. 흐트러짐 없는 공정한 감사를 진행했음을 짐작할 수 있다.

출두할 때의 짜릿함 외에도 암행어사가 누릴 수 있는 즐거움은 도처에 있었다. '암행어사 출두'를 외친 후에는 지방 관아에서 차려준 각종 연회와 접대를 즐기고 다녔고 기생들과 어울렸다. "용강현 수령이 기생 향염을 보내 하룻밤 동침했다"고 자랑스레 기록할 정도였다. 심지어 황진이, 이매창과 더불어 조선의 3대 명기名妓라고 손꼽혔던 부용을 불러 유람선까지 타면서 하루종일 즐겼다. 감사 중 피감기관장이 접대를 받았다며 일기에 당당하게 기록할 정도였으니 당시는 허용 가능한 관행이었던 듯싶다.

그는 평안도 지역을 두루 다니며 백성의 실상을 목격했다. 4월 28

일, 함종읍에서는 춘궁기에 곡식을 나눠주고 있었는데 나눠주는 쌀의 빛깔이 엉망이었다. 모인 사람들은 "암행어사가 출두한다는 데도 이런 짓을 하느냐"고 분개했지만, 아전들은 "웃기는 소리"라며 콧방귀만 뀌었다. 전형적인 환곡의 폐해였다. 환곡은 춘궁기에 백성에게 곡식을 나눠주고 가을 추수 때 거두는 진휼제도였다. 하지만 지방 수령 및 아전들은 춘궁기에 빌려줄 때는 추곡(거친 곡식)을 주고, 가을에 정곡(좋은 곡식)을 돌려받는 식으로 백성을 수탈했다. 박래겸은 길게 탄식했다. "심하구나! 어리석은 백성들이 하소연할 데가 없다니."

　백성들 속으로 들어갔을 때 박래겸은 지배층으로서 자신을 돌아볼 수 있었다. 그렇게 봄과 여름을 보내고 7월 28일 서울로 돌아옴으로써 넉 달에 걸친 암행어사의 임무를 모두 마쳤다. 돌아온 뒤 박래겸은 순조에게 전현직 수령의 공과를 보고한 서계書啓와 평안도지방의 사회문제와 개선책 20개조를 건의한 별단別單을 제출했다. 여기에는 삼정(환곡·전정·군정)의 문란과 서북인 차별정책의 폐해 등이 담겨 있었다. 그렇게 암행어사가 본 것과 들은 것들은 그대로 임금의 눈과 귀가 되었다.

　정조는 암행어사를 적극 활용한 군주 중 하나였다. 정조는 재위기간 동안 110회 이상 암행어사를 보냈는데 여느 임금의 두 배가 넘는 숫자였다. 또 특수한 일을 처리하기 위해 특정 지역에 파견하는 것이 아니라 암행어사의 권한을 확대해 지나는 곳곳을 모두 감찰케 했다. 호남지방을 감찰할 임무를 띤 암행어사에게 지나는 길에 머무르게 되는 경기도, 충청도까지 둘러보도록 그 범위를 넓혀준 것이다.

　암행어사 제도가 언제나 원만하게 시행된 것은 아니었다. 암행어사를 뽑는 과정에 부정이 개입되거나, 지방 수령과 끈이 닿아 있는 관리들이 자기쪽 사람이 암행어사로 뽑히도록 개입하기도 했다. 이렇게 뽑힌 암행어사는 오히려 수령의 부정을 눈감아주거나 두둔했다. 어사가 데리고 다니는 서리들이 고을 수령을 위협해서 뇌물을 받고 암행어사가 언제 올지를 미리 귀띔해주는 경우도 적지 않았다. 어사가 어느 지역에 들어가기도 전에 이미 그 마을에 어사가 온다는 비밀이 새어나가고 마는 것이다.

임진왜란 이후에는 부패한 관리가 늘어나면서 암행어사를 파견하는 일이 잦아졌다. 나쁜 짓을 일삼아온 벼슬아치들은 저승사자와 같은 암행어사가 언제 오는지 사람을 보내 염탐했다. 암행어사가 파견됐다는 소식이 들리면, 길목은 물론이고 주점, 객관까지 탐문하기 바빴다. 부정부패가 심한 고을의 수령일수록 더 혈안이 되었다. 암행어사를 뇌물로 매수하기도 했고 그 유혹에 넘어가는 암행어사도 있었다. 평양기생 초월은 순조에게 상소문을 보내 당시 암행어사의 폐해 사실을 알리기도 했다.

"요즘의 어사는 역마를 타고 포졸을 거느리고 마패를 노출시키고 본색을 드러내 뭇사람이 알도록 하옵니다. 강산의 누각과 기암 절승지와 이름난 절간을 찾아 활개를 펴고 놀이를 일삼으니 가는 길목마다 그 고을에서 금방 알아차리고 극진히 대접합니다. 이런 어사는 보내지 않는 것보다 못하고 백성에게 도움은커녕 해만 끼치옵니다."

조정에서는 이러한 문제점을 줄이기 위해 암행어사가 권한을 개인적으로 사용하는 일을 금하고, 수행 군관을 암행어사가 스스로 골라 데려가는 것을 금지시켰다. 때로는 암행어사를 감독하기 위한 암행어사를 파견하기도 했다.

조선 후기 들어 암행어사가 본래의 사명과는 달리 반대파를 공격하고 자기 편을 두둔하는 당파적인 색채를 띠기 시작하자 암행어사의 본래 취지는 크게 퇴색한다. 당파들은 서로의 잘못을 감추려고 심복을 시켜 암행어사의 뒤를 밟아 약점을 캐내, 탄핵하거나 암살하기도 했다. 속설에는 암행어사가 생존해 귀환하는 비율이 30퍼센트 남짓했다는 얘기도 있다.

부정부패를 뿌리 뽑으려는 조선의 강력한 의지

여러 문제점이 나타나기는 했지만, 백성들에게 암행어사는 자신들의 억울함을 풀어줄 수 있는 존재였다. 암행어사는 지방관의 비리를 적발해 처벌하는 것은 물론 세금 부과, 벌목 등의 민생 문제, 각종 경제문제 등을 해결해주었다. 공로가 있는 관리와 효자, 열녀를 찾아 포상하는 일은 물론 현실과 맞지 않는 제도를 고치고 보완하도록 건의하는 역할도 맡았다. 전방위적 활동이라 할 만했다.

백성들이 얼마나 암행어사에게 기대한 바가 많았는지는 우리에게 친숙한 박문수라는 인물을 통해 알 수 있다. 『춘향전』의 이몽룡이 이야기 속의 대표격 암행어사라면, 박문수는 그야말로 암행어사계의 전설이라고 할 수 있다. 그러나 정작 박문수는 암행어사로 파견된 적이 없었다. 1727년, 영조의 신임을 받게 되어 별견어사別遣御史로 임명되어 영남지방에 파견된 그는 암행을 하는 어사가 아니라 공개적으로 다니는 '명행'어사였다. 더욱이 박문수는 별견어사 임무를 일 년 남짓한 기간 동안만 했을 뿐이다.

짧은 활약에도 불구하고 구전으로 전해지는 박문수의 설화는 무려 200여 개가 넘는다. 박문수의 활약상이 그럴 듯한 이야기로 만들어져 퍼지더니 마침내 『박문수전』이라는 소설까지 등장했다. 박문수와 관련된 많은 암행어사 설화에서는 박문수가 주로 잘못된 평판이나 소문의 진실을 밝히는 탐정처럼 그려지거나 억울하게 누명을 쓴 백성을 구해주는 정의의 심판자로 그려지고 있다.

박문수와 관련된 설화가 실제의 활동보다 훨씬 많이 전해져 내려오는 것은, 박문수의 암행 활동이 어느 누구보다 뛰어나고, 공명정대하게 일을 처리했기 때문이기도 하지만 탐관오리들의 수탈로 백성의 고통이 심했음을 반증하기도 한다. 박문수 설화에서 가장 많이 등장하는 지역은 무주 구천동인데, 예로부터 '무·진·장'이라고 해서 '무주, 진안, 장수'는 첩첩산중의 외진 곳으로 중앙권력이 미치지 못해, 지방토호의 세력이 유난히 강한 지역이었다.

암행어사는 우리나라만이 가졌던 독특한 지방 감찰제도다. 공직 기강을 바로잡고 민심을 수습했던 암행어사는 부정부패를 용납하지 않고 그것에 맞서려는 조선왕조의 강력한 의지의 표현이었다. 조선시대를 통틀어 숙종~정조 120년간 민심이 가장 안정됐다고 평가받는다. 여기에는 공직자의 부정부패를 통쾌하게 처리한 암행어사의 역할이 컸다.

참고자료

서수일기 박래겸, 조남권·박동욱 공역, 푸른역사, 2013
암행어사란 무엇인가 고석규 외, 박이정출판사, 1999
조선의 암행어사 임병준, 가람기획, 2003
조선 사람의 조선여행 규장각한국학연구원, 글항아리, 2011

animus 04

단 하나의 혼수

혼수, 예단비 6867만 원
결혼식 비용 1722만 원
신혼집 마련 1억 4219만 원

"자녀의 결혼 비용이 부담스럽다."

2000여 년 전

돈에 구애받지 않았던
고구려의 혼례

예물은 고작
돼지고기와 술

황해 안악 3호분에서 발견된 〈고구려 귀족 부엌〉

"남자 집에서 돼지고기와 술을 보낼 뿐
재물을 보내는 예는 없다.
만약 재물을 받으면 딸을 파는 것으로 생각해
부끄럽게 여겼다."

- 「고구려전」, 『북사北史』

검소하고 소박했던
고구려의 혼례

그런데 단 한 가지 예외

부부의 마지막 가는 길
그들의 육신에 입혀질
'수의壽衣'를 마련하는 것이었다

척박한 땅
깊고 험한 산세
농사를 대신할 생존법

고기잡이, 사냥
그리고 전쟁

고구려 고분에서 발견된 〈수렵도〉

"고구려인은 어렸을 때부터 활쏘기를 익혔다."
— 「고구려전」, 『신당서』

천하를 호령한 고구려 군대
식량과 노동력 확보를 위해
일상이 된 전쟁

그러나
전쟁이 낳은 수많은 전사자
전쟁이 낳은 특별한 풍습

"혼인을 하면 장사 지낼 때
입을 옷을 장만한다."
— 「고구려전」, 『삼국지』

"장사를 지낼 때는 춤추고 풍악을 울리며
사망자를 떠나보낸다."
— 「고구려전」, 『수서隋書』

쌍영총에서 발견된 〈고구려 귀족 행렬도〉

삶과 죽음이 다르지 않은
죽음이 삶의 또다른 시작이라는
생사生死관

고구려인들이 고분벽화에 남긴 영생불멸의 삶
대륙에 떨친 고구려의 호방한 기상은
죽음을 두려워하지 않는 용기
죽음을 대비한 수의에서 비롯된 것이었다

단 하나의 혼수

중국인에게 깊은 인상 남긴 고구려의 혼례 풍습

"좋은 밭이 없다. 힘들여 밭을 갈아봐야 수확이 충분치 못하다. 배가 고프다. 고로 사람들은 음식을 절약한다."

중국의 진수(233~279)가 편찬한 『삼국지』 중 『위지』의 「동이전」에 등장하는 고구려 이야기다. 중국 역사서들은 고구려를 '배고픈 나라'로 기록했다. 사실이 그랬다. 주몽이 기원전 37년 부여에서부터 자신을 따르는 무리와 내려와 자리를 잡은 졸본 지방은 압록강 일대의 산악지대였다. 토양이 척박해 농사를 지어도 자급자족을 할 수가 없었다. 고구려인들은 살기 위해 사냥을 했고 주변의 무리와 끊임없이 전쟁을 했다. 전쟁은 그들에게 일종의 생존 본능이었다.

"그곳 사람들의 성정은 사납고 급하며 약탈과 침략을 좋아한다. (중략) 상제·안제 연간(106~124)에 고구려왕 궁훌(고구려 태조왕, 53~146)이 자주 요동군을 공격했다. 궁이 죽자 아들 백고가 즉위한 후 순제와 환제 시대(126~167)에 다시 요동군을 침범하고, 신안과 거향을 약탈하였으며 또 서안평을 공격하여 도중에 대방령을 죽이고 낙랑태수의 처자식을 빼앗았다."

― 「동이전」, 『위지』

animus 04

고구려 남자들은 전쟁이 나면 곧바로 전사가 되었다. 힘이 세고 전투에 익숙하며 자유분방하게 노래와 춤을 즐기는 낙천적인 사람들. 좋게 보면 그랬지만 중국인들이 보기에 고구려인은 약탈을 일삼는 싸움꾼이었다. 앞의 기록처럼 『삼국지』를 쓴 진수 또한 고구려에게 호의적이지 않았다.

고구려는 주변국과 계속되는 긴장 관계 속에서 힘을 키워갔다. 국가 전체가 전쟁에 유리한 체제를 만들어나갔다. 그런 사회적 배경에서 나온 독특한 혼례 문화가 있다.

첫번째는 형사취수제兄死娶嫂制다. 형이 죽으면 그 아우가 형수를 부인으로 맞는 제도였다. 북방민족인 흉노족이나 부여 역시 같은 풍습을 갖고 있었다. 전쟁터에 나가 죽은 남자들이 많아지면서 과부가 많아졌다. 남편 잃은 부인더러 친정집으로 돌아가라고 할 수는 없었다. 노동력이 중요했던 때 아이를 더 낳을 수 있고, 일할 수 있는 여자를 놓치는 것은 남자 집안으로서 큰 손실이었다. 결국 묘안은 시동생과 다시 결혼시키는 것이었다. 여성의 입장에서도 남편 없이 살아갈 때 생기는 경제적인 문제를 해결할 수 있는 방법이었다. 형사취수제는 전쟁을 수시로 치러야 하는 국가가 사회를 안정시키기 위해 선택한 방책이었다.

두번째로 '서옥제壻屋制'라는 혼인 풍습이다. '사위집'을 뜻하는 서옥은 『삼국지』의 『위지』 중 「동이전」에 처음으로 나오는 말이다.

"그 풍속은 혼인할 때 구두로 미리 정하고, 여자의 집에서 몸채 뒤편에 작은 별채를 짓는데, 그 집을 서옥壻屋이라 부른다. 해가 저물 무렵에 신랑이 신부 집 문 밖에 도착하여 자기의 이름을 밝히고 궤배詭拜(무릎을 꿇고 절함)하면서 아무쪼록 신부와 더불어 잘 수 있도록 해달라고 청한다. 이렇게 두 번, 세 번 거듭하면 신부의 부모는 그때서야 서옥에 가서 자도록 허락하고 신랑이 가져온 돈과 폐백은 서옥 곁에 쌓아둔다. 아들을 낳아서 장성하면 남편은 아내를 데리고 자기 집으로 돌아간다."

혼담이 나오기 시작하면 우선 여자 집에서는 자기 집 뒤에 서옥이라는 작은 별채를 지었고, 사위 될 남자는 부모의 허락하에 동침하여 자녀를 가졌다. 훗날 아이가 크면 남자는 비로소 처자를 데리고 본가로 갔다. 이처럼 고구려에서 사위는 장인 장모댁에서 일정 기간 일을 하고 본가로 들어갔다. '장가간다'는 표현은 바로 이런 배경에서 나온 말이었다. 우리의 전통 혼례는 대부분 신부의 집에서 치러졌고, 신부는 친정에서 더 머문 뒤 시댁으로 가는 경우가 많았다. '시집간다'는 말은 여기에서 나온 표현이었다. 신부가 자기 집에 머물러 있다가 훗날 신랑을 따라 시집을 가는데, 달을 넘겨서 가는 것을 '달묵이', 해를 넘겨서 가는 경우를 '해묵이'라고 했다. 고구려의 서옥제는 해묵이의 원형과 다름없었다.

서옥제의 핵심은 딸을 내주어야 하는 장인 장모에게 사위가 대가를 치르도록 하는 일이었다. 딸은 노동력이요, 딸이 시집을 간다는 것은 곧 경제적 손실을 의미했기 때문이다. 잠자리를 하기 위해 서옥 앞에 쌓아둔 돈과 패물은 혼납금이었다. 집단과 집단 간의 결혼에서 가능한 일이었다.

그러나 고구려 후기로 갈수록 이 집단과 집단이라는 사회구조에 변화가 생긴다. 4세기 이후 다양한 종족들이 고구려 사회에 편입되면서 전통적인 혈연 및 지연의 끈이 약해지고 자유연애와 자유결혼이 나타났다. 우리가 흔히 아는 평강공주와 온달이 대표적인 사례다. 수나라의 역사를 기록한 『수서』 중 「동이열전」의 '고구려 편'에서는 고구려인의 혼례에 대해 이렇게 적고 있다.

"시집가고 징기 들 때에, 남녀가 서로 좋아하면 그것으로써 혼인을 성사시킨다. 결혼할 때는 남자 집에서 돼지와 술을 보내는 것으로 끝낸다. 재물 없이 결혼하는 것이 예법이다. 만약 재물을 받는 사람이 있으면 딸자식을 계집종으로 파는 것으로 생각해 부끄럽게 여겼다."

자유결혼이 허용된 사회에서 최고의 결혼 예물은 남녀상열, '둘이 좋아 못 사는 것'이었다. 둘이 좋으면 그뿐이지 무슨 예물이 필요하겠느냐만 그래도 그냥 보내기는 섭섭하기에 신랑 집에서 가져오는 돼지와 술로 예의를 표시했다. 혼인을 계기로 따로 무언가를 받는 행위는 딸을 노비로 파는 것과 같다고 생각해 매우 부끄러워했다. 이것이 단지 고구려만의 풍속이었을까? 『수서』의 「동이열전」 중 '신라 편'에도 비슷한 기록이 있다.

"혼인의 의식이라고는 단지 음주와 식사가 있을 뿐이다. 비용의 경중은 빈부 수준에 맞춘다."

신라인들은 연회를 베푸는 것으로써 결혼 예물을 대신했다. 이것저것 과도한 예물이나 혼수를 요구하거나 기대하지 않았다. 각자 처지에 맞게 술과 음식을 즐기는 수준에서 만족했다. 이 땅에서 오래전 살던 조상들의 혼례는 이처럼 소박했다.

혼례와 상장례의 결합

남녀가 만나 부부의 연을 맺는 혼례는 동서양 어디에서나 가장 대표적인 축하 행사다. 두 남녀의 결합과 새로운 가정의 탄생을 축복하는 일은 예나 지금이나 변함이 없다. 그런데 고구려에서는 어느 때보다 성대하게 축하 잔치를 벌이는 이날, '송종지의送終之衣' 즉 수의를 준비했다. 혼례에서 장례식을 생각하다니 오늘날의 시선으로 볼 때는 '괴기한' 풍습이 아닐 수 없지만 그들은 삶과 죽음이 따로 떨어져 있지 않고 서로 연결돼 있다고 여겼다.

기원전 37년에 건국하여 668년에 멸망하기까지 700여 년 동안 고구려는 끊임없이 움직여야 했다. 있는 것을 지키기보다 저 너머의 무언가를 찾아다녀야 하는 운명이었다. 농업보다 사냥을 해서, 주변 국가들과의 전쟁을 통해 식량을 확보해야 했다. 전쟁에서 승리해 사회를 안정시키는 것이 무엇보다 중요했던 시대, 고구려인들에게 선망의 대상은 말 잘 타고 활 잘 쏘는 전쟁영웅이었다. 죽음이 일상화된 사회에서 죽음은 두려워할 대상이 아니라 받아들여야 하는 숙명과 같았다. 육체가 소멸해도 영혼의 삶이 천상에서 이어진다고 믿는 이들에게 더이상 무서운 것은 없었다.

그러기에 그들에게 결혼과 죽음은 적대적이지 않았다. 결혼은 기쁜 날이고 장례에 슬픔을 표현해야 한다고 여기지 않았다. 고구려인들은 결혼식 때 수의를 마련했던 것처럼, 망자를 보낼 때 북을 치고 춤을 추며 기쁨을 표현했다. 『북사』의 「고구려전」을 보면 상을 치르는 풍경이 이렇게 그려져 있다.

"고구려에서는 사람이 죽으면 눈물 흘리며 곡을 하지만 장사를 지낼 때에는 북치고 춤추고 풍악을 울리면서 죽은 사람을 떠나보낸다."

장사를 지내며 슬퍼하기보다 풍악을 울리는 고구려의 풍습은 고려와 조선 초기까지 이어졌다. 장례 때 결혼식과 같은 의식을 하는 경우도 있었다. 시체를 입관할 때 여자일 경우 얼굴에 연지를 찍었고 수의로 혼례복을 입혔다.

산 사람을 무덤에 함께 묻는 순장殉葬도 이 같은 인식에서 나온 풍습이었다. 유목민에게서 자주 볼 수 있는 순장은 고구려의 풍습이었다. 고구려 제11대 동천왕은 백성에게 인기가 많았는데 그가 죽자 많은 이들이 죽음을 애도하며 왕과 함께 묻어달라고 간청했다. 그의 아들인 중천왕이 순장을 금했지만 아무 소용없었다. 동천왕 무덤 곁에서 많은 이들이 목숨을 내놓으며 왕을 모시는 영혼이 되고자 했다. 죽음 이후에도 인연이 이어지리라 기대했던 것이다.

무덤과 벽화에 그려진 고구려인의 생사관

고구려인은 무덤에 정성을 기울였다. 이 또한 인연이 이어지길 바라는 마음에서였다. 고구려인은 자신이 묻힐 무덤에도 관심이 많았다. 고구려의 수도가 자리했던 지금의 중국 지린 성 지안 시에는 현재 1만 2000여 개의 무덤이 자리하고 있다. 고구려인은 살아 있을 때부터 제 무덤을 준비했는데, 특히 권력자는 사후에 더 관심이 많았다. 5, 6세기는 고구려 역사의 전성기다. 고구려는 광개토대왕과 장수왕 대에 이르러 광활한 지역을 아우르는 동아시아의 주인공이 될 수 있었다. 중국과 더불어 동아시아 국제 질서를 움직여가는 한 축이 된 것이다. 이때 제국의 건설자 광개토대왕은 생전에 그의 무덤을 완성했고, 광개토대왕비에 '만년 후에라도 자신의 무덤이 지켜지길 바란다'고 적었다. 무덤은 왕궁만큼 소중한 장소였다. 고구려인에게 내세는 현세만큼 중요했고, 죽음 이후의 시간은 생전의 시간만큼 소중했다.

　고구려인은 죽음과 삶의 현장이 된 무덤에 벽화도 그렸다. 2004년, 31개의 고구려 벽화 무덤은 장군총, 광개토대왕릉비 등과 함께 유네스코에서 선정한 세계문화유산 목록에 등록되었다. 고분벽화는 당대의 삶을 보여주는 거울과 같다. 어떤 외국 학자는 "고분벽화를 가진 민족은 핵무기를 보유하고 있는 민족보다 훨씬 위대하고 강하다"라고 말하기도 했다.

　무덤 속에 벽화를 그리는 것은 고구려만의 특징은 아니다. 그리스, 로마, 이집트 등 세계적인 고대 문명국마다 벽화를 남겼다. 둔황 석굴의 벽화와 더불어 동아시아를 대표하는 벽화로 손꼽히는 고구려의 벽화는 특히 그 수가 많아 현재까지 알려진 고구려 벽화 무덤은 106기에 이른다.

　고분벽화는 3세기 말부터 그려지기 시작했는데, 단계별로 차이가 있다. 초기 고분 벽에는 무덤 주인공의 집, 주인공 부부의 모습이나 당시 사람들이 즐겨했던 사냥 모습 등이 담겨져 당시 고구려인의 일상생활을 짐작하게 한다. 무용총 벽화에는 손님을 맞이하여 다과를 놓고 대화하는 고구려인의 실내 생활 장면이 있다. 죽음 뒤의 세계에서도 현세와 마찬가지로 똑같은 일상의 삶이 영속된다는 의미다.

　초기 벽화에 일상의 풍경이 그려져 있었다면 5세기 중엽 이후부터는 영혼의 안식을 바라는 문양이 많이 등장했다. 무덤 안에 연꽃무늬, 동심원무늬, 왕자무늬 등 아름다운 장식 무늬가 많이 그려졌다. 이즈음 고구려에서 불교가 크게 유행한 것과 관련이 깊다. 고구려인들이 내세에 대한 굳은 믿음을 갖고 있다는 것은 벽화의 분위기에서 전해진다. 사신이나 도깨비 귀신 등이 나오긴 하지만 밝고 힘찬 느낌의 그림들이 주를 이루는데 이는 고구려인이 죽음을 긍정적으로 받아들였다는 증거다.

　현세와 내세가 이어진다는 고구려인의 생사관은 세월이 가며 변화를 겪게 된다. 고구려 이후 유교와 불교가 도입되면서 죽음은 삶에서 분리됐다. 생과 사의 길은 단절되고 말았다.

요즘 '웰빙well-being'에 이어 '웰다잉well-dying'이 화두다. 그러나 이미 몇천 년 전 이 땅에 살았던 고구려인들은 잘 사는 법, 잘 죽는 법을 꿰뚫고 있었다. 인간에게 죽음은 피할 수 없는 운명이지만 그 죽음이 곧 삶의 연장선상에 있다고 굳게 믿었다. 혼수보다 사랑하는 마음에 더 가치를 두었던 고구려인들. 인연의 고리를 소중하게 생각한 사람들. 그들은 오래전 웰빙과 웰다잉을 실천한 선구자였다.

참고자료

고구려의 그 많던 수레는 다 어디로 갔을까 김용만, 바다출판사, 2000
고대 한국인의 생사관 나희라, 지식산업사, 2008
다시 보는 고구려인 서병국, 한국학술정보, 2004

animus
05

잃어버린 소금

"소금 굽는 연기가
가까운 물가에 비쳤다."

1904년 러일전쟁
전쟁을 치르며 재정지출이 커진 일본

"조선에서 돈이 될 만한 것들을
모두 빼앗아오자."

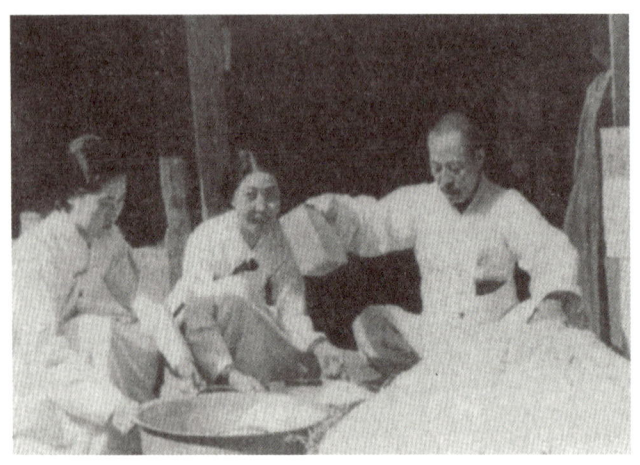

일제시기, 소금을 판매하는 모습

전쟁을 치르기 위한
일본의 재정 확보 방편

담배, 인삼 그리고
소금

臨 = 臣 + 鹵 + 皿
소금 염   신하   소금   그릇

신하가 소금 그릇을 들고 있는 모습
절대자의 권위와 힘의 상징

『경국대전』, 「호전戶典」

권문세가로부터 권력을 탈점하기 위해
소금 전매제도를 실시한 고려 충렬왕

백성을 위한 복지정책의 일환으로
소금 전매 관청을 설치한 조선 세종

특정 물품에 대한
판매·생산의 권리를 독점하는
전매제도

소금의 전매제도는
국가의 재정과 권력을 확보하는 방법이자
복지정책의 재원이었다

일제강점기 1942년
재정 확보를 위한 소금 전매령 공포

일본은 조선 왕실의 재원을 빼앗고
조선 내 천일염 생산지를 확대한다

천일염 天日鹽
바닷물을 염전으로 끌어와
수분만 증발시켜 만든 소금

일제강점기를 거치며
새롭게 태어난
'천일염의 나라'

천일염을 만드는 염부들

그러나
전혀 달랐던 우리의 전통 소금 제조방식

"소금 굽는 연기가 가까운 물가에 비쳤다."
-『신증동국여지승람新增東國輿地勝覽』

구운 소금
끓여 만든 소금
불로 만든 소금

자염煮鹽

자염을 만드는 염부들

"뜨거운 연기와 그을음
끓이는 훈기에 눈썹이 까맣게 탔네.
하루종일 백 말의 물을 끓여도
소금 한 섬 채울 수 없네.
슬프다, 저 소금 끓이는 사람들이여."
-『관동와주關東瓦注』

염도가 높은 물을 모아
갯벌에 깔대기 모양의 웅덩이를 파고
통을 넣은 후
주변의 갯벌이 잘 마르도록
소를 이용해 써레질을 한다
흙으로 통을 덮고 기다리면
바닷물이 오가면서
염도가 높은 물이 모이게 된다
– 충청남도 태안 지역의 방식

짠물을 가마솥에 옮겨 끓이기를
반나절에서 하루 정도

천일염보다 염분은 낮으면서
영양소는 훨씬 풍부하고
갯벌을 해치지 않는 친환경적 소금

불과 60년 전만 해도
그 명맥을 이어오던 자염의 전통

**일제강점기를 지나며 한국의 전통 소금인 자염은
우리 땅에서 자취를 감추었다**

잃어버린 소금

소금은 곧 권력

소금은 귀했다. 오늘날에야 만병의 근원으로 지목되면서 푸대접을 받고 있지만 과거에는 황금만큼 대접받는 귀한 재료였다. 고대의 제염업은 오늘날 정보기술 산업보다 유망한 업종이었고, 고대 왕국에서는 소금을 돈보다 귀하게 여겼다. 로마에서는 월급을 소금으로 줬으며 영어에서 봉급Salary과 병사Soldier는 소금을 가리키는 라틴어 '살Sal'에서 유래했다. 우리에게는 '평안감사보다 소금 장수'라는 속담이 전해온다. 상업이 천시되던 조선에서조차 소금을 등에 진 장수는 마을마다 극진한 대접을 받았다. 소금의 영향력을 짐작하게 하는 말이다. 동서양을 막론하고 소금은 고귀한 존재였다.

천의 얼굴을 가진 소금의 이야기는 시곗바늘을 과거로 돌리면 더욱 풍성해진다. 소금은 음식물을 오래 보관하게끔 돕고, 산업과 무역을 낳았으며 국가의 주요 수입원으로 활용되었다. 그뿐인가. 소금은 '생존필수품'이다. 기근과 질병이 만연할 때 소금은 구황제 구실도 톡톡히 해냈다. 결국 세상에 소금을 대체할 수 있는 건 소금밖에 없었다.

권력자들에게 소금은 권력을 유지하게 만드는 핵심이었다. 세금의 주요 원천이었기에 권력자들은 소금을 손에서 놓지 않았다. 신하臣가 소금 결정鹵을 그릇皿에 두고 지킨다는 뜻의 소금 염鹽자에는 이

animus
05

런 핵심 메시지가 녹아 있다. 유럽에서는 기원전 6세기, 로마에서 소금의 판매권을 정부가 장악했고, 중국에서는 춘추시대부터 소금 전매제를 통해 국가가 소금 생산권을 갖고 개인의 소금 생산이나 판매를 엄격히 통제했다. 중국 당나라 때는 세금 수입의 절반이 소금세였고 만리장성을 짓는 데 필요한 돈도 소금에서 나왔다.

우리나라는 고려에 이르러 소금 전매제를 도입했다. 그전에는 개인 사이에서 자유롭게 거래됐다. 우리는 고조선 때부터 소금을 사용한 것으로 보이는데, 기록상으로 보면 『후한서後漢書』의 「동이열전」에도 동옥저가 고구려에 바친 세금 중 어염, 즉 소금이 있었다는 대목이 나온다. 『삼국사기』에는 소금을 등짐 지고 팔러 다니는 '을불'이란 인물의 이야기가 나온다. 그는 소금을 팔면서 들은 민심을 바탕으로 훗날 고구려 15대왕 미천왕이 된다.

이렇게 사고팔던 소금을 13세기 말 고려 충렬왕은 전매하기 시작한다. 『고려사』 충렬왕 14년(1288) 3월에 '무신일에 사신을 각도에 파견해 소금을 전매하게 했다'는 기록이 있다. 그는 세자 시절 원나라에 볼모로 잡혔고, 원나라 공주와 혼인해 원나라의 사위가 됐다. 쿠데타에 의해 폐위됐던 아버지 원종이 원나라 황제 쿠빌라이에 기대어 복위하면서 권력 유지를 위해 장남인 그를 '결혼 제물'로 바쳤던 것이다. 귀국해 왕위에 오른 충렬왕은 권력 및 경제 기반을 강화하기 위해 소금 전매제를 실시했다. 충렬왕이 원나라 공주와 혼인한 1274

년즈음『동방견문록』을 남긴 마르코 폴로도 원나라에 와 있었는데 마르코 폴로에 따르면 소금은 원나라의 가장 중요한 세원이었다고 한다.

충렬왕의 아들로 왕위를 이은 충선왕도 소금 전매제를 이어갔다. 아버지가 시행한 소금 전매제가 등급을 매겨 세금을 매기는 제도였다면, 아들인 충선왕이 시행한 전매제는 조금 다른 형태였다. 충선왕은 소금가마를 국고로 귀속시키고 정해진 가격에 일률적으로 판매하는 '각염법'을 실시했다. 귀족과 사원이 소금가마를 차지하면서 국가의 염세가 크게 줄어들자 골머리를 앓던 충선왕이 고안한 제도였는데, 각염법은 시행 초부터 백성에게 고통을 안겨줬다. 국가가 선불로 당시 화폐였던 베를 받아놓고, 소금을 제때 주지 않았던 탓이다. 소금을 받지 못하는 백성의 원망은 날로 높아갔다. 그럴수록 고려 말 시대의 기운은 새로운 임금을 원하는 쪽으로 기울어갔다.

복지 재원이 된 소금

조선의 기본 틀을 세웠던 정도전은 염업 제도의 개혁안에 대해 다음과 같이 적고 있다.

"연해의 주군마다 염장을 설치하고 관에서 소금을 굽고 백성들로 하여금 베든 쌀이든, 또 그것이 질이 좋든 나쁘든 묻지 않고 자기가 갖고 있는 쌀과 베를 가지고 염장에 가서 먼저 시가의 고하에 따라 값을 계산하고 소금을 받은 다음에 쌀과 베를 소금값으로 내게 하였다. 이는 국가가 백성과 함께 이익을 나누고자 하는 것이지 사적으로 굽는 것을 금지하여 국가가 이익을 독점하려는 것은 아니다."
― 『조선경국전』

소금값을 먼저 내고도 소금을 받지 못했던 고려 때와는 확연히 다른 정책이었다. 백성들은 소금을 먼저 주고 그 대가로 쌀과 베를 받도록 한 새 왕조에 호감을 표했다. 이후 태조는 국가 전매를 폐지하고, 개인이 소금 생산을 할 수 있도록 허락했다.

수위는 달랐지만 이후의 임금들 역시 소금을 국가 재정 확충과 계속 연결시켰다. 하지만 세종에 이르러서는 소금에 대해서 이전과는 조금 다른 방향의 논의가 이뤄졌다. 이때 소금은 복지 재원이었다. 세종 즉위 후 7년간 조선 전역은 심한 기근을 겪어야 했다. 스물두 살의 임금은 '이토록 가무니 정사하기 어렵다'고 토로했다. 이때 소금 수익을 흉년에 빈민구제기관을 운영하는 재원으로 활용하자는 얘기가 나왔다. 그 결과 세종 27년(1445년) 일종의 소금 전매 기능을 가진 '의염색義鹽色'이라는 관청이 설치된다.

임진왜란 당시 헐벗은 백성을 보다 못한 명재상 류성룡이 눈을 돌린 것 역시 소금이었다. 그는 군량과 군비 확보를 위해 소금과 철의 생산 유통을 관리하는 염철사鹽鐵使(소금 담당 관리) 제도를 도입하고 전국에 파견했다. 황해도 해안가 섬에서 소금을 생산하고 이 소금을 농사가 풍년인 지역의 곡식과 바꾸어서 굶주린 백성에게 주자는 내용이었다. 의염색이나 염철사나 백성을 생각하는 마음에서 나온 구휼 방안이었다. 하지만 현실적으로는 장애물이 적지 않았다. 결국 두 개의 제도 모두 시행 후 얼마 못 가 폐지되고 말았다.

임진왜란과 병자호란 뒤에도 국가 재정 수입원으로서 소금은 계속 활용되었다. 조선 후기에는 가뭄과 홍수가 빈발했다. 수많은 백성들이 고향을 떠났고, 길에는 아이들이 수없이 버려졌다. 국가는 만성적인 재정 부족에 시달렸다. 엎친 데 덮친 격으로 지독한 가뭄 끝에 50년 이래 최악의 흉년이 발생했다. 1731년(영조 7년), 곡창지대로 이름 높은 남쪽에도 먹을 것이 없어 굶어 죽는 이들이 늘어갔다. 영조는 삼남지방을 안정시키기 위해 박문수를 감진사監賑使(기근 때 지방에 파견하던 특명 사신)로 보냈다. 박문수가 제안한 구황 대책은 소금을 대량으로 생산하는 것이었다.

흔히 기근이 찾아왔다고 하면 나라에서 쌀을 나누어주는 모습을 상상하기 쉽다. 하지만 현실적으로는 소금이 더 도움이 컸다. 사람들은 먹을 것이 없어지면, 들판으로 나가 풀뿌리를 캐어 먹거나 나무껍질이나 연한 풀의 속을 먹었다. 아니면 그 풀에 소금을 넣어 끓여 먹으며 연명했다. 곡기를 기대할 수 없는 흉년에 소금까지 없다면 산과 들의 초근목피도 먹을 수 없던 것이다.

영조 때 영남지역을 구황하기 위한 소금 생산 단지로 낙동강 하구에 위치한 명지도(지금의 부산 강서구 명지동)가 선정되었다. 영조는 명지도를 대규모 소금 생산 단지로 조성하기 위해 특단의 조치를 취하였다. 우선 명지도에 들어와 소금을 생산하는 사람들에게는 각종 세금을 줄여줬다. 소금 생산에 필요한 비용과 쌀도 국가에서 대줬고, 그 대신 소금을 받았다. 이 같은 정책에 힘입어 수많은 소금 생산업자들이 명지도에 몰려들었고, 명지도는 삽시간에 당대 최대의 소금 생산 단지로 발전했다. 명지도에서 생산된 소금은 영남사람을 구하고도 남아, 경기도 등 다른 지역의 굶주린 백성을 구제하는 데 쓰였다.

이후 명지도의 소금 생산은 날로 늘어나 순조 때에는 10만 석을 넘었다. 명지도에서 대량 생산된 소금은 배를 통해 낙동강 수운을 따라 영남 전역에 공급되었다. 소금 배가 돌아올 때는 소금과 맞바꾼 온갖 물품을 싣고 왔다. 전국에서 소금을 구입하기 위해 사람과 배가 명지도로 몰려들었다. 이런 풍경을 정약용은 "외지에서 생산되는 물품들이 구름처럼 모여들고 산처럼 쌓이니, 나라 안에서 소금의 이익이 영남 같은 곳이 없다"고 기록했다.

소금의 이익을 정약용은 간파하고 있었다. 세월이 흘러 1809년, 정약용이 강진으로 내쫓겨온 지 10년즈음 되었을 때 전라도에는 당시 사상 초유의 가뭄이 전역을 뒤덮고 있었다. 정약용의 가슴도 가품 속 들판의 곡식처럼 타들어갔다. 그는 이런 심정을 「채호」라는 시로 옮겼다.

쌀독엔 쌀 한 톨 없고 들에도 풀싹 하나 없는데
오직 쑥만이 나서 무더기를 이뤘기에
말리고 또 말리고 데치고 소금을 쳐
미음 쑤고 죽 쑤어 먹지

정약용은 그의 대표적인 저서 『경세유표』에서 도마다 소금세 제도가 천차만별인 것을 비판했다. 더불어 소금을 백성에게 고루 나눠주면서 공정하게 세금을 받는 방안을 고민했다. 우선 그는 전국의 염전을 9등급으로 나누고 전국의 염세를 편성했다. 가장 좋은 1등급 염전에서는 24냥을 징수하고, 가장 나쁜 9등급 염전에서는 2냥을 내게 했다. 지방마다 천차만별이었던 소금세 징수 기준을 통합해 징수량을 정하도록 했다. 이름 하여 '평미레 개혁안'이었다.

평미레는 말이나 되에 곡식을 담고 그 위를 평평하게 미는 데 쓰는 방망이 모양의 도구다. 고르게 평미레질을 하듯이, 소금세를 많이 내온 사람에겐 세금 부담을 줄여주고, 적게 낸 사람에겐 늘려야 소금세가 공평하게 적용된다는 것이었다. 백성을 위해 세심한 염법을 마련한 정약용은 조정에 이 제도를 빨리 시행하라고 촉구했다. 공허한 이론이 아닌 구체적 대안을 제시한 것이다. 그러나 안타깝게도 정약용의 소금 개혁론은 실현되지 못했다.

일제강점기, 수탈의 대상

일제강점기에 일본은 우리 땅에서 소금으로 짭짤한 이익을 봤다.

1907년, 인천 주안에는 천일염 시험장이 건설되었다. 바람과 햇볕으로 소금을 생산한다고 했다. 이를 본 조선인들은 놀랐다. 수천 년간 조선 땅에서 소금은 바닷물을 끓여서 만드는 것이었다. 천일염이 처음 만들어지자 사람들은 이를 '왜염'이라 불렀다.

오늘날 우리는 갯벌에 바닷물을 가둔 뒤에 바람과 햇볕으로 수분을 말려 소금을 얻는 천일염을 전통적인 소금이라고 알고 있지만 예로부터 전해 내려오는 우리의 전통 소금은 자염煮鹽이다. 여기서 '자煮'는 '끓이다' 혹은 '삶다'의 의미다. 전통적으로 우리나라에서는 바닷물을 한데 모아 가마솥에 끓여 소금을 만들었다. 옛 어른들이 소금을 만들 때 '굽는다'고 표현한 까닭이다. 조선시대 인문지리서인 『신증동국여지승람』에는 '소금 굽는 연기가 가까운 물가에 비쳤다'는 기록이 나온다.

일제는 한반도를 소금 공급기지로 삼기 위해 전통적인 자염 대신에 제조가 쉬운 천일염으로 생산방식을 개편했다. 군사대국을 지향하는 일제에게 소금은 반드시 필요한 재료였다. 염화나트륨 함유량이 높은 천일염은 화학공업과 무기산업의 원료가 되었다. 일제는 타이완에서 들여온 천일염 제조법을 확산시켜나갔다.

또한 소금세가 궁내부에 귀속되어 왕실의 금고로 들어가는 것이 못마땅했던 일제는 조선의 금고를 빼앗기 위해 '꼼수'를 썼다. 먼저 왕실의 금고에 들어가는 소금세를 국가의 금고로 들어가게 했다. 소금세를 많이 매기기 위하여 염세 규정도 까다롭게 바꾸어버렸다. 이런 상황에서 탁지부(재정을 담당하던 부서) 대신으로 고영희가 취임한다.

그는 기다렸다는 듯 일제에게 천일염전을 세울 권리를 허가하고, 소금세를 걷게끔 길을 열어주었다. 이는 소금 생산자인 염민들에게는 불행의 시작이었다. 소금세가 폭등하자 여기저기서 시위가 일어났다. 일제는 이를 총칼로 진압했다. 일제는 인천을 시작으로 북한 지역에도 대대적으로 천일염전을 세웠다. 비용은 적게 들면서 많이 생산할 수 있는 소금을 조달하기 위해서였다. 이후 일제는 소금 전매령을 공포하고 소금의 생산과 공급을 독점했다.

이후로 전통 자염은 사양길에 들어섰고 1950년대쯤에 명맥이 끊겼다. 게다가 일제가 북한 지역에 집중적으로 천일염전을 세운 탓

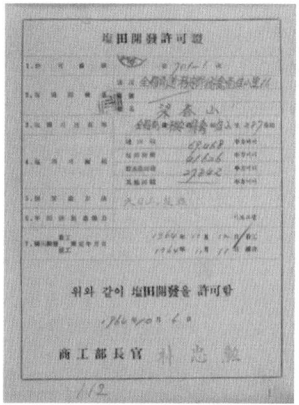

천일염전허가증

에 분단 뒤 남한은 극심한 '소금 부족'에 시달렸다. 만성적인 소금 부족에 시달리던 이승만 정권은 '염증산 5개년 계획(1952~1956)'을 세워 대대적인 천일염전의 증설에 나섰다. 엄청난 노동력이 필요한 염전 축조에 피난민을 투입했다. 변변한 토목 기계 하나 없던 시절, 농기구를 이용한 수작업으로 거대한 염전이 만들어졌다. 국내 최대 규모의 천일염 생산지인 전남 신안은 북한 피난민들의 피와 눈물이 스며 있는 곳이다.

하지만 10년도 안 돼 소금은 공급과잉이 문제가 되었다. 1957년 10만 톤의 소금이 더 쌓여 재정적 부담으로 돌아왔다. 결국 1960년대부터는 염전을 대규모로 줄여야 하는 상황에 놓이고 말았다.

소금 굽는 사람들, 맛을 되살리다

우리나라에는 소금 호수나 소금 광산이 없다. 그래서 우리 조상은 바닷물을 솥에 끓이고 끓여 졸이는 자염법으로 소금을 얻었다. 오늘날 염전 하면 자연스럽게 서해안의 바닷가를 떠올리는 것과 달리,

고려시대와 조선시대에는 땔감이 많은 지역에서 소금을 생산했다. 우리 조상들은 2000년 동안 해수를 끓이는 방식으로 소금을 얻었다. 천일염 방식이 도입된 지는 불과 100년 남짓에 불과하다.

자염은 갯벌의 흙을 갈아 햇볕에 말리는 것부터 시작됐다. 이후 햇볕에 말려 염도가 높아진 흙을 갯벌 구덩이에 채우고 바닷물이 들어왔을 때 이 흙을 통과시켰다. 이 염도가 높아진 바닷물을 끓여 만든 것이 자염이다.

일제강점기 사진엽서에 담긴 소금장수

자염은 정제염이나 천일염보다 짠맛과 쓴맛이 덜하고 구수한 맛이 나며, 입자가 희고 곱다. 예로부터 조선의 자염은 그 품질을 인정받았다. 20세기 초 조선의 자염은 1831엔, 일본에서 같은 방식으로 생산한 전오염은 1335엔, 타이완과 청의 천일염은 1000엔 수준이었다. 천혜의 갯벌에서 생산되었기에 그 가치를 인정받은 셈이다.

그 전통 자염이 반세기만에 다시 태어났다. 과거 품질 좋은 자염의 생산지로 이름이 높았던 태안에서다. 충남 태안군 근흥면 영농조합법인 '소금 굽는 사람들'은 맥이 끊겼던 자염을 50년 만에 전통 방식으로 되살렸다. 별다른 기록이 남아 있지 않았기에 복원은 쉽지 않았다. '소금 굽는 연기'가 궁금했던 후세 사람들은 퍼즐 한 조각, 한 조각을 맞추는 심정으로 자염을 만들었던 노인들을 찾아다녔다. 그리고 드디어 전통 방식을 복원했다.

전통 방식의 자염은 맛의 다양성을 열어준다. 천편일률적인 천일염 제조 방식과 달리 자염 제조 방식은 지방마다 달랐다. 단맛이 나는 소금도 있었다.

소금에는 영욕의 권력사, 복지의 역사, 그리고 수탈의 시간들이 서려 있다. 지난 역사에서 소금은 세상을 바꾸었다. 이제는 우리가 소금을, 아니 소금에 대한 역사를 만들 차례다.

참고 자료

작지만 큰 한국사, 소금 유승훈, 푸른역사, 2012
조선의 9급 관원들 김인호, 너머북스, 2011

animus
06

그들만의 영웅

고이소 구니아키
미나미 지로
도조 히데키
히로타 고키
마츠이 이와네
시라토리 도시오
우메츠 요시지로
․
․
․

군인으로 위안부로 노동자로
조선인의 강제 노역 강행

고이소 구니아키 : A급 전범
(조선총독, 1942~1944)

일본어 사용 창씨개명
한민족 문화말살정책 강행

미나미 지로 : A급 전범
(조선총독, 1936~1942)

조선인을 자국의 침략 전쟁에
마음대로 동원·사용하기 위해
신사참배 강요, 창씨개명 등
급격한 황민화 정책을 추진했던 일본

태평양전쟁에 강제 동원된
24만여 명의 조선인 중
전사자 2만 1000여 명

한국인 강제 동원 피해자가 아닌
일본을 위해 희생한 일본인으로
야스쿠니신사에 합사合祀**된다**

야스쿠니신사를 참배하고 있는 침략 전쟁의 동반자 히틀러 유겐트 단원들의 모습

교토에서 도쿄로 이동하는 메이지 천황

메이지유신 전후의 내란 때
천황을 위해 싸우다 죽은 이들의
영혼을 위로하기 위해 세운

도쿄 초혼招魂사

군軍의 요청으로 바꾼 명칭
야스쿠니신사

야스쿠니靖國 : 나라를 안정케 한다

야스쿠니신사에 합사된
조선 침략 전쟁의 첫 전사자는

1875년 강화도 초지진 전투에서
조선군의 포격으로 죽은
일본 군함 운요호의 '수부水夫'였다

죽은 이의 영혼을 불러
천황이 직접 위령한 다음
호국의 신으로 신격화

'무명의 수부'를 일본 '호국의 신'으로 부상시킨
야스쿠니신사

그리고

1906년부터 1911년까지
'배일' '음모' 등의 이유로
'폭동' '반란'을 일으킨
한국의 의병을 토벌·격퇴하다 전사한
일본군 280명을 합사한다

도조 히데키
진주만 불법 공격, 미국과 일반인 살해
교수형

히로타 고키
태평양전쟁을 일으킨 침략 전쟁 작성
교수형

마츠이 이와네
포로 및 일반인에 대한 국제법 위반
교수형

고이소 구니아키
종신형

시라토리 도시오
종신형

우메츠 요시지로
종신형

A급 전범 14명을 포함한
'쇼와 순난자(천황을 위해 죽은 자)'
1068명 합사

그리고

청일전쟁 러일전쟁 만주사변
중일전쟁 조선 침략 태평양전쟁…

자국이 일으킨 침략 전쟁에서 죽은
246만 명을 신으로 떠받들고 있는
야스쿠니신사

"만세에 흔들리지 않는 태평의 기반을 열고
그것에 의해 안국의 실현에 기여하는 것을
근간의 목적으로 한다."
– 「야스쿠니신사 사헌」 제2조

그들만의 영웅

야스쿠니신사에는 '야스쿠니'가 없다

 우리에게 8월 15일은 광복절이다. 하지만 일본은 8월 15일을 '종전기념일'이라고 부른다. 전쟁에 졌다는 사실을 인정하지 않으려고 패전이 아닌 종전이란 용어를 사용하는데, 말은 기념일이라고 하지만, 사실 이날은 일본의 입장에서는 그다지 기억하고 싶지 않은 날일 것이다. 1945년 8월 15일, 일본은 15년에 걸친 아시아·태평양전쟁에서 크게 패배했고, 그 결과 미군의 점령지가 되고 말았다. 일본의 종전기념일인 8월 15일, 이날이 되면 일본 주변국들의 시선이 한곳에 쏠린다. 일본 도쿄 한복판에 있는 야스쿠니신사다.
 스스로를 신의 나라, 즉 신국神國이라 불렀던 일본에는 전국적으로 약 8만 개의 신사가 있다. 일본의 편의점 수가 5만 개라고 하니 그 수가 어느 정도인지 짐작할 만하다. 고대부터 일본에서는 돌아가신 조상이나 영웅, 나무나 동물 등에 깃든 정령을 숭배하는 토착 신앙이 있었다. 이 신을 모시는 곳이 신사인데, 야스쿠니신사는 일본의 신사 가운데서도 규모가 가장 크다.
 야스쿠니신사는 한마디로 '전쟁 신사'다. 9만 9천 제곱미터 면적의 경내로 들어서면 본전과 본전 옆에 유슈칸遊就館이라는 전쟁기념관 건물이 있고, 전시실과 그 주변에는 태평양전쟁 때 일본군이 사용했던 전투기나 기관차, 대포 등 총포류와 전쟁 관련 물품이 가득하

animus 06

다. 이와 함께 일본이 과거 100여 년 동안 일으켰던 전쟁에서 희생된 246만 명의 사람들이 '신'으로 안치되어 있다.

사람만이 아니다. 군마와 군견 위령탑도 세워져 있다. 전쟁터에서 목숨을 잃은 개와 말의 영혼까지 위로하고 있는 것이다. 야스쿠니신사는 침략 전쟁을 '성스러운 전쟁'으로 덧칠해 군국주의를 보급하고 있다. 그러나 이 신사를 만든 당시의 '초심'은 그렇게 음흉하지 않았다.

야스쿠니신사의 역사는 1869년으로 거슬러올라간다. 설립될 당시 이름은 '초혼사招魂社'. 메이지유신 이듬해 일본 정부는 전쟁 희생자의 넋을 달래기 위해 도쿄 천황궁 옆에 초혼사를 세웠다. '초혼'이란 죽은 자의 영을 불러내어 위로하는 것을 뜻한다. 전쟁터에서 비명횡사한 사람들의 영혼이 훗날 살아 있는 자들에게 재앙을 일으킬 수 있다고 여긴 일본인들은 도시 안에 이런 공간을 만들어 억울한 죽음을 위로했다.

처음 세워졌을 당시만 해도 야스쿠니신사는 광장이자 집회 장소였다. 사람들은 이곳에 모여 스모나 경마, 서커스 등을 구경했다. 초혼사에 군국주의의 바람이 불기 시작한 것은 1871년 대만으로 출병이 이뤄지면서부터다. 메이지유신 후 여러 변화를 꾀하던 일본은 그 변화의 중심에 '국민 통합'을 놓았다. 이때 그들이 앞에 내세운 건 '천황'이라고 불린 일왕이었다. 일왕은 초혼사의 이름을 '나라를 평안하

게 하다'라는 뜻의 '야스쿠니靖國'로 바꾸었다. 그리고 손수 전쟁에서 죽은 이의 영혼을 불러 직접 위령한 다음, 호국의 신으로 신격화했다. 야스쿠니신사를 통해 일왕의 이미지는 신의 자손으로서 제사를 주관하는 종교 지도자인 동시에 군을 통솔하는 대원수로 격상될 수 있었다.

　1894년 청일전쟁을 시작으로 일본은 제국주의 전쟁에 본격적으로 뛰어든다. 이어 러일전쟁과 1930년대 만주사변, 중일전쟁, 태평양전쟁이 잇따르면서 신사의 주된 기능은 '국민'의 의식 고취에 초점이 맞춰졌다. 정부는 전쟁에 나가는 것을 영광으로 여겨야 하며, 가족을 전쟁터에 보내는 것을 자랑스럽게 여기라는 철저하게 포장된 메시지를 퍼트렸다. '호국 영령'으로 추앙돼 야스쿠니에 안치되는 것이 최고의 명예라는 착각을 하게 만들었다. 병사의 사기를 높여 국가의 전쟁에 동원하는 것이 최종 목적이었다. 야스쿠니신사는 한마디로 전쟁체제의 일부로 작동하고 있었다.

　일본에는 다른 나라의 국립묘지 같은 장소가 없다. 그 공간을 대신하고 있는 곳이 야스쿠니신사다. 하지만 야스쿠니신사는 일반적인 전몰장병 묘지와 다르다. 이곳에 봉안된 것은 전몰자들의 유골이 아니라, 사망자들의 이름을 적어놓은 '영새부靈璽簿'라는 명부이다. 이 영새부를 '어우차御羽車'라 불리는 가마에 싣고 야스쿠니신사에 합사하는 의식을 초혼식招魂式이라 하는데, 1933년부터는 매년 일본방송협회에서 이 의식을 전국에 라디오로 생중계했고, 나중에는 이 합사 제례 시 전 국민이 묵념하도록 만들었다. 야스쿠니신사의 홈페이지에 소개된 글은 이곳이 일본인들에게 어떤 그릇된 인식을 만들어주고 있는지를 보여주고 있다.

"일본의 독립과 아시아의 평화를 위해서는 슬픈 일이지만 청일전쟁, 러일전쟁, 제1차세계대전, 만주사변, 그리고 대동아전쟁(제2차 세계대전)이 일어났습니다. 메이지천황은 러일전쟁이 발발했을 때 '세계의 국가들은 모두 형제와 마찬가지인데 왜 평화가 깨지고 마는가'라는 슬픈 노래를 읊었습니다. 전쟁은 정말로 슬픈 사건이지만 일본의 독립을 굳건히 지키고 주위 아시아 국가들과 함께 평화롭게 번영하기 위해서 싸우지 않으면 안 되었던 것입니다. 이러한 전쟁에서 생명을 바친 많은 분들이 야스쿠니신사의 신으로 계십니다."

그들만의 영웅, '묻지마 합사'

246만여 명, 야스쿠니신사를 떠도는 혼령의 숫자다. '천황'을 위해 목숨을 바친 고귀한 '신'들의 이름이 현재 야스쿠니신사에 합사돼 있다. 그러나 야스쿠니신사에는 군인만 있는 것이 아니다. 여성과 어린이들도 있다. 제2차세계대전의 막바지인 오키나와 전투 때에 일본군은 현지 여학생들을 군에 입대시켜 히메유리 부대라는 종군 간호부대로 삼았다. 현재 야스쿠니신사에는 이 히메유리 부대원들뿐 아니라 당시 어뢰공격으로 목숨을 잃은 수백 명의 초등학생들도 합사돼 있다. 야스쿠니신사는 어린 학생들을 전쟁터에 내몬 것을 자랑스럽게 떠들며, 나라를 위해 몸을 바친 영광스러운 죽음이라고 홍보한다. 그러나 생존하고 있는 히메유리 학도대 동창생들은 분노하며 당시 히메유리 부대원들은 모두 살아남기를 원했다고 입을 모은다.

야스쿠니신사에는 조선, 대만 출신의 군인들도 합사되어 있다. 조선인은 2만 1181명 대만인은 2만 7863명으로 모두 5만 명에 달한다. 왜 침략 전쟁의 피해자들이 이곳에 자신의 이름을 올리게 됐을까?

이 사실은 1977년 일본 신문에 보도되면서 세상에 알려졌다. 합사된 지 수십 년의 세월이 흐른 뒤였다. 조선이나 대만 출신 유족들은 어이없는 비보를 들어야 했다. 그들은 그사이 일본 정부로부터 전사 통지를 받은 적도 없었다. 당연히 유골도 반환받지 못했고, 더욱이 야스쿠니신사에 합사된다는 것을 통보받은 바가 없었다.

더욱더 어이없는 사실은 자신의 위패가 야스쿠니신사에 있다는 소식을 전해들은 이들이었다. 멀쩡하게 살아 있는 사람을 죽은 사람으로 위장한 것이다.

한국과 대만의 유족들은 합사를 취소해달라고 강하게 요구했다. 야스쿠니신사 측은 이 요구를 즉각 거절했는데, "일본인으로 싸움에 참가한 이상, 야스쿠니에 모셔지는 것은 당연"하며 합사는 "천황의 의지에 의한 것이기 때문에 유족이 철회할 수 있는 것이 아니다"라는 이유에서였다. 2001년 합사 중지를 요구하는 소송을 제기했던 어떤 유족은 "야스쿠니 합사는 살아서는 강제징병이고, 죽어서는 강제수용인 이중의 강제연행"이라고 기막힌 심경을 토로했다.

일본인 유족 가운데에서도 합사 취소를 요구하는 사람들이 있다. 종교적인 이유이기도 하고, 평화주의의 신념에 따른 것이기도 하다. '침략자들의 무덤' 야스쿠니신사에 대해서는 이미 일본 내부에서 저항의 목소리가 나오고 있다. "A급 전범도 문제지만, 신사 자체가 문제"라는 지적이다.

　현재 야스쿠니신사는 종교법인이다. 1945년 패전 뒤 야스쿠니신사는 전쟁 동원을 진두진휘했던 막강한 '국가기관'에서 순수한 종교활동을 목적으로 하는 일반 종교법인으로 바뀌었다. 일본의 뜻이 아니었다. 연합군의 강요 때문이었다. 태평양전쟁 종결 이후 맥아더 휘하의 연합국 총사령부는 야스쿠니신사를 불태워 없애려 했다. 일본이 장기간에 걸쳐 침략 전쟁을 계속해온 정신적 배경에 일왕의 신성성을 받드는 신앙과 신국의식이 깔려 있다고 보고 이 체제를 해체하려는 의도였다. 이에 따라 전국 11만여 개에 달했던 다른 신사와 함께 야스쿠니신사는 종교법인으로 격하됐다. 이에 따라 국가의 지원도 받을 수 없게 되었다.

　하지만 보수화 경향이 뚜렷했던 1960년대 이후 일본 사회에는 유족을 중심으로 전몰자를 새롭게 추모하려는 움직임이 나타났다. 우선 전몰자 유족 단체와 집권 자민당 등 보수 세력이 중심이 되어 야스쿠니신사를 국가가 후원해야 한다는 여론 몰이를 시작했다. 이를 '야스쿠니신사 법안'에 담았고 1960년대 말에서 1970년대 중엽까지

일본 의회 안팎에서는 치열한 찬반 공방이 벌어졌다. 법안 제정은 끝내 무산됐다. 하지만 야스쿠니신사를 둘러싼 논란과 갈등은 서서히 제2막을 열고 있었다. 그 중심엔 A급 전범의 합사가 있다.

일본 정부와 야스쿠니신사 측은 1978년 은밀하게, 역사의 시계를 거꾸로 돌려놓았다. 태평양전쟁을 주도한 A급 전범의 명부를 합사한 것이다. 그 명부에는 극동국제군사재판(도쿄재판)에서 A급 전범으로 판결받아 사형 또는 옥사한 도조 히데키 전 총리를 비롯한 14명의 이름이 올려져 있었다. 태평양전쟁의 원흉들이 비밀리에 신으로 둔갑한 것이다. 이 기막힌 사실은 이듬해가 되어서야 알려졌다. 하지만 이미 종료된 일이었다.

'A급 전범 분사론'이 나오기 시작한 것은 이로부터 수년이 지난 1980년대 중반부터였다. '천황'이 A급 전범 합사에 불쾌해했다는 메모가 공개되면서 분사론이 힘을 받는 분위기였다. 실제로 전후 수년 간격으로 여덟 번이나 야스쿠니신사에 참배했던 쇼와 일왕은 1975년 11월을 마지막으로 더이상 참배하지 않고 있었다. 하지만 야스쿠니신사 쪽에서는 여전히 요지부동이다. "신도의 교리상 분사는 불가능하다"는 입장만 되풀이하고 있다.

A급 전범만의 문제는 아니다. 이른바 B급, C급 전범으로 처형된 사람과 살아 있었으면 틀림없이 전범으로 처벌 대상이 되었겠지만 패전시 자결한 사람 등 1000여 명도 이곳에서 '신'으로 받아들여지고 있다. 야스쿠니신사 측은 이들 전범과 자살자를 '천황을 위해, 나라를 위해 순국한 사람'이라며 '쇼와순난자昭和殉難者'로 칭송하고 있다.

아직도 해결되지 못한 문제

이른바 '야스쿠니신사 법안' 제정이 좌절되자 우익 세력들은 일왕과 각료들의 야스쿠니신사 공식 참배를 대안으로 제시했다. 이런 목소리를 등에 업고 1975년 8월 15일, 미키 다케오 일본 총리가 처음으로 야스쿠니신사에 가서 고개를 조아렸다. 총리의 공식 신사참배에 대해 나라 안팎에서 비난과 항의가 빗발쳤다. 미키 다케오 총리는 어디까지나 '사적 참배'라면서 한발 물러섰다. '사적'이라는 이 한마디를 붙이고 총리들의 참배는 계속됐다. 의식적으로 8월 15일은 피하는 분위기였다.

그러나 1985년 8월 15일 나카소네 야스히로 총리가 야스쿠니신사에 발을 들여놓았다. 공식 참배를 공공연하게 이야기했고 '전후 정치의 총결산'이라는 의미까지 부여했다. 한국과 중국이 침략 전쟁을 미화하는 행위라며 비난하자 그는 이듬해 참배를 중단했다.

중단됐던 신사 참배 문제를 다시 역사 위로 끌어올린 것은 2001년 4월, 자민당 총재선거에 나선 고이즈미 준이치로 후보였다. 그는 "총리에 취임하면 어떤 비판이 있더라도 8월 15일에 야스쿠니신사를 참배할 것"이라 했고, 총리에 취임한 해인 2001년 8월 13일 참배를 시작한 뒤 2006년 퇴임할 때까지 매년 이곳을 찾았다. 그는 재임중 모두 여섯 차례 신사 참배를 했다.

고이즈미 총리의 야스쿠니 참배에 대해 한국과 중국은 "전쟁 책임을 부인하는 군국주의의 부활"이라고 거세게 비판하며 참배 중단을 촉구했다. 일본과 한·중 간의 외교적인 긴장 관계는 계속됐다. 후진타오 중국 국가주석은 고이즈미 일본 총리를 향해 "두 나라 정치 관계가 정체와 곤란을 겪게 된 최대 장애요인은 일본 지도자의 야스쿠니 참배"라고 직격탄을 날렸다.

주변국들은 일본의 새 정부 출범 첫해인 2013년, 아베 총리의 움직임에도 촉수를 세웠다. 아베 총리는 아직 야스쿠니신사를 찾지 않았다. 하지만 그는 미국의 알링턴 국립묘지와 야스쿠니신사가 다를 게 없다면서, 참배할 뜻을 굽히지 않고 있는 분위기다. 야스쿠니신사 참배는 일본이 지난 역사에 대해 반성을 하고 있는지를 판단하는 리트머스 시험지와 같다.

야스쿠니신사 내에 있는 전쟁박물관 유슈칸에는 칼을 든 평화의 여신이 입장하는 이들을 맞이한다. 벽에는 "일본 전사들은 전쟁을 싫어했다"라고 쓴 일왕의 시가 걸려 있고 전쟁 말기, 자살 공격을 감행한 특공대원들의 유품과 유서들이 놓여 있다. 신사 어디에서도 일제가 침략했다는 사실이나 참혹한 전쟁을 벌였다는 사실을 알려주는 흔적은 찾을 수 없다.

야스쿠니신사는 전쟁으로 인한 국민의 희생을 국민들이 비극이 아닌 명예나 영광으로 받아들이게끔 만든다. 이 과정에서 가족을 잃은 유족들의 슬픔은 일왕에 대한 존경과 고마움으로 변했고, 더 나아가 "천황을 위해서라면 기꺼이 목숨을 바치겠다"는 신앙으로 발전했다. 다카하시 데쓰야 일본 도쿄대 교수는 야스쿠니신사가 불러온 이런 감정의 변화를 '감정의 연금술'이라 불렀다.

'야스쿠니'는 중국 고전 『춘추좌씨전春秋左氏傳』에 나오는 말로 '나라를 평화롭게 한다'는 의미다. 그러나 야스쿠니신사는 이름에 담긴 뜻과는 반대로 동아시아 전체의 평화와 안정을 위협하고 있다. 지난 날 야스쿠니신사가 국민을 죽음의 전장戰場으로 내모는 중심 기지였다면, 지금은 침략 전쟁을 미화하는 반인륜적인 현장으로, 일본의 역사 인식 퇴행을 상징하는 장소로 인식되고 있다.

참고 자료

결코 피할 수 없는 야스쿠니 문제 다카하시 데쓰야, 현대송 역, 역사비평사, 2005
야스쿠니신사 오에 시노부, 양현혜·이규태 공역, 소화, 2001
야스쿠니신사 노길호, 책과나무, 2013
일본의 신사 박규태, 살림출판사, 2005

animus
07

조선은 없었다

증인 491명
제출된 증거 4336건
법정 기록 48만 288쪽

그리고
뒤바뀐 운명

1946년 5월 3일

'전범 국가 일본'에 책임을 묻기 위해
미국과 연합국이 공동으로 주관한
도쿄 전범 재판

각국에서 파견한
11명의 판사
100여 명에 이른 검사단

그러나

조선인 판사나 검사는 한 명도 없었다

"당시 독립국가로 성립되지 못한 조선은
도쿄재판에 참가할 수 없었다."
– 미국 역사학자 존 다우어

국제법에 위반되는 침략 전쟁을 계획하고
전쟁 포로를 학대한 '평화에 대한 죄'

그리고
'침략, 전쟁을 일으킨 죄'

하지만
추궁받지 않은 중대한 죄목

'조선 식민지 지배'

"재판에 참가했던 11개국 중
식민지 보유 국가가 있었기 때문에
일본의 식민지 지배는
도쿄재판의 소추에서 제외되었다."
― 역사학자 아와야 켄타로우

침략 전쟁의 실질적 지도자 **일본 천황**
진술조차 받지 않고 **면책**

전쟁을 결정하고 수행한 A급 전범 용의자
석방

생체실험 정보를 미국에 넘겨주는 대가로
731부대의 만행 은폐

"이 재판은 역사상 최악의 위선이다."
– 당시 연합군 최고사령부 장군 찰스 윌로비

형 집행일 교수형에 처해진 A급 전범은
28명 중 단 7명

나머지 용의자들도 모두
증거 불충분을 이유로 풀려났고
석방된 전쟁의 주범들은
정부 요직에서 활동했다

심판하지 못한 전쟁범죄
본질이 흐려진 전범 재판

"침략에 대한 정의는
학계에서도 국제적으로도 확실하지 않다.
국가 간 관계를 어느 쪽에서 보느냐에 따라 다르다."
- 2013년 4월, 아베 신조 일본 총리

그리고
여전히 청산되지 않는 과거

조선은 없었다

> "일본군은 이제 무장을 해제하고
> 귀국할 것이다."

　1945년 8월 15일 정오, 일본인들은 라디오로 '신'의 음성을 들었다. 그 '신'은 다름 아닌 일왕 히로히토였다. 그때까지 '신민'들에게 단 한 번도 음성을 들려주지 않았던 마흔네 살의 군주가 처음으로 자신의 목소리를 들려준 것이다. 히로히토는 방송에서 '항복'이라든가 '패배'란 말을 하지 않았다. 하지만 이것은 명백한 항복 선언이었다.

　보름이 지난 9월 2일, 도쿄만에 미국 군함 미주리 호가 정박했다. 선상에서 항복 문서 조인식을 가진 뒤 연합국 총사령관 더글라스 맥아더는 "과거의 유혈과 대학살에서 벗어나 더 나은 세계가 탄생할 것이다"라고 선포했다. 연합국에 의한 일본 점령, 미군정이 시작됐다는 신호였다.

　일본을 점령한 연합국 최고사령부는 모든 권력을 넘겨받았다. 전범 체포령도 발동했다. 제일 먼저 잡아들여야 한다고 지목된 인물은 도조 히데키였다. 진주만의 미국 함대 기지를 공격하라고 지시했던 인물이었기 때문이다.

　이듬해인 1946년 5월, 도쿄 중심가 신주쿠에 있는 일본 방위성의 이치가야 기념관 1층 강당에서 세계가 주목하는 재판이 열렸다. 도쿄 전범 재판정이었다. 그곳은 1941년, 즉 5년 전 일본이 진주만

animus 07

을 기습하며 태평양전쟁을 시작했을 때 전시 최고사령부가 있던 곳이었다. 강당에서 열린 재판은 규모가 남달랐다. 일본 내각 관료, 정치인, 각계 인사 수백 명이 집합했다. 이 자리에서 연합군 최고사령관 맥아더는 일본 침략자들이 바꿔놓은 역사를 되찾기 위해 모였다고 선언했다. 도쿄 전범 재판정은 극동국제군사 재판정의 일부였다. 앞서 독일 나치 전범들에 대한 뉘른베르크 재판은 1945년 11월 10일 시작돼 11개월 만에 막을 내렸다.

도쿄 전범 재판은 5월 3일 시작됐다. 당시 극동국제군사 재판정은 도쿄 외에 동아시아와 동남아시아 여러 나라에서 열렸다. 네덜란드 지배 지역에 12개, 영국 지배 지역에 11개, 중국에 10개, 오스트레일리아에 9개, 미국 점령 지역에 5개, 그리고 프랑스 지배 지역과 필리핀에 1개씩, 약 50곳이었다. 극동국제군사 재판정의 전체 기소자가 5700여 명으로 추산되는 가운데 도쿄 재판정에 기소된 인원은 28명뿐이었다. 군부 인사가 18명, 정치인이 9명, 또 한 사람은 정치철학자였다. 정계, 군부와 함께 전쟁 수행의 주역이었던 재계 인사들은 논란 끝에 제외되었다.

재판관들도 구성됐다. 승전 4개국 출신의 재판관 4명만으로 구성되었던 뉘른베르크 재판소에 비하여, 도쿄 재판소의 규모는 보다 더 '국제적'이었다. 항복 문서에 서명한 미국, 영국, 프랑스, 소련 등에서 온 11명의 재판관이 참여했다. 일본이 점령해 만행을 저지른 피해국이 아시아 지역인데도 그중 아시아인 판사는 중국인, 필리핀인, 인도인 3명뿐이었다. 도쿄 전범 재판정 어디에도 일본의 침략으로 피해를 입은 동남아시아의 많은 국가와 식민 지배를 당한 조선이 목소리를 낼 수 있는 자리는 없었다. 독립국가가 아니기에 낄 수가 없다고 했다. 이에 대해 미국의 역사학자 존 다우어는 저서 『패배를 껴안고』에서 다음과 같이 적고 있다.

"도쿄 군사 재판소는 근본적으로 백인 법정이었다. (…) 특히 정도를 벗어난 부분은 조선인 판사나 검사가 한 명도 없었다는 사실로, 이는 식민지 조선에서 수십만 명의 남녀가 일본의 전쟁 기계에 의해 짐승처럼 학대받았다는 사실을 무시하는 처사였다."

도쿄 전범 재판정은 극동국제군사재판정의 초점이었다. 뉘른베르크 재판에 이어 전범 재판의 새로운 양상을 띤 'A급' 전범의 재판이 진행되었기 때문이다. 'A급'은 죄의 경중을 따진 것이 아니라 범죄의 종류를 의미했다. 'A급'은 침략 전쟁을 계획, 준비, 수행한 평화에 대한 범죄Crimes Against Peace를, 'B급'은 학대, 약탈 등 통상적 잔혹 행위 Conventional War Crimes를, 그리고 'C급'은 인종적 이유 등으로 대량 학살, 혹사, 노예화하는 등 반인도적 범죄Crimes Against Humanity를 가리켰다.

이때까지만 해도 국제사회는 '국가'가 수행한 전쟁에서 '개인'이 저지른 범죄를 단죄해야 한다는 생각을 갖고 있지 않았다. 전쟁터는 집단 살인범과 강간범, 절도범들이 판치고, 온갖 반인륜적인 범죄가 행해지는 인권유린의 무대였지만 전범들은 제대로 처벌되지 않고 있었다. 그러나 두 차례의 세계대전 이후 인류 공통의 적인 반인륜범죄에 대해 인류 공동의 이름으로 처벌해야 한다는 여론이 높아지면서 전범에 대한 처벌이 공론화됐다. 그 첫 시도가 1945년 '히틀러의 도시'에서 열린 뉘른베르크 재판이었고 다음이 도쿄 전범 재판이었다.

1946년 5월 심리가 시작된 재판은 30개월 이상 계속되었다. 총 818차례의 재판이 열리는 동안 419명의 증인이 출석했고 4336건의 증거가 제시되었다. 그리고 1948년 11월 12일, 드디어 판결이 내려졌다.

28명 가운데 피고인 두 명은 재판중 자연사했고 한 명은 정신 이상 진단을 받아 풀려났다. 남은 25명 전원에게 유죄가 선고되었다. 도조 히데키 등 전직 총리 2명을 포함한 7명에게 사형이 선고됐다. 그 외 16명은 종신형을 선고받았고 2명은 유기 금고형을 받았다.

"도쿄 전범 재판은 역사 이래 최악의 위선이다."

전쟁도 끝났고 전쟁범죄에 대한 재판도 끝났다. 그러나 많은 이들이 일본의 전쟁범죄와 침략 행위에 대한 '역사의 판결'은 완결되지 않았다고 비판했다. 1946년 5월부터 30개월 동안 진행됐던 도쿄 전범 재판에는 있어야 할 것들이 없었다.

첫째, 도쿄 전범 재판에는 처벌 대상에 올라야 할 사람들이 없었다. 죄를 뒤집어쓴 사람들은 주로 육군 지휘자들이었고 전쟁에 앞장섰던 수많은 일본의 정치인, 관료, 기업인들은 처벌받지 않았다. 그리고 무엇보다 피고석에는 전쟁의 최고 책임자 일왕이 없었다.

1945년 8월 15일, '대동아전쟁 종결조서 선언문'에서 일왕 히로히토는 다음과 같은 고백을 했다.

"일찍이 미영 2개국에 선전포고를 한 까닭도 실로 제국의 자존과 동아의 안정을 간절히 바라는 데서 나온 것이며 타국의 주권을 배격하고 영토를 침략하는 행위는 본디 짐의 뜻이 아니었다."

하지만 실상은 달랐다. 일왕은 일본 제국의 통치권자였다. 1945년 패망 전까지 일본이 따르던 〈일본제국헌법〉 1조는 '대일본제국은 만세일계의 천황이 통치한다'고 규정하고 있었다. 이미 일왕은 중일전쟁에서 화학무기와 최루탄 사용을 수백 차례 허가했고, 식민지 국민과 전쟁 포로를 상대로 생체 실험을 한 731부대를 조직할 것을 지시했으며, 1941년 미국과 영국에 전쟁을 선포하는 선전조서에 서명했다. 일본의 젊은이들은 '천황 폐하 만세'라는 구호를 외치며 전쟁터로 나아갔다. 서양 함대에 의해 강제로 문호를 개방했던 1854년 이후, 일본은 점차 제국주의 국가가 되었다. 군국주의는 천황제와 결합해 성전聖戰의 탈을 쓰고 여러 나라를 짓밟았다. 하지만 정작 그 책임자인 일왕은 전쟁에 대한 책임을 외면했다. 줄곧 자기변명뿐이었다.

그 이면에는 미국과 일본 간의 은밀한 거래가 숨어 있었다. 본격적인 냉전의 시대가 도래하면서 미국은 일본을 자기편으로 묶어두어야 했다. 당시 더글러스 맥아더 연합군 사령관에게는 일왕이 필요했다. 일왕에 대한 일본인의 충성심을 잘 이용하면 일본을 보다 효과적으로 통치할 수 있다고 판단한 것이다. 수십 년간 히로히토를 연구한 도요시타 나라히코 간세이학원대학 법학부 교수는 "도쿄 재판은 주역을 빼놓은 채 도조 일파에게 모든 책임을 뒤집어씌운 미일의 합작품이었다"고 정리했다.

재판에 회부될 용의자를 선정하는 데 관여했던 엘리엇 토프 준장의 말도 이와 다르지 않았다. 도쿄 재판을 "말도 안 되는 법정"이라고 비난했던 그는 당시의 일을 후회한다면서 "게임이 다 끝나고 규칙을 만들었다. 그래서 우리는 전쟁을 국가정책의 방편으로 사용했던 죄로 이들을 목매달았다"고 고백했다.

　재판의 초점은 오로지 일본의 침략 행위 처단에 맞춰져 있었다. 도쿄 재판의 피고인들에게는 명목상 A, B, C급 범죄 모두가 적용됐지만, 엄밀히 말하면 기소 대상은 A, B급 범죄뿐이었다. 각국에서 파견된 11명으로 구성된 검사단에서 수석검사를 맡은 미국의 조셉 키넌이나 맥아더나 모두 처음부터 A급 범죄 처벌만으로도 충분하다는 입장이었다. 결과적으로 도쿄 전범 재판정에서는 반인도범죄, 즉 일본군 '위안부'의 강제동원, 생물·화학전 등의 전쟁범죄가 조사 대상이 되지 못했다. 그들의 눈에 피해자 조선인은 없었다.

　일찍이 1905년 가쓰라태프트협정을 통해 일본의 조선 식민지 지배를 인정했던 그들에게 조선은 일본의 일부였다. 그들에게 일본 식민지인 조선의 민중은 보호 대상이 아니었다. 당시 아시아와 아프리카에 식민지를 두고 있던 서구 열강이 일본의 식민 지배를 재판한다는 건 곧 식민지를 둔 자신들에게 화살이 돌아온다는 것을 의미했다. 그들에게 조선인은 드러나서는 안 되는 존재였다.

　생체 실험으로 악명 높은 731부대의 부대장 이시이 시로는 재판 개시 직전에 석방됐다. 소련과 중국은 강력히 반대했지만, 미국이 주도했다. 미국 검사 키넌은 "지식의 보호는 인류의 책임" "세균과 독가스에 관한 실적 보존"을 명분으로 기소를 면해줬다. 훗날 밝혀지기로는 바로 이 무렵 이시이가 보관하던 연구업적 필름이 미국 세균화학 무기 연구기지인 터틀릭연구소로 옮겨졌다고 한다.

있어야 할 것들이 없었던 극동국제군사재판 현장. 그러나 없어야 할 것들이 되레 있기도 했다. 조선인들의 이름이었다. 일본 패전 후 각지에서 열린 군사재판에서 5700여 명의 일본군들은 B급 혹은 C급 전범으로 기소돼 이 가운데 984명이 처형됐다. 그러나 이중에는 조선인 148명이 포함돼 있었다. 일제가 전쟁 책임을 회피하기 위해 포로 감시원으로 강제 동원했던 조선인들이었다.

당시 3300여 명이 끌려가 태국, 인도네시아 등 동남아시아의 연합군 포로수용소에서 감시원으로 있었는데, 패전 후 이 포로 감시원들 가운데 148명에게 포로 학대 혐의가 적용됐다. 조선인들은 군대에 끌려갈 때도 국가와 민족의 보호를 받지 못했고, 전쟁이 끝난 뒤에도 남의 죄까지 뒤집어쓰는 억울한 위치에 남아 있었다. 1946년 5월의 상황이었다.

도쿄 재판의 파행성은 재판관으로 참여했던 각국 법조인들에게도 비판이 돌아갔다. 그러나 아무리 파행적으로 진행되었다 하더라도 군국주의의 심판이라는 명분은 걸려 있었다. 하지만 조선은 그 심판의 기회를 가질 수 없었다. 조선은 없었다.

이 상황을 더글러스 맥아더 장군의 휘하에서 미국의 첩보작전을 이끌던 찰스 윌로비 장군은 당시 재판관 중 한 명인 롤링 판사와 만난 사석에서 이렇게 요약한 바 있다. "도쿄 전범 재판은 인류 역사가 기록된 이래 최악의 위선이다."

미완으로 남은 판결

1951년 4월 11일 트루먼 대통령은 맥아더를 연합국 총사령관에서 해임했다. 그해 가을 연합국과 일본은 샌프란시스코 강화조약을 맺었고, 이듬해 4월 28일, 조약이 발효되면서 비로소 일본은 주권을 찾았다. 1945년 8월 패전한 뒤 6년 8개월 만이었다.

샌프란시스코 강화조약 11조는 다음과 같은 내용을 적고 있다. '일본국은 극동군사재판소 및 일본국 내외의 전범에 대한 판결 judgement을 수락하고…' 즉, 일본은 국제법적으로 어떤 조건도 없이 도쿄 전범 재판의 판결 내용을 수용했다. 그러나 오늘날 일본의 우익 세력들은 도쿄 전범 재판의 정당성 자체를 부정하면서 그들이 저지른 침략 전쟁을 미화하고 있다. 평화 헌법을 개정하고 더불어 자위군이라는 이름 아래 다시 군사대국의 길을 뚫으려 하고 있다.

장기적인 경기 침체는 일본에 군국주의 망령을 불러오게 만들었다. 지금 일본에서는 위기감을 극복하는 방법으로 미국이 심어놓은 잘못된 사회시스템과 교육체계를 바로잡아 일본만이 갖고 있는 '국민의 역사'를 회복해야 한다는 주장이 나오고 있다. 왜일까? 왜 아직도 이렇게 전범을 인정하지 않는 또다른 21세기 전범들이 등장하고 있는 걸까? 이 질문의 중심에 '도쿄 전범 재판'이 있다.

인류가 전쟁범죄에 대해 정의를 내리고 이를 처벌해야겠다는 인식을 갖게 된 것은 20세기 이후였다. 1907년 네덜란드 헤이그에서 열린 만국평화회의 자리에서 독가스 사용 금지, 포로 학대 금지 등의 법규를 담게 됐는데, 이런 분위기에서 두 개의 전범 재판이 열리게 됐다. 하나는 나치 전범을 처벌하기 위해 독일에서 열린 '뉘른베르크 국제군사재판', 다른 하나는 일본 전범을 처벌하기 위해 일본에서 열린 '극동국제군사재판'이었다. 전범 처단이라는 목적은 같았지만 두 재판은 과정과 결과에서 많은 차이가 있었다.

나치 독일도 뉘른베르크 국제군사재판을 통해 단죄를 받았다. 뉘른베르크 재판도 도쿄 재판과 마찬가지로 '승자의 재판'이었다. 하지만 나치 독일의 지도자들을 단죄한 것이 잘못됐다며 나치의 과거를 정당화하는 주장은 듣기 힘들다. 지금도 나치 전범과 부역자들을 색출해 법정에 세우는 작업이 계속되고 있다. 게다가 독일의 경우 재판 과정에서 낱낱이 드러난 나치의 반인도적 범죄는 그 자체로 독일 국민에게 큰 교육이 됐다. 특히 독일은 뉘른베르크 재판 정신을 잇기 위한 후속 조치로 특별법을 제정했고, 반인도적 범죄 처단을 국내 형법 규정에 넣어 그 정신을 계승했다.

하지만 도쿄 재판에서는 일본의 침략 행위를 단죄하는 데 주력했을 뿐 전범 처벌과 관련한 후속 법 제정 등의 노력이 없었다. 후에 총리가 된 기시 노부스케, 전후 우익 실세 사사가와 료이치 등은 60여 년 전 도쿄 재판에서 사면된 A급 전범들이다. 이들은 다시 전후 일본의 주류가 되었다. 현재 총리인 아베 신조는 기시 노부스케의 외손자이다. 범죄자들과 후손이 그대로 일본 정계를 주도하게 된 것이다. 이뿐 아니다. 처형된 7명과 복역 중 사망한 7명 등 전쟁을 지휘한 지도부 14명은 1978년 후쿠타 내각 때 야스쿠니신사에 이름이 올려져 비밀리에 합사됐다.

도쿄 전범 재판은 일본의 과거 청산과 평화를 존중하는 보편적 가치관의 확산에 기여를 하기도 했다. 그렇지만 미국의 일방적인 영향력 아래 재판이 진행되면서 본래의 취지는 많이 퇴색했다.

도쿄 전범 재판 60주년을 맞은 2006년 일본에서는 두 가지 모습이 눈에 띄었다. 정치권에서는 재판의 정당성을 부정하고, A급 전범 14명이 합사돼 있는 야스쿠니신사를 참배한 것이다. 또다른 일본의 모습은 도쿄 전범 재판에 대한 무지와 무관심이었다. 아사히 신문의 여론조사 결과, 일본 국민의 70퍼센트가 도쿄 전범 재판의 내용을 모른다고 했다. 이 비율은 특히 젊은 층이 높아 20대의 90퍼센트가 '모른다'고 대답했다. 재판이 있었던 사실조차 모른다는 응답도 있었다.

일본 의회는 1999년 히노마루와 기미가요를 국기와 국가로 규정한 법률을 제정했다. 2005년에는 히로히토 일왕을 기리는 '쇼와의 날'을 제정하는 법안을 통과시켰다. 아베 정권 때인 2006년에는 연합군 점령기 때 만들어진 교육기본법을 59년 만에 개정해 국가에 대한 애국심을 강조했다. 일왕을 국가원수로 규정한 자민당 헌법 초안을 바탕으로 개헌도 추진하고 있다. 하지만 아베 정권의 이런 움직임은 제2차세계대전 뒤 정해진 일본의 국제사회 복귀 조건을 정면으로 부정하는 것이다. 도쿄 전범 재판은 60여 년 전에 끝났다. 하지만 아직 미완으로 남아 있다.

참고 자료

기억과 망각 다나카 히로시 외, 이규수 역, 삼인, 2000
패배를 껴안고 존 다우어, 최은석 역, 민음사, 2009
히로히토 평전 허버트 빅스, 오현숙 역, 삼인, 2010

3부 시대의 맥박, **살아 있다**

01 귀신폭탄
02 살인사건을 빌미로 살인하지 말라
03 503번의 승리
04 파락호의 비밀
05 6264
06 두 개의 폭탄
07 조선의 맥박

vivus
01

귀신폭탄

적진에서 괴물체가 날아와
땅에 떨어졌다

왜군들은 모두
귀신이 한 짓이라 생각했다

1592년 임진왜란
일본군을 혼비백산하게 한
조선의 비밀병기가 있었다

날 비飛
하늘에서 날아와

부딪칠 격擊
땅에 떨어진 후

하늘을 울리는 우레震天雷
천지를 울리며 터지는 폭탄

비격진천뢰飛擊震天雷

비격진천뢰, 중완구

비밀병기의 핵심 1

폭발 지연 장치

"빨리 폭발시키려면 10회를
더디게 폭발시키려면 15회를 감는다."
— 조선시대 병기 서적 『융원필비』

화약선의 길이로
폭발 시간을 조절하고
화약선이 화약에 닿지 않게
죽통에 넣어 차단한다

"완구(박격포)에 실어 발사하면
300보(약 500미터)를 날아간다."
— 『융원필비』

화포를 이용해 멀리까지 발사가 가능한 시한폭탄

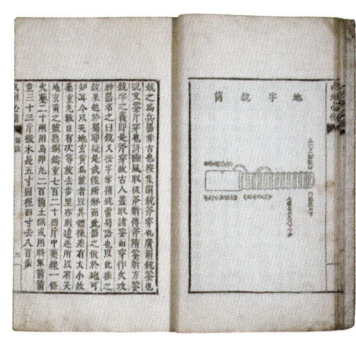

박종경의 『융원필비』

폭발 시간을 조절하는 기술이 없던 시대
당시의 포탄은 폭발하지 않는
단순한 고체 덩어리였다

그러나

심지에 불을 붙이고
기구를 이용해 발사하면
적진에 떨어진 후에야 폭발하는
신개념 폭탄

일본군에게 비격진천뢰는
공포의 대상이었다

비밀병기의 핵심 2

**폭탄 안에 화약과 함께 넣은
날카로운 쇳조각**

"쇳조각이 별가루처럼 흩어져
맞은 자는 즉사했다."
— 일본의 사료 『정한위략』

폭발과 함께
다수의 적군에게 치명상을 입히는
살상용 작열포탄

"왜적들은 비격진천뢰를 가장 두려워했다."
—『징비록』

김인화의 『진주대첩 기록화』

1592년 9월
경주성 탈환에 뒤이은
10월 진주대첩

"당시 일본의 대포기술은…
조선을 따라가지 못했다."
– 일본의 사료 『병기고』

일본군 **3만여 명**
조선군 **3천 800여 명**
단 **6일간**의 전투

조선은 승리를 거둔다

조선의 강병을 위한 꿈이자
조선 과학기술의 집약체
보물 제860호 비격진천뢰

귀신폭탄

국가사업이 된 화약 제조

누군가는 인류의 역사를 두고 전쟁의 역사라고 말한다. 그만큼 전쟁은 끊이지 않았고 인류의 전쟁사는 여러 신무기의 개발로 전환점을 맞이했다.

시대를 바꾼 신무기 가운데 가장 획기적인 것은 화약 무기였다. 화약 무기가 등장하면서 전쟁의 양상이 달라졌다. 칼이나 창은 일대일로 맞닥뜨려 전투를 벌이게 했지만, 화약은 더 멀리 떨어진 곳의 더 많은 적의 목숨을 앗아갈 수 있게 했다. '대량 살상'이란 말이 화약과 함께 탄생했다. 화약은 전쟁을 더욱 참혹하게 만들었다.

화약은 9세기 중국에서 처음 발명됐다. 불로장생의 환약을 만들려다가 우연히 발명된 것이었다. 이 신기한 혼합물을 중국에서는 불꽃놀이나 폭죽으로 썼다. 하지만 사람들은 곧 그것이 무기가 될 수 있음을 알아차렸다. 그때부터 화약 제조법은 국가 기밀이 되었다.

중국의 4대 발명품으로 종이, 인쇄술, 화약, 나침반을 꼽는다. 이 가운데에서 화약 제조법은 중국만이 알고 있던 '비법 중의 비법'이었다. 당시 고려는 해안가에 얼씬대는 왜구를 꼼짝 못하게 할 방책을 찾고 있었다. 화약 무기는 아주 효과적이었지만 화약을 자체 생산할 수 없던 조선은 매번 중국에서 화약을 수입해왔다.

병기 전문가였던 고려 장군 최무선은 어떻게 하면 화약을 직접 만

vivus 01

들 수 있을까 실험을 거듭했다. 화약 제조의 핵심은 '염초(질산칼륨)'에 있었는데, 그 비법을 알아내기가 쉽지 않았다. 그는 수시로 중국인들이 오가는 벽란도에 가서 화약 제조에 대해 아는 사람이 없는지 수소문했다. 그러다가 이원이라는 중국인 기술자를 알게 되었고, 그로부터 어렵게 염초 얻는 법을 배웠다. 보안이 철저히 유지되었던 기술이었지만 중국이 혼란한 원명 교체기였기에 가능했다.

최무선이 드디어 1375년 화약 제조에 성공, 고려는 화약을 자체 생산하기에 이른다. 이후 그는 화통도감을 설치하고 화포, 화통, 철령전 등 20여 점의 화약 무기를 개발했다.

최무선이 만든 화포의 힘은 대단했다. 당시 해전에서 기본 전술이라고 하면 배를 적선에 부딪혀 격침시키는 전술뿐이었는데, 화포가 생기면서 멀리 포를 쏘는 전술이 가능해졌다. 화약 무기를 이용해 적의 함선을 공격하는 새로운 전술이었다. 이로써 고려 수군은 1380년 일어난 진포해전에서 100척의 배로 왜구의 500척 함선을 초토화할 수 있었다. 진포해전의 장면은 『고려사』에 다음과 같이 기록되어 있다.

"화포를 사용하여 적선을 소각하였는데 (…) 연기와 불길이 하늘을 덮었고, 배를 지키던 적병들은 거의 타죽었으며, 바다에 뛰어들어 죽은 자들도 많았다."

진포해전은 화포가 장비된 전함에서 함포 공격이 이뤄진 세계 최초의 전투였다. 그뒤로 200여 년 뒤에야 서양에서는 대포를 배에 실어 싸우는 해전을 치르게 된다. 1570년대 유럽의 연합 함대가 오스만투르크 함대와 격돌한 레판토 해전 때였다.

고려시대에 급속도로 발전하던 화약 무기는 조선 초기에 오면서 잠시 주춤했다. 하지만 조선은 곧 다시 화약을 애타게 찾을 수밖에 없게 되었다. 평안도와 함경도 지방의 여진족들 때문이었다. 두만강 너머의 여진족들은 강이 얼어붙는 겨울만 되면 남쪽으로 넘어와 식량을 빼앗고 사람들을 잡아갔다. 조선의 모든 장수는 무과에 합격하면 두만강변에서 근무해야 하는 의무 규정까지 생길 정도였다.

'강병'에 힘을 쏟아야 했던 세종은 곧 새로운 병기를 개발하라고 명했다. 무기 기술자들에게 지금까지의 화약 무기를 정리하는 동시에 무기를 개량하도록 했다. 이후 우리나라 권총의 시원이라 할 수 있는 세총통이 발명돼 여진족 토벌에 사용됐다. 대대적인 화기 개량에 나선 결과 '일방다전一放多箭법', 즉 한 번에 여러 발의 화살을 날려보낼 수 있는 새로운 화포도 만들어냈다. 조선의 화포 기술은 비약적으로 발전했다. 기껏해야 400보(약 660미터) 정도 나가던 화포의 사정거리가 세 배 이상 늘어났다. 이렇게 세종은 화기를 개량화, 표준화하는 작업을 추진했고, 이를 1448년에 화포 및 화약 사용법에 관한 책 『총통등록』 출간으로 마무리했다.

조선은 화약을 제조할 수 있다는 사실에 상당한 자긍심을 갖고 있었다. 조선은 이 기술력을 불꽃놀이를 통해 과시했다. 한양에 도착해 불꽃놀이를 본 일본 사신들은 '사람이 아니라 귀신이 하는 일'이라고 할 만큼 충격을 받았다. 이미 고도의 화약 무기를 개발해 쓰고 있는 중국인들조차 조선이 보여주는 불꽃놀이를 보면서 감탄할 정도였다. 세종 때에는 화약의 발달이 중국을 능가할 정도여서, 기술 유출을 막기 위해 불꽃놀이가 금지되기도 했다.

화약 제조는 조선의 국가적인 사업이었다. 조선에는 화약 제조를 위해 특별히 구성된 취토군取土軍이라는 병과도 따로 있었다. 취토군의 임무는 화약에 필요한 흙을 채취해오는 것이었다. 당시 쓰이던 화약은 흑색 화약이었는데, 근대 이후의 무연 화약과 달리 검은 연기를 냈다. 숯가루가 많아서였다. 숯(목탄) 15퍼센트, 유황 10퍼센트, 질산칼륨 75퍼센트를 혼합해 만든 화약이었다. 이 화약 재료 가운데 황이나 숯은 얼마든지 구할 수 있었다. 문제는 염초 또는 초석이라고 불리는 질산칼륨이었다. 염초는 동물의 시체나 배설물 등에 박테리아가 작용하여 생기는 하얀 물질로 일명 함토, 또는 엄토라 불리는 숙성된 흙에서 얻을 수 있었다. 제일 구하기 좋은 곳이 사람이 많이 사는 집의 마루 밑이나, 화장실 옆이었는데, 이런 곳에서 흙을 퍼오기란 쉽지 않았다. 함토의 채취가 제대로 이뤄지지 않자 임금은 '특별 취토령'을 선포하기도 했다. 어렵사리 덤프트럭 한 대의 흙을 구해놓았다 해도 여기서 염초는 밥 공기 하나 정도만 얻을 수 있었다. 조선시대에 조총에 총알을 넣어 한 발 발사하기란 쉬운 일이 아니었다.

임진왜란은 화약전쟁

임진왜란이 시작된 것은 1592년 4월 13일, 부산에 침입한 왜군은 불과 20일 만에 한양을 점령했다. 왜군의 손에는 '조총鳥銃'이라는 신무기가 들려 있었다. 조선의 화약 무기를 부럽게 바라보던 일본이 자신들만의 화약 무기를 만든 것이다. 1543년 일본에 도착했던 포르투갈인의 화승총을 연구한 결과였다. 이로써 사무라이의 칼싸움 전통은 역사 저편으로 사라지고 칼 대신 총을 들고 일본은 조선을 침략했다.

조선은 신무기로 무장한 왜군에게 반격 한 번 제대로 하지 못했다. 조선 최고의 장수 신립이 이끄는 조선군이 충주 근처 탄금대에서 열심히 싸웠지만 금세 백기를 들었다. '조총'을 이용한 왜군의 보병 전술에 조선군은 맥없이 무너졌다. 그러나 해전은 달랐다. 이순신이 이끌던 수군은 곳곳에서 전세를 뒤집었다. 이순신이라는 명장도 있었지만 고려 말기부터 개발해온 화포의 힘을 무시할 수 없었다. 대형 화포는 위기의 순간에 위력을 나타냈다. 해전에 관한 한 왜군은 조선 수군의 상대가 되지 않았다. 최무선이 세계 최초로 고안한 함선 내의 화포 사용 전술을 계승한 조선군을 당해낼 재간이 없었던 것이다. 임진왜란은 한마디로 '조총' 대 '충통銃筒'의 대결이었다.

임진왜란을 거치면서 화약 무기 연구는 또 한 차례 속도를 내기 시작했다. 이를 모방해 임진왜란 발발 이듬해인 1593년, 조총 개발에 성공했고 승자충통 등 기존 무기에 대한 대대적인 혁신작업도 이뤄졌다. 그리고 조선의 가장 독창적인 화기로 손꼽히는 '비격진천뢰'도 개발됐다. 조선의 무기는 전쟁을 겪으며 조금씩 업그레이드되었다.

조선시대 과학기술의 정수, 비격진천뢰

임진왜란은 화약 무기들이 대거 출동한 전쟁이었다. 이 무기들 가운데에서 '비격진천뢰'는 최고의 발명품이라 할 만했다. 당시 대포에서 발사하는 포탄은 동서양을 막론하고 폭발하지 않는 단순한 고체 덩어리였다. 포탄이 적진에 도달할 때까지 폭발을 지연시키는 기술을 개발할 수 없었기 때문이다. 따라서 포탄은 주로 성이나 선박을 공격해 충격을 주거나 무너뜨리는 용도로 사용됐다. 하지만 비격진천뢰는 적이 있는 곳에 도달할 때쯤 폭발할 수 있도록 만들어졌다.

일종의 시한폭탄이었다.

조선의 비격진천뢰는 지름이 21센티미터, 무게가 22.6킬로그램으로 동그란 탄환 모양이었다. 이 안에는 대나무통이 들어 있고, 이 대나무통에 화약선(도화선)이 감겨 있었다. 다음은 조선의 병기서적인 『융원필비』에 나오는 설명이다.

"포탄 입구에는 안팎의 줄이 있고, 한 마디 대나무를 포탄 바닥에 세우고, 안쪽으로 줄을 꺾으며, 대나무 마디 옆으로 심지 구멍을 뚫고, 또 단나무를 톱으로 홈을 판다. 빨리 폭파시키려면 10회의 구비를, 더디게 폭파시키려면 15회의 구비를 만드는데 폭파 속도는 이에 달려 있다."

화약선을 대나무통에 감는 횟수에 따라 폭파 시간을 조절할 수 있는, 이 혁신적인 아이디어를 낸 발명가는 선조 때 경주의 화포장인이었던 이장손이었다. 비격진천뢰는 1리(약 400미터)를 날아간 뒤에 폭발했다. 적진에 떨어져 큰 소리와 함께 폭발하는데, 그 안에 들어 있는 '마름쇠'라 불리는 작은 철편이 쏟아져나와 적을 해치도록 설계됐다. 인명 살상용 무기였다. 고속으로 튀어나온 철조각은 치명적이었다. 이순신 장군의 『난중일기』, 류성룡의 『징비록』에도 역시 이 신무기에 대한 기록이 나온다.

"좌병사 박진은 군사를 경주성 밑에 몰래 매복시켜놓았다가 비격진천뢰를 성 안으로 쏘니 왜적들이 있는 객사 뜰 안에 떨어졌다. 그런데 왜적들은 그것이 어떻게 만들어졌는지를 알지 못하여 다투어 모여들어 이것을 구경하고 서로 밀고 굴려보기도 하면서 살펴보았는데 갑자기 포가 그 가운데로부터 폭발하여 소리가 천지를 진동하고 쇳조각이 별처럼 부서져서 흩어지니 이를 맞고 즉시 쓰러져 죽은 사람이 30여 명이나 되었다."

경주성은 임진왜란 당시 일본군 공격에 힘없이 무너졌던 곳이었다. 조선 사람들은 카토오 기요마사 휘하의 왜군들에게 함락되었던 치욕을 잊지 않고 있었다. 그리고 수개월 뒤인 1592년 9월, 조선은 함락됐던 경주성을 되찾았다. 처음 보는 이상한 물체에 허를 찔린 일본군은 혼비백산해 도망쳤다. 일본측 기록인 『정한위략』에는 이런 구절이 나온다.

"적진에서 괴물체가 날아와 땅에 떨어져 우리 군사들이 빙 둘러서 구경하고 있는데 이것이 갑자기 폭발해 그 소리가 천지를 흔들고 철편이 별가루같이 흩어져 맞은 자는 즉사하고 맞지 않은 자는 넘어졌다."

비격진천뢰는 육전, 해전을 가리지 않고 승리를 이끌었다. 일본의 병기 전문가 아리마 세이토는 『조선역수군사』란 책에서 "비격진천뢰의 발화장치는 매우 교묘하다. 그것은 화공술로는 획기적인 일대 진보"라고 그 위력을 높이 평가했다. 귀신처럼 날아드는 비격진천뢰 때문에 조총부대는 전술을 바꿔야 했다. 당황한 왜군은 평지 전술을 포기하고 숨어 있다가 급습하는 게릴라전술을 선택했다.

이외에 조선시대에는 조선의 기술력을 드러내는 신무기들이 적지 않았다. 가장 작은 화기이자 권총의 원조격인 세총통은 조선의 과학기술의 수준을 보여준다. 영화 〈최종병기 활〉에 나온 '편전'은 당시 적들이 두려워했던 조선의 비밀병기였고, 역시 영화로 제작돼 많이 알려진 '신기전'도 조선의 대표 신무기였다. 세종 때 개발돼 문종 때 대량 발사된 신기전은 근대 로켓의 전신으로 그 시작은 1377년 고려 최무선의 주화走火로 올라간다. 화약의 추진력으로 화살을 쏘았기 때문에 이런 이름이 붙었는데 주화는 조선시대에 이르러 신기전으로 재탄생했다.

신기전은 활에 화약을 달아 빠르고 멀리 날아가게 할 수 있었고 한 번에 백 발 정도를 발사할 수 있는 발사틀도 갖추고 있었다. 당시로서는 놀랄 만한 수준이었다. 임진왜란 당시 권율과 이순신 장군은 왜구를 물리치는 주요한 무기로 신기전을 사용했다.

그러나 조선 중기 이후, 주자학이 중국에서 들어오면서 과학기술과 공업을 천시하는 분위기가 생겼고 무기 개발은 뒷전으로 밀렸다. 실학자 정약용이 고려 때 화통도감을 설치한 것과 같이 조선시대에도 이용감을 설치해 기술개발을 게을리해서는 안 된다고 했지만 이 주장은 받아들여지지 않았다.

이런 가운데에서도 세계 최고 수준이었던 활 '편전', 고려 말 최무선이 개발한 '주화', 충무공 이순신의 해상 탱크 '거북선', 조선의 로켓무기 '신기전', 자체 폭발력을 지닌 '비격진천뢰' 등과 같은 독창성이 빛나는 무기들과 그에 얽힌 이야기는 오늘날 우리에게 전해지고 있다. 이중에서도 비격진천뢰는 우리만의 독창적 무기이자 조선왕조가 지니고 있었던 과학기술의 힘을 가늠할 수 있게 하는 중요한 유물이다. 현재 비격진천뢰는 보물 제860호로 지정돼 있다.

참고자료

화염 조선 박재광, 글항아리, 2009
한국의 전투와 무기 신현득, 현암사, 2008
한국 무기의 역사 이내주, 살림출판사, 2013

vivus
02

살인사건을 빌미로 살인하지 말라

원한, 패륜, 복수
조선을 뒤흔든 살인사건들!

곤장형 집행 장면을 그린 김윤보의 『형정도첩』

현장에 떨어진 새똥

시신의 틀어진 정도와 부패 상태

관리들이 살인사건을 처리하는 과정을
역추적하는 한 남자

남자가 은밀히 파헤친 살인사건은
모두 142건이었다

대체 왜 그는 살인사건에 주목했을까?

"사건이 제대로 조사되지 않는다면
봉분을 파헤쳐서라도 검시를 해야 한다.
의심스러운 일로 백성이 억울하게 죽어서는 아니되며
죽은 자의 원통함도 법으로 풀어줘야 한다."
— 『심리록』

참수형 장면을 그린
김윤보의 『형정도첩』

살인사건이
무성의하고 형식적으로
처리되는 것을 본 정조

이는 관리들이
형법에 무지하기 때문이라고 판단하고
계몽 방법을 찾도록 명을 내린다

"살려야 할 사람은 죽이고
죽여야 할 사람은 살리고서도
태연하고도 편안할 뿐 아니라,
비참함과 고통으로 울부짖는 백성의 소리를 듣고도
구제할 줄 모르니 화근이 깊어진다."

그후

정약용이 세상에 내놓은 30권 10책

흠흠신서 欽欽新書

경사요의經史要義 3권
범죄인에게 적용할 형벌 규정과 지도 이념 기술

비상전초批詳雋抄 5권
사실인정 기술과 살인사건의 문서 작성 요령 제시

의율차례擬律差例 4권
살인사건의 유형과 죄인에 대한 세분화된 형량 제시

상형추의祥刑追議 15권
142건의 살인사건을 22종으로 분류, 전 과정을 기록

전발무사剪跋蕪詞 3권
정약용이 관여했던 사건 기록과
매장한 시신의 굴검법堀檢法 제시

조선 최고의 법률연구서이자
살인사건에 대한 실무 지침서요, 재판학적 법정서인
『흠흠신서』

이는 죽은 자의 원통함을 풀어주고
무고한 백성을 잃지 않기 위한
진실을 보는 눈이었다

살인사건을 빌미로 살인하지 말라

함봉련 사건을 재수사하라

정조 23년 1799년 4월, 황해도 곡산부사로 있던 정약용은 조정으로 급히 복귀한다. 정조는 정약용을 불러 형조참의에 임명하고 전국의 형사사건을 모두 재검토할 것을 명했다. 특히 정조는 10여 년 전 일어난 오래된 형사사건 하나를 강조하며 꼭 다시 살펴보라고 했다.

정조가 특명을 내렸던 사건은 양주의 관아 창고를 관리하는 나졸 서필흥이 김태명이란 사람에게 꾸어 쓴 환곡을 갚으라고 독촉하러 갔다가 김태명의 종인 함봉련에게 맞아 숨진 사건이었다. 한성부와 형조에서 세 번이나 합동조사를 한 결과, 범인은 함봉련으로 결론이 난 상황이었다. 승정원에서도 같은 의견을 내놨지만 정조는 뭔가 미심쩍었다. 사형에 대한 판결은 오직 왕만이 내릴 수 있었는데 정조는 이 사건에 대해 10년 넘게 형 집행을 미루고 있었다.

정약용은 사건 기록과 시체 검험서 등을 꼼꼼하게 살펴보기 시작했다. 시체 검험서에는 죽은 나졸의 가슴 한 곳이 검붉고 딱딱하며 그 둘레는 3촌 7푼(12.2센티미터)이고, 코와 입이 피로 막힌 것 외에는 다친 자국이 별로 없다고 적혀 있었다. 사인은 '맞아 죽은 것'이라고 했다. 정약용은 직감적으로 함봉련이 억울하게 누명을 썼음을 알아차린다. 그리고는 형사 판결에 있어서 중요한 세 가지를 손꼽는다. 그가 강조한 세 가지는 유족의 진술, 시체 검험서의 증거, 그리고 증언이었다. 정약용은 하나둘 역추적해나가기 시작했고 끝내 다음과 같은 사실을 밝혀냈다.

　김태명은 마을의 유지, 함봉련은 힘없는 노비. 따라서 함봉련에게 죄를 뒤집어씌우기 위해 조작된 증언만이 채택됐다. 또한 나졸이 죽기 직전 자기를 죽인 범인 이름이 김태명이란 사실을 아내에게 알렸음에도 불구하고, 나졸 아내의 증언은 수사 초기에 묵살되었다. 시체 검험서의 다친 자국과 유족의 진술이 서로 일치하는데도 오로지 한쪽의 꾸며낸 말만 믿고 엉뚱한 사람을 범인을 만들었던 것이다. 정약용은 함봉련이 무죄라고 결론 내렸고, 대신 범인으로 김태명을 지목했다. 10년간 풀리지 않던 사건이 해결된 것이다.

　정조는 정약용의 보고서를 받자마자 곧바로 함봉련을 석방하고 김태명을 체포했다. 또한 함봉련에 대한 원래의 사건 문서는 모두 태워 없애도록 지시했다. 죄 없는 자에 대한 기록이 남아 있는 것은 부당한 대우라고 여겼기 때문이다.

신중하고 또 신중하라

　조선시대에 처벌은 엄중했다. 살인, 강도, 성범죄 등을 저지른 중죄인은 교수형에 처하거나, 죽을 때까지 때리도록 해서 엄하게 다스렸다. 곤장으로는 등과 관절을 때리지 못하게 하거나 3일 안에 다시 치지 못하게 하는 등 일정한 규정을 두어 시행케 했다. 하지만 이를 어기고 과도하게 때려 목숨을 잃게 하는 일들이 많았다. 정조는 즉위 직후, '흠휼欽恤(죄수를 신중하게 심의함) 전칙'을 반포하면서 형벌을 완화했다. 엄격하게 규정을 지키도록 해서 고문으로 죽음에 이르는 일이 없도록 지시했다.

또한 사형은 곤장이나 유배로 대신하도록 했다. 정조가 통치한 기간 동안 심리를 거쳐 내린 사형은 대상자의 3.2퍼센트에 불과했다. 사형 범죄인의 90퍼센트 이상을 사형에 처한 조선 전기와는 확연히 달랐다. 정조는 한 번의 재판으로 범죄인을 확정하지 않았으며, 의심스러운 사건은 재수사를 지시하는 등 필요한 경우 심리를 반복해서 진행했다. 덕치를 바탕으로 백성을 다스리려는 정조의 고민이 반영된 결과였다.

그러나 이 같은 임금 정조와 형조참의 정약용의 노력은 얼마 못 가서 중단되었다. 정조가 49세의 나이에 승하하고 그뒤를 이어 순조가 즉위하면서 개혁의 바람은 사그라들었다. 정약용은 포항, 강진에서 귀향살이를 하며 혹독한 시기를 보냈지만 학문적으로는 알찬 결실을 얻은 수확기였다.『흠흠신서』역시 바로 그 시기에 지어진 저서로, 1819년(순조 19년)에 완성되어 1822년에 간행되었다.

『흠흠신서』의 '흠흠'은 '삼가고 삼가라'는 뜻이다. 30권 10책으로 되어 있는 이 책은『경세유표』『목민심서』와 함께 정약용의 3대 역작으로 꼽힌다. 당시의 제도는 목민관이 입법·사법·행정의 삼권을 모두 손에 쥐고 있었다. 따라서 살인사건 등 특수한 사건이 발생하면 해당 지역 사또가 가장 먼저 현장에 달려가야 했고, 조선 각 고을의 형벌이나 재판 방식은 당시의 헌법이라 할 수 있는『경국대전』의 형전 내용에 따랐다.

정약용은『흠흠신서』가 '법을 잘 모르는 목민관'을 위한 형법 참고서가 되길 기대했다. 억울한 죽음을 방지하려는 목적이었다. 『흠흠신서』는 우리 법제 사상 최초의 율학 연구서이자 동시에 살인사건 심리 실무지침서이기도 하다. 법률적인 접근뿐 아니라, 법의학, 사건의 조사와 시체 검험 등 과학적인 측면을 포괄하고 있다. 정약용은 이 책에서 무엇보다 생명에 관한 범죄는 살피고 또 살펴서 조심스럽고 성실하게 공정히 처리해야 함을 강조했다.

"오직 하늘만이 사람을 살리고 죽이니 인명은 재천이라 한다. 그런데 지방관은 그 중간에서 선량한 사람은 편히 살게 해주고 죄 지은 사람은 잡아다 죽일 수 있으니, 이는 하늘의 권한을 드러내는 일이다. 사람이 하늘의 권한을 대신 쥐고서 삼가고 두려워할 줄 몰라 털끝만 한 일도 세밀히 분석해서 처리하지 않고서 소홀히 하고 흐릿하게 하여, 살려야 하는 사람을 죽게 하기도 하고 죽여야 할 사람을 살리기도 한다. 그러면서도 오히려 태연하고 편안하게 여긴다. 또는 부정한 방법으로 재물을 얻고 부인들을 호리기도 하면서, 백성의 비참하게 절규하는 소리를 듣고도 그것을 구휼할 줄 모르니 이는 매우 큰 죄악이다."

정약용은 서문의 마지막을 "삼가고 또 삼가는 것이 형을 다스리는 근본이다"라는 말로 끝맺었다.

법은 그 마음을 처벌한다

『흠흠신서』에는 법 적용에 대한 그의 치열한 고민이 담겨 있다. 우선 과학 수사관으로서 정약용은 법의학을 토대로 한 철저한 수사를 누누이 강조했다. 그 예로 든 것이 1785년 경기 고양에서 일어난 실족사였다. 패싸움을 피해 도망치던 사람이 낭떠러지에서 떨어져 죽은 사건이 벌어졌다. 경기관찰사는 이를 '단순 실족사'로 처리했다. 발을 헛디뎌 떨어지면서 목뼈가 부러져 사망했다고 결론을 내린 것이다.

하지만 다산은 부러진 목뼈를 보고 타살이라고 주장했다. 스스로 떨어질 때는 무의식적으로 자신을 보호하려고 다리와 팔로 떨어지는데 죽은 사람의 다리, 발엔 상처가 없다. 목뼈만 부러졌을 뿐이다. 따라서 실족사가 아니라 무방비 상태에서 누군가에게 떠밀려 낭떠러지로 떨어진 것이라고 결론지었다.

명판관으로서의 면모도 엿볼 수 있다. 정약용은 『흠흠신서』에서 처벌의 대원칙을 제시한다. '법은 그 마음을 처벌한다'였다. 범죄의 의도를 잘 살펴야 공정한 판결에 도달할 수 있다고 보았다. 살인사건의 경우 판결할 때 범인이 고의성이 있느냐 없느냐를 가려서 고의성이 없을 경우 정상을 참작해야 한다고 말했다. 그 사례로 정조 22년 1798년에 일어난 신착실 사건을 예로 들었다.

황주에 사는 신착실은 엿장수였다. 엿을 팔 때 외상으로도 주었는데 박씨는 엿을 두 개나 먹고도 갚을 생각을 하지 않았다. 그해 말 신착실은 박씨 집에 가서 엿값을 달라 독촉했다. 돈 줄 사람이 줄 생각은 않고 버티자 시비가 붙었고, 신씨가 무심코 박씨를 떠밀었는데 공교롭게도 마침 뒤에 있던 지게뿔이 박씨의 항문에 정통하고 말았다. 지게뿔은 복부까지 치밀고 올라왔고 박씨는 그 자리에서 숨을 거두고 말았다.

엿값 이 푼 때문에 살인을 했으니, 사형에 해당한다는 것이 중론이었다. 하지만 정약용은 정상참작을 해야 한다고 주장했다. 엿장수가 비록 사람을 떠밀기는 했으나 사람을 죽일 마음은 없었기에 고의성이 없으니 사형은 지나치다는 말이었다. 정조 역시 정상을 참작하여 신착실을 석방하도록 지시했다.

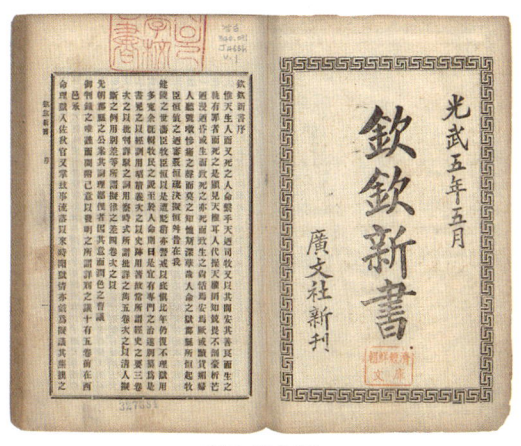

정약용, 「흠흠신서」

『흠흠신서』에는 정약용이 훗날 가슴을 치며 후회했다는 판결도 있다. 1807년, 강진에서 일어난 과부의 자살 사건이었다. 그가 유배 중이던 때, 강진 사또가 스물네 살 청상과부의 자살사건을 해결해달라는 부탁을 해왔다. 사건의 개요는 이렇다.

"고을의 하급장교 김모 씨가 과부 정모 씨의 마음을 사로잡으려 무던히 애를 썼지만 번번이 퇴짜를 맞았다. 김씨가 야음을 틈타 정씨의 집에 침입, 강제로 욕을 보이려다 실패로 돌아간 적도 있다. 심사가 뒤틀린 김씨는 자신의 동료를 사주, 허위로 정씨 가족을 관아에 고발했다. 김씨의 사주를 받은 포졸들이 정씨 집에 들이닥쳐 오라를 받으라고 소리쳤다. 정씨는 '붙들려 가면 정절을 잃을 것'이라 여겨 그만 목을 매고 말았다."

이 사건을 판결하면서 그는 결정적인 실수를 저지른다. '범인 김씨가 자식이 없어 대를 이으려 했기에 단순한 정욕과는 다르다'고 두둔한 것이다. 정약용은 『흠흠신서』를 쓰면서 이때의 판결을 후회하며 죄책감을 토로했다. '흠흠', 살피고 또 살피라면서 신중함을 강조했던 것은 아마 다산 스스로에게 한 말이기도 했을 것이다.

『흠흠신서』를 읽다보면 신분질서의 한계를 볼 수도 있다. 예를 들어 술에 취해 행패를 부렸다는 이유로 상민을 사사로이 죽인 양반을 "세상에 가증스러워 죽여야 할 이는 도리에 어긋나는 상놈들이며, 이 양반은 공공의 일을 대신했을 뿐"이라고 변호한다.

『흠흠신서』는 인권을 중시하고 죄인의 형벌에 공정성을 기하려 한, 법 앞에 평등을 실현하려 했던 시대의 뜻과 의지가 집대성된 저서였다. 그 속에는 정조가 펼치고 정약용이 완수하려 했던 애민사상이 담겨 있었다.

법과 정의는 시대를 불문하고 사회 유지를 위해 갖춰야 할 핵심적인 가치들이다. 어느 시대든 이를 지키기 위한 노력은 계속되어 왔다. 조선 개국 후 『경국대전』으로 법의 토대를 세웠지만 이는 현실에 적용시킬 수 있는 실질적인 법이 되지는 못했다. 이때 세종의 눈에 들어온 책이 『무원록』이었다. 국가의 성패를 법치와 정의의 실현으로 볼 정도로 세종 때부터 법의학의 연구, 과학 수사의 중요성은 중시되었다. 정조는 『경국대전』을 고친 『속대전』, 그 『속대전』도 놓칠 수 있는 법의 세부 내용을 『대전통편』을 통해 보강하도록 했다.

정조와 정약용의 합작물이었지만 큰 틀에서 볼 때 『흠흠신서』에 나타난 정약용의 생각은 정조와 엇갈린다. 정조는 관용과 용서를 강조했지만, 그는 법치와 징벌의 보완에 무게를 뒀다. 조선의 주자학자들은 인간의 선한 본성을 끝까지 믿었고 죄인은 용서와 교화의 대상이었으며, 정조는 이런 믿음이 굳건했던 군주였다.

정약용 역시 정조처럼 성선설을 긍정적으로 받아들였지만 다산은 법치를 통한 보완을 구상했다. 『흠흠신서』는 그의 이 같은 구상이 녹아들어 있는 형법서이다. 정약용은 사회의 부패한 곳을 도려내고 잘못된 관행을 바로잡아 진정한 왕도정치의 이상을 실현하고

자 했다. 약자의 편에서 세상을 바라보고 개선하는 것, 그것이 정조와 다산이 함께 바라보았던 지향점이었다.

참고자료

역주 흠흠신서 정약용 저, 박석무 역, 현대실학사, 1999
정약용, 조선의 정의를 말하다 김호, 책문, 2013
조선을 뒤흔든 16가지 살인사건 이수광, 다산초당, 2006

vivus 03

503번의 승리

"8대 내리 홍문관 벼슬을 한
옥당 집안의 아들이래!"

"왕이 총애해서 1년에 3품계씩
벼슬이 올랐다지!"

"그런데 어쩌다가 저렇게 쯧쯧…"

한양 떠나 20일 만에
도착한 유배지

그러나
현지 사람들의 냉랭한 반응

"죽어 마땅한 자에게 유배라니…"

유배지 현감은 어떻게 하면
꼬투리 잡을까 감시하고

등 돌린 친구들
낙심해서 공부를 멀리한다는 아들들
앓아누웠다는 아내까지…

그는
대나무 가지처럼
스스로 바싹 말라간다

다산이 강진 유배 때 기거하던 사의재 모습

"세상 꼴 보기 싫어 방문은 늦게 열고
찾는 손님 없을 줄 알아 이불도 늦게 개지."
- 「새해에 집에서 온 편지를 받고」

"누가 만약 채마밭을 빌려준다면
그 은혜 참으로 잊기 어려우련만."
- 「소장공 동파의 시에 화답한 여덟 수」

죽지 못해 이어가던
구차한 하루하루

그러던 어느 날!

"후세 사람들은
사헌부의 탄핵문과 재판 기록을 근거로
나를 평가하겠지…"

– 「서書, 두 아들에게 부침」

현실에선 죄인이지만
다음 세상에선 제대로 평가받고자
붓 붙들고 일어나
유배지에서
쓰고 또 쓰기를 18년

아들들에게도
간곡하게 당부한다

"너희는 폐족이라 벼슬하긴 어려워도
성심을 다해 공부하면
성인이 되기엔 족하다."

책을 쓰느라 방바닥에서 떼지 않았던
복사뼈에 세 번 난 구멍
왼쪽 어깨는 마비
잦은 체증과 부실한 영양
쌓인 울화 탓에 학질을 달고 살며
빈혈에 중풍까지

그렇게

182책 503권 완성!

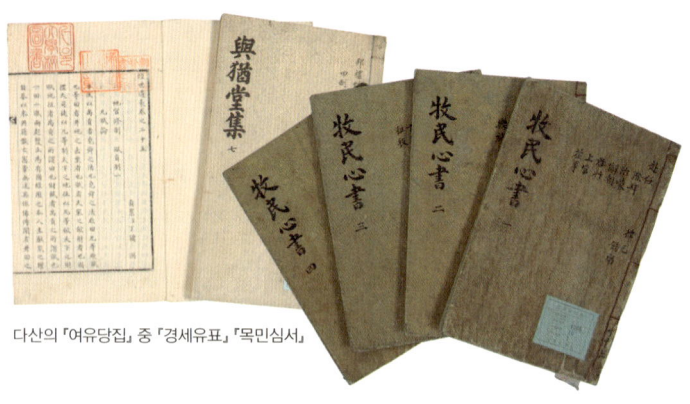

다산의 『여유당집』 중 『경세유표』 『목민심서』

"우리 동방에서 이런 학문은
이전에도 없었고, 앞으로도 없을 것."
―『매천야록』

좌절에 무너지지 않고
좌절을 껴안고 쓴
다산의 저술들

503권의 책은
503번의 승리였다

유네스코는 2012년 세계기념인물로
헤르만 헤세, 루소, 드뷔시, 그리고 다산 정약용을 꼽았다

503번의 승리

승승장구, 오르막길을 오르다

영조 38년인 1762년 6월 16일, 경기 광주군 초부면 마현리(지금의 남양주시 마재마을)의 정씨 집안에 아들이 태어났다. 5남 3녀 중 넷째 아들, 이름은 정약용이었다. 아버지는 울산도호부사를 지낸 정재원, 어머니는 해남 윤씨 가문, 고산 윤선도의 후손이자 화가로 유명한 공재 윤두서의 손녀였다. 정약용의 가문은 높은 사람만 될 수 있다는 옥당 관리를 8대 연속으로 배출하여 팔대옥당八代玉堂으로 불렸다. 다산의 가문은 양반 중에서도 양반이었다.

1762년, 시대는 혼란스러웠다. 정약용이 태어나기 한 달 전에는 조선 최대의 비극으로 꼽히는 '임오 사건(사도세자가 뒤주에 갇혀 죽은 참극)'이 일어났다. 아버지는 벼슬을 버리고 고향에 내려와 조용히 산천에 묻혀 지냈고 갓 태어난 아들이 벼슬을 하기보다는 농사나 지으며 행복하게 살라는 뜻으로 아들에게 '귀농歸農'이라는 아명을 지어주었다.

그러나 아버지는 얼마 뒤에 다시 벼슬길에 올랐다. 비록 아홉 살 때에 어머니가 세상을 떠나긴 했으나, 다산은 아버지의 가르침을 받으면서 큰 어려움 없이 유년 시절을 보냈다. 다산은 어린 시절부터 영특했다. 일곱 살 때 〈작은 산이 큰 산을 가렸으니 멀고 가까움이 다르기 때문이네 小山蔽大山 遠近地不同〉라는 시를 써서 주위를 놀라게 했고 열다섯 살 때에는 이미 육경사서六經四書와 제자백가, 성호 이익

선생의 유고를 읽었다. 그는 요즘 말로 하면 '엄친아'이자, 상당히 전도유망한 청년이었다.

정약용은 스물두 살에 소과小科인 생원시에 합격해 성균관에 들어갔다. 이후 치르는 시험마다 대부분 수석을 차지했고, 스물여덟 살에는 대과인 문과에 급제했다. 20대에 대과까지 합격하기란 쉽지 않은 일이었다. 단연 군계일학이었다. 다산은 뛰어난 재능과 학문으로 열 살 위의 정조의 총애를 받았고 승승장구했다. 승진을 거듭해 31세에는 벼슬아치들이 최고의 명예로 여기는 옥당 관리에 임명됐다.

그러던 어느 날, 정조가 그를 급히 부른다. 수원화성을 축조하려고 하니 어서 성을 쌓을 설계도와 그 방법에 대한 계획서를 만들라는 것이었다. 이미 뒤주에서 죽은 아버지 사도세자의 묘를 수원으로 옮겨놓은 뒤였다. 치열한 붕당의 대결 속에서 왕위에 오른 정조는 수원에서 왕권을 강화하고 자신의 야망을 구현하고자 했다.

정조는 정약용에게 성의 설계도에 참고할 만한 서적이라고 하면서 『도서집성圖書集成』안에 있던 『기기도설奇器圖說』을 내려주었다. 중국에 와 있던 서양선교사가 쓴 과학기술 서적이었다. 사실 정약용은 20대부터 서양의 과학사상이나 기술에 대한 책들을 가까이 하고 있었다. 사돈지간이면서 친구였던 이벽을 통해 천주교 서적이나 서양의 책 등 서학의 상세한 안내를 받아왔기 때문이다.

정약용은 정조의 기대에 부응했다. 수원화성 행차를 위한 배다리

舟橋 건설뿐 아니라 수원화성 설계도, 수원화성 건설에 필요한 거중기 제작을 모두 깔끔하게 마무리지었다. 게다가 적어도 10년 이상은 걸릴 것이라는 예상과 달리, 3년도 채 되지 않아 화성 축조를 마무리했다.

정약용에 대한 정조의 신의는 매우 두터웠다. 오죽하면 100년에 한 명 나올까 말까 한 인재라는 칭찬을 했을까? 정약용은 병조참의(지금의 국방부 국장), 황해도 곡산부사, 부승지(지금의 대통령 비서) 등을 역임하며 탄탄대로를 달렸다. 임금뿐만이 아니라 백성들이 그에게 보내는 신의 또한 두터웠다. 정약용은 33세 때 암행어사로 경기도 각 지방을 순찰하면서 탐관오리의 폭정을 처벌해 백성들의 환호를 받았다. 36세 때 황해도 곡산부사로 나가 있을 적에는 지방 수령 2년 만에 여러 방면에서 크게 치적을 올렸다. 하지만 조정의 한편에서 그는 시기와 견제의 대상이었다.

마흔, 내리막길을 걷다

상승세를 달리던 정약용의 인생은 39세 때부터 꼬이기 시작했다. 정조가 갑작스레 사망하면서부터였다. 1800년 정조가 눈을 감자 정조의 새 할머니인 정순왕후 김씨는 어린 순조 대신 권력을 잡았다. 그녀와 함께 손을 잡은 이들은 노론 벽파였고, 이들이 적으로 삼은 남인 세력 즉, 정조의 측근들은 제거해야 할 표적이 되었다.

당시 남인 중의 상당수가 천주학을 신봉했는데 이 때문에 노론 벽파가 겨눈 화살은 천주교도로 향했다. 오래전에 천주교를 떠났던 정약용이었지만 그 화살을 피해갈 수 없었다. 정약용의 손윗 형제 두 명도 마찬가지였다. 의금부로 끌려간 형제 중 셋째형 정약종은 참수됐고, 정약용과 둘째형 정약전은 전라도와 경상도로 각각 유배됐다.

이틀 전 참수된 형과 매형 이승훈의 시신을 거두고 초상을 치러야 했지만 그럴 겨를마저 없었다. 1801년 2월, 한양을 뒤로 하며 유배길에 오르는 다산은 그날의 심정을 「돌모루 이별石隅別」이라는 시에 담는다. 돌모루는 지금의 반포대교 북단 용산구 서빙고쯤이다.

쓸쓸하고 처량한 돌모루 마을
가야 할 앞길 세 갈래로 갈렸네

숙부님들 머리 수염 하얗게 세고
큰 형님 두 뺨엔 눈물이 그렁그렁

가자꾸나, 다시는 돌아보지 말고
마지못해 다시 만날 기약을 남기면서

치열한 붕당 대결의 회오리에 집안은 쑥대밭이 되고, 거침없이 잘 나가던 이는 하루아침에 대역죄인이 되었다. 정약용의 나이, 마흔의 일이었다. 다산이 귀양을 간 지 9개월 뒤, 돌연 조정을 발칵 뒤집어 놓는 사건이 일어났다. 정약용의 조카사위 황사영이 청나라에 보내려던 밀서가 발각된 것이다. 배후로 지목된 정약용 형제는 다시 한양으로 올라와 극심한 고문을 받고 다시 귀양 보내진다. 이번에도 역시 각자 가야 할 길이 달랐다. 형 정약전은 흑산도로, 정약용은 강진으로 보내졌다.

1801년 동짓달, 초라한 행색으로 홀로 찾아드는 강진. '천주학을 믿는 죄인'이라는 말에 아무도 그를 받아주려 하지 않았다. 당시 사람들에게 천주교를 믿는 '서학쟁이'들은 제사도 안 모시려는 패륜아들로 여겨졌다. 사람들의 눈초리는 겨울바람보다 더 매서웠다. 정약용은 이때를 회고하며 "강진 백성들은 귀양 온 사람 보기를 큰 해독처럼 여겼다"고 했다.

다행히 주막집 노파가 그에게 뒷방 한 칸을 내주었다. 겨우 거처를 마련한 그는 석 달 동안 옷도 갈아입지 않은 채 두문불출했다. 그만큼 추스르기 힘든 고통의 날들이었다. 그러나 곧 정약용은 초라한 골방에 '사의제四宜齊'라 이름을 붙이고 새 삶을 시작한다. '생각은 마땅히 맑아야 하며, 용모는 마땅히 단정해야 하고, 언어는 마땅히 정중해야 하며, 동작은 마땅히 신중하게 해야 한다'는 의미로 방의 이름을 '네 가지를 마땅하게 해야 할 방', 사의제라고 지었다.

낯선 땅이었지만 강진에서도 곧 좋은 이웃들이 나타났다. 차 한 잔을 나눌 수 있는 말벗도 생겼다. 백련사의 학승인 혜장스님이었다. 정약용은 혜장을 만나러 산길을 따라갔고, 혜장은 언제나 차와 따뜻한 마음으로 그를 맞았다. 이 만남은 후에 다산이『대둔사지大芚寺誌』『만덕사지萬德寺誌』등 불교 관련 저술을 남기게 된 계기가 된다.

이후 보은산의 고성암 보은산방으로 거처를 옮긴 그는 이 지방의 새로운 제자들에게 학문을 가르치며 점점 강진에 뿌리를 내려갔다. 귀양살이 8년째 되던 1808년에는 만덕산의 초당으로 자리를 옮겼다.

"무진년(1808) 봄 다산으로 이사하였는데 이곳에다 대臺를 쌓고 연못을 만들었다. 줄을 맞춰 꽃과 나무를 심고 물을 끌어다 비류폭포를 만들었다. 동암과 서암 두 초막을 짓고 1000여 권의 장서를 두고 저술을 하면서 스스로 재미를 느끼고 살았다."

―『자선묘지명自選墓地銘』

예로부터 야생 차밭이 많아 다산茶山이라 불렸던 만덕산에 둥지를 틀면서 정약용은 이때 다산이라는 호를 붙인다. 자신이 기거하던 초당도 이름 하여 다산초당이 되었다.

다산학을 집대성하다

다산초당에서 그는 양반 자제 열여덟 명을 가르쳤다. 이른바 '다산학단'이라는 학파가 형성됐다. 정약용은 다산초당에서 책을 읽었고, 책을 썼고, 다산학이라는 웅장한 학문의 세계를 구축하였다. 스스로 술회하기를 밤낮으로 책을 쓰는 바람에 왼쪽 팔이 마비되어 폐인이 다 되었을 정도라고 했다. 영양 상태가 부실해 학질에 시달렸고, 빈혈과 중풍이 몸에서 떠날 날이 없었다. 그런 형편 속에서도 가족에 대한 미안함과 걱정을 잊지 않고 편지에 담았다. 오랜 세월 귀양살이를 하는 동안 부인 홍씨는 고향에서 혼자 논밭을 가꾸면서 집안 살림을 돌보았다. 다산은 그런 부인이 안쓰러웠던지 편지 곳곳에서 아내에 대한 미안함과 그리움, 연민의 정을 내비치곤 했다. 두 아들에게도 편지 쓰기를 잊지 않았다.

"너희들이 정말로 책을 읽으려 하지 않는다면, 나의 저서들은 쓸모없어진다. 결국 나는 할 일이 없는 사람이 되고 만다. 그렇다면 나는 앞으로 마음의 눈을 닫고 흙으로 빚은 사람처럼 될 뿐 아니라 열흘이 못 가서 병이 날 것이다. 이런 병은 고칠 약도 없을 것이다. 즉, 너희들이 독서하는 것은 내 목숨을 살려주는 것이다."

다산은 늘 '독서'를 강조했다. 산천오지에 갇힌 채, 외롭게 학문의 길을 파고들었다. 산수를 벗삼아 음풍농월하거나 임금에 대한 흠모의 정을 〈연군가戀君歌〉로 부르며 언제 한양으로부터 소식이 올지만 손꼽아 기다리지 않았다. 그는 있는 자리에서 쓰고 또 썼다.

"내 책이 후세에 전해지지 않으면, 후세 사람들은 사헌부의 보고서나 재판 서류를 근거로 나를 평가할 것이다."

정약용은 법적으로는 이미 죄인이 되었으나 역사는 자신을 새롭게 평가할 것이라고 믿었다. 그는 저술의 방향을 크게 두 줄기로 잡았다. 유교 경전을 해석한 '경학經學', 그리고 국가 경영의 방법을 제시한 '경세학經世學'이었다. 경학은 수기修己였고, 경세학은 치인治人이었다.

수기, 즉 자신의 몸과 덕성을 수양하기 위해 정약용은 '육경사서'에 대한 방대한 연구에 몰두했다. 그는 기존의 성리학적 해석에서 벗어나 실학의 새로운 관점을 보여주었다. 당대의 유학자들이 입으로는 공자왈 맹자왈 하면서도 공맹孔孟의 정신을 따르기는커녕 탁상공론에 빠져 있다고 비판했다. 백성의 삶에 전혀 도움이 되지 않는 학문은 걷어치우고 하나라도 실생활에 도움이 되는 학문을 해야 한다고 강조했다. 그것이 먼 옛날 공맹이 말했던 유학의 근본 정신을 되살리는 것이라고 본 것이다.

정약용이 살다 간 18세기 후반에서 19세기 전반은 조선이 중세 농경 사회에서 근대 상공업 사회로 변화하는 시기였다. 정약용은 실학으로 제기된 북학 사상에 주목했다. 그는 중국이 세계의 중심이라는 세계관에서 벗어나, 지구는 둥글고 자전하며 지구상에는 수많은 국가가 존재한다는 사실을 인식했다. 기술을 천시하던 유교적 통념도 비판했다. 기술의 중요성을 강조했으며, 기술의 발전을 확신했다. 이런 인식하에 그만의 경세론을 펼쳐나갔다. 서양사상과 문물을 적극적으로 받아들여 거중기, 농기구 등 백성들의 실생활에 접목된 기구들 300여 가지를 직접 개발하기도 했다.

그리고 '치인', 백성을 다스리는 일의 연장에서 『경세유표』 외에도 『목민심서』 『흠흠신서』 등을 저술했다. 특히 자신의 경세학은 "지금의 쓰임에 구애되지 않고 기준을 제시해 우리나라를 새롭게 하려는 연구다"라는 말을 잊지 않았다. 당대에 활용되지 않아도 언젠가는 쓰이게 될 이상적 통치 기준을 만들겠다는 포부를 밝힌 것이다.

강진에서의 유배살이는 그에게 많은 것을 가르쳐주었다. '목위민유牧爲民有', 통치자는 백성을 위하는 일을 할 때만 존재 이유가 있다는 그의 말은 책상 위에서 나온 말이 아니었다. 가난과 고통으로 신음하는 백성을 가까이서 만나면서 나온 진심의 표현이었다. 그리고 조선의 개혁을 위해서는 무엇보다 관리들의 바른 마음가짐이 필요함을 깨닫게 됐다. 다산은 『목민심서』에서 '수령은 한 나라의 임금의 역할과 같다'고 정의하기도 했다.

다산은 육경사서에 담긴 제도와 정신을, 현실에 걸맞게 구현하고 이를 실천하는 것을 일생의 사명으로 삼았다. 그 결과 18년에 걸친 유배기간 동안 경전에 관한 연구서 232권, 경세서 126권 등 182책 503권의 저서를 남겼다. 503권이라 하면 18년간 열흘마다 책 한 권씩을 내놓은 셈이다. 다산은 유배 기간 중 두 아들에게 보내는 편지에 자신이 왜 그토록 저술에 몰두하는지를 이렇게 적고 있다.

"지식인이 세상에 전하려고 책을 펴내는 일은 한 사람만이라도 그 책의 값어치를 알아주는 사람이 있으면 해서다. 나머지 욕하는 사람들이야 신경쓸 것 없다. 만약 내 책을 정말 알아주는 이가 있다면, 너희들은 그가 나이 많은 사람이라면 아버지처럼 섬기고, 설령 적대시하던 사람이라도 그와 결의형제를 맺어야 한다."

정조의 총애 속에, 거칠 것 없이 고관대작의 벼슬을 두루 거쳤던 18년. 그리고 어느 날 청천벽력 같은 비운의 귀양길에 올라 고된 생활을 한 지 18년. 그렇게 세월은 흘렀다. 정약용이 유배에서 풀려나 고향인 마현으로 돌아온 것은 1818년 가을, 그의 나이 57세 때였다. 그후 평생에 걸쳐 쓴 글들을 정리하며 여생을 보냈다.

회갑을 맞은 1822년, 다산은 인생을 정리한다. 자신의 일대기를 작성하면서 자신의 저술에 대한 상세한 설명과 책의 권수도 명확히 밝혀두었다. 또 자신의 장지를 정하고, 스스로 묘지명을 짓고 후대를 기약한다는 뜻의 '사암俟菴'이라는 별호도 지었다. 그러고도 그는 쉬지 않았다. 일흔셋의 고령에도 유배시절 썼던 상서尙書(오경 중 하나로 일명 서경)를 개정 보완했다.

그리고 1836년 2월 22일, 혼인한 지 60년에 이른 회혼을 축하해주기 위해 일가친척들이 모두 모인 그날, 다산은 조용히 책을 내려놓고 눈을 감았다. 그의 나이 75세였다.

역사 속에서 잠자던 다산을 다시 깨운 이들은 식민지 조선의 지식인들이었다. 1930년대 지식인들은 "민족의 실력을 키워야 독립이 가능하다"고 믿으며 그 동인을 민족 내부에서 찾고자 했다. 민족주의적 한국학인 조선학 연구가 본격적으로 이뤄졌던 이때, 실학을 집대성한 다산 정약용은 그 중심에 있었다. 국학자 정인보, 안재홍 등은 정약용의 저술을 집대성한『여유당전서』간행에 심혈을 기울였다. 『목민심서』『경세유표』『흠흠신서』에서 시에 이르기까지 필사본으로 전해 내려오던 그의 저술을 최초로 모아 154권 76책의 활자본으로 출간했다. 500권이 넘는 저서를 7개 분야로 분류하여 전서의 편집을 완료했다.

나라의 독립과 민족의 해방을 갈구하던 민족주의 학자들은 다산 정약용의 학문을 통해 조국의 미래를 개척하려는 뜻을 품기도 했다. 위당 정인보는 '근세 조선을 알고자 하는 사람은 다산의 유저遺著를 읽어야 한다'고 말할 정도였다. 그는 정약용의 사상과 철학을 다각적으로 조명해 동아일보에 연재했다.

"다산 정약용 선생은 근세 조선의 유일한 정법가政法家이다. 아니 상하 오백 년에 다시 그 쌍雙이 적다 하여도 과언이 아니다. (…) 선생 일인에 대한 고구考究는 곧 조선사 연구요, 조선 근세사상의 연구요,

조선 심혼心魂의 명예 내지 전 조선 성쇠존멸에 대한 연구이다."

— 동아일보, 1934년 9월 10일

그러나 20세기 초반까지도 그의 저술은 후세인들에게 제대로 읽히지 않았다. 다산 열풍이 시작된 것은 1980년대 이후였다. 그가 유배지에서 아들에게 보낸 편지 등이 세간에 알려지면서 학문적 업적도 재평가되기 시작했다.

그리고 그의 탄생 250주년이었던 2012년, 유네스코는 정약용을 소설가 헤르만 헤세, 음악가 드뷔시와 더불어 세계기념인물로 선정했다. 때맞춰 국내에서는 다산 정약용의 수많은 저작을 모아 기존의 오류를 바로잡고 보다 읽기 쉽게 정리한 『정본 여유당전서』가 출간됐다. 1938년 『여유당전서』가 출간된 지 74년 만의 일이었고, 장장 10년이란 시간이 걸린 작업이었다.

"다산의 정신세계에는 인간은 평등하다는 평등주의, 백성만이 궁극적으로 나라의 주인이라는 민본정신, 가난하고 약한 사람을 한없이 보살펴주어야 한다는 애민정신, 공직자의 청렴 정신이 없으면 나라는 망한다는 청렴입국의 정신이 가득 담겨 있다."

— 다산연구소 박석무 이사장

참고자료

다산 정약용 유배지에서 만나다 박석무, 한길사, 2003
다산의 후반생 차벽, 돌베개, 2010
새로 쓰는 조선의 차 문화 정민, 김영사, 2011
정약용 : 조선의 르네상스를 꿈꾸다 함규진, 한길사, 2012

**vivus
04**

파락호의 비밀

"집안 망해먹을 종손이 나왔다!"

일제강점기
안동

성협의 〈투전판〉

노름판이란 노름판은
모조리 돌며
재산을 탕진하던
조선의 으뜸가는 파락호破落戶

파락호
: 재산이나 세력이 있는 가문의 자손으로서
집안의 재산을 몽땅 털어먹는 난봉꾼

퇴계의 제자이자 영남학파의 거두였던
학봉 김성일의 명문가 집안
13대 종손

초저녁부터 노름을 하다
새벽녘이 되면
판돈을 모두 걸어
마지막 승부수를 띄운다

돈을 따면 조용히 돌아가고
돈을 잃게 되면 그가 외치던 한마디

"새벽 몽둥이야!"

그때
몽둥이를 든 그의 아랫사람들이
현장을 덮치면
그는 판돈을 챙겨 유유히 사라졌다

시집간 외동딸이
시댁에서 받은 돈마저 가로채
탕진

신행 때 농 사오라 시댁에서 맡긴 돈
그 돈마저도 가져가서 어디에다 쓰셨는지?
우리 아배 기다리며 신행 날 늦추다가
큰 어매 쓰던 헌 농 신행 발에 싣고 가니
주위에서 쑥덕쑥덕
그로부터 시집살이 주눅 들어 안절부절
- 딸 김후웅의 시 「우리 아배 참봉 나리」

대대로 이어온 종갓집과 논과 밭
현재 시가로 약 200억 원의 전 재산을 날리고
해방 다음해, 세상을 떠난다

김흥락의 묘소에 가는 사람들

사촌인 의병대장 김회락을
숨겨줬다가 발각돼
왜경에 의해 종가 마당에 꿇어앉는 치욕을 겪은
독립운동가 할아버지 김흥락

이를 목격한 어린 김용환은 결심한다.

"빼앗긴 나라를 되찾겠다."

결국

노름으로 탕진한 줄만 알았던 재산이
고스란히 보내진 곳

만주 독립군

한국 광복군 성립 전례식 기념 사진

일제의 감시를 피하기 위해
철저히 노름꾼으로 위장해
독립운동자금을 지원한다

그가 숨을 거두기 전
오랜 친구가 건넨 권유

"이제는 말할 때가 되지 않았는가?"

하지만
그의 마지막 대답

"선비로서 마땅히 할 일을 했을 뿐
아무런 말도 하지 말게."

결국
사진 한 장조차
남겨놓지 않고 떠난 그는
광복 50주년인 1995년,
건국훈장 애족장에 추서된다

조선의 독립을 위해
한평생 파락호라는 '불명예'를 뒤집어쓴
독립운동가 김용환 金龍煥, 1887~1946

파락호의 비밀

가문에 먹칠하는 장손이 나왔다

깨뜨릴 파破, 떨어질 락落, 집 호戶. 파락호는 다른 말로 '팔난봉'이라고도 했다. 일제 식민지 시절, 안동에서 노름꾼으로 이름을 날리던 김용환은 조선에서도 몇 손가락 안에 꼽을 만한 파락호였다. 노름을 어찌나 좋아했는지 도박하느라, 아내가 아이를 낳는 줄도 몰랐다고 한다. 땅 700마지기를 노름으로 날리고, 아내 손을 잡으며 "이제 달라지겠다"고 굳게 약속했지만, 다음날 집에 있는 땅문서를 들고 투전판으로 달려간 인물이었다.

김용환은 경상북도 안동 일대에서 알아주는 명문가였던 의성 김씨 종가의 장손이자, 조선시대 학자이자, 지휘관이었던 학봉 김성일의 13대손이었다. 학봉 집안은 대쪽 같다는 말이 딱 어울리는 선비 집안이었다. 퇴계 이황의 수제자였던 학봉은 임진왜란 때 관군을 이끌며 의병을 지원하다가 진주성에서 병사했다.

그렇게 지켜온 가문의 명예가, 김용환으로 인해 한순간에 추락했

다. 오래도록 쌓아온 집안 재산도 모두 날아갔고 수백 년 동안 대대로 물려내려오던 전답 18만 평도 노름빚으로 인해 모두 팔렸다. 현재 시가로 약 200억 원에 해당하는 액수였다. 나중에는 사당 신주까지 팔아치우려는 것을 문중 사람들이 뜯어말렸다. 문중 자손들은 십시일반 돈을 걷어 김용환이 팔아먹은 전답을 다시 종가에 사주곤 했다.

집안 재산을 거덜낸 것으로도 모자라 그는 친정집에 가서 장롱을 사오라고 시댁에서 딸에게 준 돈마저도 가로채 노름으로 탕진했다. 딸은 할머니가 쓰던 헌 장롱을 가지고 울면서 시댁으로 향했다. 사람들은 헌 장롱이 귀신 들린 장롱이라고 해서 강변 모래밭으로 가져가 부수고 불태우기까지 했다.

동네 사람 둘만 모이면 김용환에 대해 수군거리기 일쑤였다. '도박에 빠지면 김용환처럼 된다'는 말이 유행할 정도였다. 윤학준은 『양반 동네 소동기』라는 책에서 우리나라 근대 3대 파락호를 손꼽았는데, 흥선대원군 이하응과 1930년대 형평사운동 투사였던 김남수, 그리고 김용환이 그들이었다. 이 못 말리는 파락호는 해방 이듬해인 1946년 세상을 떠났다.

남들이 말하는 파락호 아닐진대…

세월이 흘러, 집안을 망신시킨 난봉꾼의 정체가 드러났다. 그가 탕진했다고 알려진 돈은 모두 만주 독립군에게 독립자금으로 보내졌고, 그는 일제의 눈을 피하기 위해 스스로를 노름꾼으로 철저하게 위장한 독립운동가였다.

김용환이 자신의 정체를 숨겨가며 독립운동을 하게 된 데에는 이유가 있었다. 어릴 적 그는 하나의 풍경을 목격한다. 할아버지 김흥락이 왜경 앞에서 무릎 꿇고 고개를 조아리는 치욕적인 현장을 보게 된 것이다. 왜경은 사촌인 의병대장 김회락을 숨겨줬다면서 할아버지를 사정없이 다그쳤다. 어린 김용환은 그 장면을 보고 독립운동에 뛰어들기로 결심한다.

그는 20대 초반부터 의병 활동을 시작했다. 경상북도 북부 지역의 핵심 지도자로서 안동 지방의 의병을 이끌었던 서산 김흥락의 손자답게 문경 등지에서 활약한 이강년, 김상태가 이끄는 의병 부대에

서산 김흥락의 간찰

참가했다.

  30대에는 만주 망명길에 올라 군자금을 조달하기 위한 단체인 의용단의 서기로 활약했다. 의용단은 만주 길림의 군사조직인 길림군정서에 독립운동자금 지원을 위해 영남 지방 인사들이 결성한 조직체였다. 의용단은 주로 경상도 지역인 안동, 영천, 군위, 창녕 등지의 부호를 대상으로 군자금 모집 활동을 해왔는데, 대다수의 부호들은 친일파였기 때문에 큰 효과는 거두지 못했다. 그러던 중 김용환은 1922년 일본 경찰에 발각돼 옥고를 치렀다.

  이후 그가 살아갈 방법은 철저한 위장밖에 없었다. 대를 이어 내려오던 막대한 재산을 도박으로 탕진한 것으로 위장한 뒤, 모인 돈을 모두 만주 독립운동자금으로 보냈다. 요즘으로 치면 100억 원이 넘는 액수였다. 이런 활동은 가족에게도 알리지 않았다.

  일제의 눈을 피해 독립군 군자금을 대려고 철저히 노름꾼 노릇을 했던 김용환은 빼앗긴 나라를 되찾기 위해 평생 주색잡기, 파락호라는 불명예를 뒤집어썼다. 임종 무렵에 사실을 이야기하자던 독립군 동지에게 그는 "선비로서 당연히 할 일을 했을 뿐인데 이야기할 필요 없다"며 끝내 입을 다문 채 세상을 떠났다.

  반세기가 흐른 뒤 1995년 김용환에게는 건국훈장이 추서됐다. 평생 아버지를 원망하며 살았던 외동딸 김후웅 여사는 아버지에게 건국훈장이 추서되던 날, 존경과 회한을 담은 「우리 아배 참봉 나리」라는 편지를 남겼다.

    그럭저럭 나이 차서 16세에 시집가니
    청송 마평 서씨 문에 혼인은 하였으나
    신행 날 받았어도 갈 수 없는 딱한 사정
    신행 때 농 사오라 시댁에서 맡긴 돈
    그 돈마저 가져가서 어디에 쓰셨는지?

우리 아배 기다리며 신행 날 늦추다가
큰 어매 쓰던 헌 농 신행 발에 싣고 가니
주위에서 쑥덕쑥덕
그로부터 시집살이 주눅 들어 안절부절
끝내는 귀신 붙어왔다 하여
강변 모래밭에 꺼내다가 부수어 불태우니
오동나무 삼층장이 불길은 왜 그리도 높던지
새색시 오만간장 그 광경 어떠할까
이 모든 것 우리 아배 원망하며
별난 시집 사느라고 오만간장 녹였더니
오늘에야 알고 보니 이 모든 것 저 모든 것
독립군 자금 위해 그 많던 천석 재산 다 바쳐도 모자라서
하나뿐인 외동딸 시댁에서 보낸 농값, 그것마저 바쳤구나!
그러면 그렇지 우리 아배 참봉 나리
내 생각한 대로, 절대 남들이 말하는 파락호 아닐진대…

2004년, 중국에 있던 김용환의 유해는 고국으로 돌아왔다. 현재 안동 독립운동기념관에는 김용환의 일대기가 전시되어 있다.

이름 없는 민초들의 열망

독립운동은 무장투쟁, 의열투쟁, 독립전쟁, 교육운동, 독립외교 등 여러 갈래로 나뉜다. 이 모든 독립운동을 가능케 한 것은 '독립운동자금'이었다. 자금은 독립운동에서 현실적으로 가장 중요한 문제이자 독립운동의 '혈액'이었다. 독립운동자금 조달은 그 자체로 목숨을 건 행위였지만 민초들이 십시일반 하는 것에서부터 해외 동포

광복군 류저우 청년공작대

들의 모금까지 많은 이들이 기꺼이 큰돈을 내놓거나 조달 활동을 펼쳤다.

우당 이회영 일가는 현재 시가로 800억 원에 이르는 재산을 모두 처분해 만주로 가, 독립운동을 펼쳤다. 우당 일가가 마련한 자금은 당시 만주 등지에서 활동하던 독립운동가들에게 큰 힘이 됐다. 하지만 가산을 정리해 들고 온 돈은 얼마 지나지 않아 바닥이 났다. 결국, 고국에 사람이나 편지를 보내 자금을 요청하기도 했고, 만주에서는 동포들에게 거두기도 했다.

독립운동자금 조달 활동에서 빼놓을 수 없는 인물이 대한민국 임시정부의 주요 자금책이었던 백산 안희제. 1885년 경남 의령에서 태어난 안희제는 1911년 러시아 망명 등을 거쳐 1914년 귀국한다. 망명 중 독립운동가들과의 만남을 통해 독립운동을 위해서는 '경제력'이 뒷받침되어야 한다는 사실을 깨달은 안희제는 이후 우리나라 초창기 주식회사인 백산상회를 세운다. 백산상회는 겉으로는 해산물이나 농산물을 취급하는 무역회사였지만 독립운동자금을 조달하고 중국, 일본, 미국 등지에서 고립, 분산되어 있던 독립운동 기지를 연결하는 역할을 하고 있었다. 안희제는 국내에는 서울, 대구, 원산 등 18개소, 중국에는 안둥, 펑톈, 지린 등 3개소에 백산상회 지점과 연락사무소를 만들어 임시정부에 독립운동자금을 보냈다. 김구가 "상하이 임시정부와 만주 독립운동자금 6할이 백산의 손을 통해 나왔다"고 할 만큼 안희제는 독립운동자금 조달에 큰 몫을 했다.

하와이 동포들의 독립운동 모금 활동도 독립운동사에서 중요한 위치를 차지한다. 나라가 일제의 손에 조금씩 넘어가던 1900년대 초, 배고픈 것이 싫고, 부패한 관리들의 수탈이 싫어서 고국을 등지고 하와이로 망명한 이들은 하와이가 지상낙원이라 생각했다. 그러나 인천에서 하와이로 첫 이민을 떠난 사람들은 초기에 대개 현지 사탕수수 농장에서 일했다. 그리고 군대 막사같이 생긴 판잣집에서 살며, 하루 10시간 이상 중노동에 시달렸다. 이민자라기보다는 노예나 다름없었다.

그렇게 피눈물을 삼키며 하와이 사탕수수 농장으로 떠났던 이들이 7000여 명. 이들은 어렵사리 모은 피 같은 돈을 조국의 독립운동에 보탰다. 스스로도 '국민회' '동지회' 등을 조직해 독립운동을 펼치는 한편, 세금을 내듯 월급의 일부를 떼어 독립운동단체에 기부했다. 일당 70센트를 받으며 노예처럼 일했지만 이들은 20센트씩을 꼬박꼬박 모아서 상하이 임시정부에서 발행한 채권을 매입했다. 독립운동자금을 조달하기 위해 공채를 발행한 것은 세계 독립운동사에서 유례를 찾을 수 없는 일이다. 1920년대까지 이렇게 헌납한 액수는 총 200만 달러. 임시정부는 하와이의 한국인 사탕수수 농장 노동자의 피땀으로 유지됐다고 해도 지나치지 않았다.『백범일지』에는 이봉창 의사에게 건넨 활동비의 대부분을 하와이 동포들의 지원금으로 충당했다는 기록이 나오기도 한다.

도박꾼으로 위장해 모은 판돈, 이역만리에서 보내온 피땀 같은 돈, 아낌없이 내놓은 재산들, 금가락지, 은비녀… 이런 것들이 모이고 모여 독립운동의 에너지가 되었다.

참고자료

내가 몰랐던 독립운동가 12인 이동언, 선인, 2013
사회정의 멘토 33인 대구경북연구원, 대구경북연구원, 2013
의열단 송건호, 창비, 1985
재미한인의 꿈과 도전 홍선표, 연세대학교출판부, 2011

vivus
05

6264

잊혀진 자들의 역사

사진
인적사항
성명
신분
신장
본관, 출생지, 주거지…

그리고
기록된 죄명

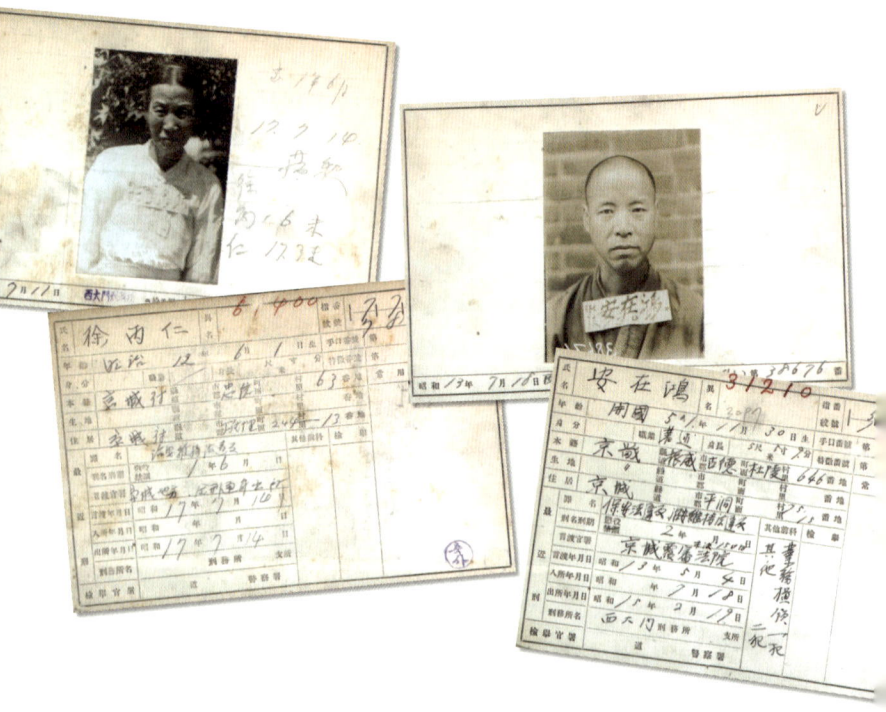

1919년 5월 29일
독립 만세를 불러서 체포된 청년 강윤옥
'공공시설 훼손죄'

강우규 열사의 의거를 사람들에게 알린
약제사 견습생 윤기현
'보안법 위반'
保安法違反

동네 사람들과 함께 독립 만세를 부른
식당 주인 김관신
'소요죄'

친구들과 독서회를 만든
여학생 강정신
'치안 유지법 위반'
治安維持法違反

너무 평범하거나
너무 작거나
너무 흔해서

아무도 기억해주지 않았던 사람들

1945년
해방
1989년
기록이 다시 발견되기까지
44년의 세월

아무도 기억해주지 않았던 시간들

"캐비닛 안에 먼지가 가득 쌓인 채로 있었다.
쥐똥도 돌아다니고, 나방도 알을 까놓고…
자료를 보는 순간 눈물이 났다."

— 당시 기록카드를 발견했던 직원의 회고

잊혀진 죄수 6264인
잊혀진 독립운동가 6264인

형무소의 옥문에서 애국지사들이 풀려나 만세를 부르는 모습

6264

독립을 향한 열망, 반세기

임진왜란으로 조선을 초토화시켰던 일본이 300여 년 만에 다시 이 땅에 마수를 뻗쳐왔을 때, 조국을 지켜야 한다며 제일 먼저 일어선 이들은 의병이었다. 1894년 동학농민군이 일본군에게 잔혹하게 학살당한 이래, 곳곳에서 일어난 의병은 이듬해 들불처럼 번져나갔다. 명성황후 시해와 단발령은 조선 백성의 민심에 기름을 부었다. 이후 1905년 을사늑약을 계기로 일어난 을사의병을 거쳐 1907년 대한제국의 군대가 해산된 것을 계기로 항일 의병전쟁은 전국적으로 크게 확산되었다. 목숨을 아까워하지 않는 이들의 항거에 일본은 총칼을 들고 대대적인 학살에 나섰다.

1910년 8월 22일 한일병합조약이 강제 체결되고 일주일 뒤인 8월 29일, 순종 황제의 이름으로 이 늑약이 세상에 알려졌다. 경술년의 국치였다. 이 치욕적인 사건 이후 일본은 조선총독부를 세워 본격적으로 민중들의 저항을 탄압하는 일에 나섰다. 일제의 탄압에 국내 활동이 어려워진 의병들은 러시아의 연해주로, 만주의 서간도로, 북간도로 이주해 독립군이 됐다.

1919년 3·1운동과 대한민국 임시정부 수립 이후, 우리의 독립운동은 크게 두 방향으로 나뉘었다. 하나는 민족의 실력을 토대로 자주독립을 준비하자는 실력양성운동이었고, 다른 하나는 초기부터

강경하게 항일 무장투쟁을 하자는 것이었다. 사회주의, 무정부주의 등이 들어오면서 독립운동의 지향점 또한 다양해졌다. 진영별로 독립 후에 만들어갈 국가의 모습과 청사진은 달랐다.

이런 가운데에 일제의 원흉을 암살하거나 식민통치기구를 폭파하는 투쟁이 이어졌다. 1919년 64세의 강우규가 새로 부임하는 조선총독 사이토 마코토에게 수류탄을 던지고 유유히 사라졌다. 1926년에는 나석주 의사가 토지수탈기관으로 악명이 높았던 동양척식주식회사에 폭탄을 던졌다.

1931년 일제가 만주사변을 일으키자 대한민국 임시정부는 보다 적극적인 투쟁에 나선다. 백범 김구는 이 특별한 임무를 맡은 이들을 '한인애국단'이라 칭했다. 한인애국단 제1호는 이봉창이었다. 1932년 1월, 이봉창 의사는 도쿄에서 일왕 히로히토를 향해 폭탄을 투척했다. 이로부터 석 달 뒤에 윤봉길 의사는 상하이 훙커우 공원에서 물병 폭탄을 던져 일본군 대장을 쓰러뜨렸다.

나라를 되찾기 위해 많은 이들이 광복을 맞는 순간까지 의병항쟁부터 3·1만세운동, 군자금 모금, 사회주의운동, 무장투쟁과 실력양성운동, 외교활동 등 항일투쟁을 쉬지 않고 이어갔다. 조선의 독립을 위해 만든 단체만 해도 39개에 달했다.

김구가 이끈 한인애국단의 활약상은 이봉창, 윤봉길 의사의 의거로 잘 알려져 있다. 도쿄에 파견된 이봉창의 의거는 결과적으로 실패였다. 하지만 상하이사변의 한 원인이 됐을 정도로 영향력은 컸다. 이후로 제2, 제3의 이봉창이 쏟아져나왔다. 윤봉길 의사도 그중 하나였다.

일제 식민지 시기에 일어난 수많은 독립운동은 실패의 역사였다. 그 실패의 역사 가운데 하나로 '파리장서사건'도 있다. 1919년, 민족 대표 33인이 서명한 독립선언서에 유림儒林 대표가 빠진 것을 수치라 여긴 유림계는 프랑스 파리에서 진행중인 제1차세계대전 강화회의, 일명 파리평화회의에 조선 독립 승인 청원서를 제출하려고 했다. 광복에 대한 염원을 널리 알리고 세계 각국에 독립을 청원하기로 한 것이다. 곽종석, 김창숙 등이 주도해 경상도, 전라도, 충청도 유림들이 동참했다. '나라 없이 살기보다 차라리 나라를 가지고 죽는 것이 낫다'던 유림들은 죽음을 불사하는 심정으로 장서에 이름을 올렸다. 하지만 1919년 4월 2일, 성주의 만세 시위 때 유생들이 일본 경찰에 체포되면서 장서의 존재가 발각되었고 장서에 서명했던 대부분의 사람은 붙잡혀 옥고를 치렀다.

거리로 나선 여성들

영국의 저널리스트 프레더릭 아서 매켄지는 3·1만세운동의 현장에서 취재한 내용을 바탕으로 『한국의 독립운동Korea's Fight for Freedom』이라는 책을 집필했다. 이 책에서 매켄지는 3·1운동에서 여성들, 특히 10대 여성들의 역할이 두드러졌다고 적고 있다.

"3·1운동이 일어났을 때 가장 특이한 현상은 여성들의 역할이었다. 약 20년 전만 해도 외국인 남자는 한국에서 여러 해를 살아도 여자들과 접촉해볼 기회가 전혀 없었고 거리에서도 만날 수 없었으며 한국인 친구의 가정에서도 볼 수가 없었다."

매켄지는 평소 거리에서 만나기 어렵던 그 여성들을 3·1운동이 벌어진 거리에서 만날 수 있었다. '3·1 여성동지회'가 조사·기록한 「전국 시·도별로 거행된 여성들의 만세운동」 보고서에는 구체적으로 그 거리에 뛰쳐나온 여성들의 이름이 보인다. 서울 경성여고보의 최은희, 배화여고보의 김경애, 숙명여고보의 황현순, 이화여학교의 신마실라, 정신여학교의 김마리아, 진명여학교의 나혜석, 개성 지역의 만세운동에 불을 지핀 어윤희, 이경지 자매, 평양의 안정석, 박현숙, 대구의 이순애, 부산의 주경애… 한 줄의 기록으로 남은 10대 여학생들은 3·1운동을 조직화해낸 주역이었다.

1919년 3·1만세운동 현장에서는 10대 여학생들의 목소리만 울렸던 것이 아니다. 만세운동을 주도한 세력으로 빼놓을 수 없는 이들이 있으니 바로 기생들이다. 한국 최초의 여성 일간지 기자로 알려져 있는 추계 최은희의 『한국 근대 여성사』에는 1919년 9월, 치안책임자로 경성에 부임한 일본 경찰 지바료가 총독부에 보고한 내용이 실려 있다.

"우리가 처음 부임하였을 때 경성 화류계는 술이나 마시고 춤이나 추고 놀아나는 그런 기색을 전혀 보이지 않았다. 800명의 기생은 화류계 여자라기보다는 독립투사라 하는 것이 옳을 듯했다. 기생들의 빨간 입술에서는 불꽃이 튀었고, 놀러 오는 조선 청년들의 가슴속에 독립사상을 불 지르고 있었다."

기생들은 기생조합을 통해 진주, 통영, 수원 등 각지에서 조직적인 만세시위를 벌였다. 사람들은 3·1운동 당시 만세시위에 적극적으로 참여한 기생들을 '사상思想기생'이라 불렀다. 오늘날로 치면 '개념 기생'이라 할 만했다.

해주에서는 김월희, 문월선, 김용성(예명 해중월), 문재민(예명 형희), 옥운경(예명 옥채주), 이렇게 다섯 명의 기생 결사대가 '독립운동의 투사가 되자'며 손가락을 걸었다. 이들을 보고 "기생들도 독립을 위하여 몸을 바쳐 투쟁하는데…"라며 집안의 아낙들이 집 밖으로 나왔고, 남녀노소가 합류하면서 해주의 만세 대열은 대규모로 번졌다.

1919년 3·1만세운동 이후 일제의 심장부를 겨누는 의열투쟁의 맥은 끊어지지 않았다. 1920년 8월 3일 밤, 평양 시내에 엄청난 굉음이 울렸다. 평남도청에서 무언가 폭발했다고 했다. 그날 밤 평남도청에 폭탄을 던진 주인공은 스물세 살의 여성 안경신이었다. 평안남도 대동 출신의 안경신은 1919년 대한애국부인회를 조직해 상하이 임시정부에 군자금을 대는 활동을 해왔다. 이후 항일무장단체인 대한광복군총영에 가담한 이 당찬 여성은 1920년 8월, 평남도청, 신의주철도호텔, 의천경찰서 등에 며칠 간격으로 폭탄을 던졌다. 여성의 몸으로 일제의 삼엄한 경계망을 뚫고 폭탄을 투척했다는 것을 알고 많은 이들이 놀랐다.

당시 안경신은 홀몸이 아니었다. 피신하여 있다가 8개월 만에 체포된 그는 출산한 지 얼마 되지 않은 아기 엄마였다. 갓난아이와 함께 투옥된 그에게 법정은 사형을 선고했다. 그 상황에서 안경신은 재판장에게 "조선 사람이 조선독립운동을 하여 잘살겠다고 하는 것이 무슨 죄냐"며 호통을 쳐 일제를 더욱 놀라게 했다고 한다. 다행히 안경신의 소식을 듣고 김구와 장덕진 등이 탄원서를 보내와 그녀는 사형을 면하고 10년으로 형량을 줄일 수 있었다. 그러나 안타깝게도 핏덩어리를 안고 옥살이를 했던 그녀의 행방은 그뒤로 전해지지 않는다.

이밖에도 일본 경찰의 극비 자료인 『고등 경찰요사高等警察要史』에 남은 몇 줄의 기록이 역사의 뒤안길에 묻혀 있던 한 여인을 세상 밖으로 불러냈다.

"안동의 양반 고 이중업의 처는 1919년 만세 당시 수비대에 끌려가 취조 받은 결과 실명했고, 이후 11년 동안 고생한 끝에 1929년 2월에 사망했기 때문에 밤낮 적개심을 잊을 수 없다는 것을 아들 이동흠이 스스로 고백하였다."

훗날 밝혀진 여인의 이름은 김락. 1862년 안동 사대부 가문의 막내딸로 태어난 그는 16세에 이중업과 혼인했다. 1910년, 나라를 빼앗기자 의병장이었던 시아버지 이만도는 단식 끝에 순국했고, 상복 자락에 눈물이 마르기도 전에 친정 사람들은 서간도에 독립군 기지를 세우겠다면서 만주로 떠났다.

남편 이중업은 '파리장서'라고 불리는 독립청원서를 발의하러 나섰고, 두 아들도 항일전선에 나섰다. 그 자신도 쉰일곱의 나이에 안동에서 벌어진 3·1만세시위에 나섰다. 결국 김락은 일본 경찰에 끌려가 모진 고문을 당하면서 두 눈을 잃었다. 앞을 못 보는 그에게 비보가 날아들었다. 독립청원서를 갖고 중국으로 떠난 남편이 세상을 떠났다는 것이다. 그리고 만주 독립군 기지를 지원하던 맏사위 김용환이 일제에 잡혔다. 학봉 김성일의 종손인 맏사위는 노름꾼으로 위장해 독립자금을 대왔던 인물이다.

이후로도 맏아들 이동흠은 대한광복회에 가담했다가 구속됐고, 둘째 종흠은 독립운동자금을 모으다 탄로가 나 체포됐다. 김락은 죽는 그날까지 앞을 못 보는 상황 속에서도 남편의 항일투쟁, 두 아들과 사위들의 독립운동, 게다가 친정 식구들의 만주 망명 항일투쟁을 지켜보며 끊임없이 뒷바라지했다.

이처럼 많은 여성들이 빛도 명예도 없이 묵묵히 조국 광복에 헌신했다. 백범 김구의 어머니 곽낙원 지사, 안중근의 어머니 조성녀 지사 모두 자신의 아들을 애국지사로 길러낸 것은 물론, 스스로도 누구보다 치열하게 일제에 저항했다. 이밖에 춘천의 여성의병장 윤희순, 여성광복군 1호 신정숙, 열네 살 독립군 오희옥, 북한의 유관순으로 불리는 동풍신, 수원의 논개 김향화 등 많은 여성이 독립운동 전선에서 산화했다.

그리고 무명의 의사義士들

어린 학생들도 독립을 향해 힘을 합쳤다. 고종의 장례식 날인 1919년 3월 3일, 보통학교(당시의 초등학교) 학생들은 학교에 가지 않았다. 대신 학생들은 고종의 장례 행렬에 참여했고, 그뒤에는 충절의 상징인 선죽교에 모여 만세를 불렀다. 얼어붙은 손으로 태극기를 부여잡고 목이 터져라 대한독립 만세를 외쳤다.

일제강점기 나라 잃은 슬픔에, 어떤 이는 비탄에 빠졌고 어떤 이는 자결했으며 어떤 이는 다시 분연히 일어서서 의지를 다졌다. 가족 모두가 조국을 되찾으려 싸웠던 가문도 있다. 차도선 의병장의 집안이 대표적 예다. 차도선은 1907년 일제가 대한제국의 군대를 강제로 해산시켰을 때, 홍범도와 함께 의병을 모아 일본군을 격퇴한 함경도 산포수 출신의 인물이다. 이후 그의 아들과 손자 모두가 일제에 체포돼 사형을 당하거나 옥고를 치렀고 3대에 걸쳐 집안은 풍비박산이 나고 말았다. 3대에 걸친 항일투쟁이지만 차도선 가문의 활동은 거의 알려져 있지 않다. 기록이 없는 탓이다.

그나마 동농 김가진은 기록상 그 활동이 많이 전해지는 인물 중 한 명이다. 그는 1910년 나라를 잃은 뒤 세상에 두문불출하다 3·1 만세운동을 만난다. 일제의 삼엄한 감시 탓에 국내 활동에 한계를 느낀 김가진은 1919년 10월, 셋째 아들인 의한과 함께 중국 상하이로 망명했다. 그들의 망명은 당대를 떠들썩하게 만들었다. 당시 고관대작들 가운데 외국으로 망명해 독립운동을 펼친 이는 김가진밖에 없었기 때문이다.

김가진은 비밀결사 단체인 '조선민족대동단'을 결성하며 본격적인 독립운동에 나섰다. 고종의 다섯째 아들인 의친왕 이강을 상하이로 망명시키려다 실패했지만 그뒤로도 활동은 이어졌다. 3·1운동이 선언적이었고 무저항을 표방한 반면, 조선민족대동단은 적극적으로 일제에 저항하자고 주장했다. 조선민족대동단은 지역이나 계층, 종교를 아울렀기 때문에 운동가의 대부분이 평범한 상인, 학생, 승려, 보부상, 노동자 등이었다. 이렇다 할 명망가 없이 중간계층이 주도한 독립운동단체로 단원 대부분이 이름 없는 평범한 사람들이었다.

40년이 넘도록 중국, 러시아, 미주 대륙을 넘나들며 전개한 항일투쟁은 세계 식민지운동사에서도 유례를 찾기 힘들다. 나라를 빼앗긴 수십 년의 기간 동안, 우리에겐 신채호, 안창호, 김구 등 쟁쟁한 명망가들이 있었다. 그러나 이들보다 훨씬 더 많은 조선의 백성들이 조선의 독립을 외쳤다.

참고 자료

구한말-일제강점기 박윤식, 휘선, 2012
나는 조선의 총구다 : 남자현 평전 이상국, 세창미디어, 2012
한국의 독립운동가들 한국독립운동사연구소, 역사공간, 2007~2011
한국 독립 운동사 강의 한국근현대사연구회, 한울아카데미, 2009
한국독립운동사 윤진헌, 이담북스, 2010

vivus
06

두 개의 폭탄

대장부가 집을 떠나 뜻을 이루기 전에는
살아서 돌아오지 않는다

1932년
상하이에 떠도는 소문

"상하이에서 열리는 일왕의 생일 연회에
누구나 참석할 수 있대."

"참석할 사람은
자기가 먹을 도시락을 싸가야 한대."

소문을 듣고
유독 눈빛을 빛내던 한 사내
4월 29일 오전 11시 50분
일왕의 생일 연회장에 모습을 드러냈다

연회장에 울려퍼지는 일본 국가

그 순간
경축대로 폭탄이 날아든다

일본의 상하이 파견 총사령관 외 1인 사망
총영사 무라이 외 3인 중상

윤봉길의 의거 직전 단상 위의 일본 요인들

'범인이 흉행에 사용한 폭탄 하나'

'알루미늄 벤또 상자에 교묘히 장치한 것으로…'

일제의 식민지 지배에 항거해
도시락 폭탄을 던진
조선 청년

그러나
밝혀진 진실
잇따른 증언

"그는 도시락 폭탄을 던지지 않았다!"

연회장에 들어설 때 그의 품에 있던 위장 폭탄은
두 개!

체포 시 지니고 있던 도시락 폭탄
이미 던져버린 물통 폭탄

물통 폭탄 : 저격용
도시락 폭탄 : 예비용 혹은 자결용

두 가지 폭탄
두 가지 용도

그러나
도시락 폭탄을 손에 든 순간
체포된 윤봉길

1932년 12월 19일
당시 그의 나이 25세에
총살형에 처해진다

도시락 폭탄은
저격수의 마지막 무기요
투사의 자존심이자
그의 목숨이었다

두 개의 폭탄

집을 나간 장부는 살아 돌아오지 않는다

1932년 4월, 중국 상하이 백범 김구의 거처에 채소 파는 상인 한 사람이 찾아왔다. 그는 대뜸 나라 찾는 일을 위해 자신이 할 일이 없겠느냐고 물었다. 청년은 이봉창 의사의 일왕 저격이 미수에 그친 것을 안타까워하면서 그런 거사에 자신을 써달라고 했다. 백범은 곧 홍커우 공원에서 행사가 열릴 것이며, 그곳에서 계획하고 있는 바가 있다고 넌지시 말했다. 이에 청년은 "하겠습니다. 이제부터는 마음이 편안합니다. 준비해주십시오" 하고 흔쾌히 거사에 가담하는 것을 승낙했다. 스물다섯의 청년, 그의 이름은 윤봉길이었다.

윤봉길은 1908년 충남 예산에서 태어났다. 본명은 우의禹儀였으며, '봉길'은 별명이었다. 백범을 찾아왔을 때 윤봉길은 스물다섯 살의 젊은 나이였지만, 15세에 결혼해 이미 두 아이를 둔 가장이었다. 어려서부터 글공부를 했던 그는 16세 때부터 혼자 일본어를 익히고 부지런히 신학문을 접했다. 스무 살이 되기 전부터 농촌계몽을 위해 야학에서 학생을 가르치고, 20세에는 『농민독본』이라는 교재를 손수 만들기도 했다. 22세에는 농촌진흥과 자립을 목적으로 '월진회'라는 조직도 결성해 활발한 활동을 펼치고 있었다.

이처럼 많은 일을 해오던 그는 1930년 3월 6일, 돌연 고향을 떠나 중국으로 향한다. 그의 나이 스물세 살 때였다. 훗날 그가 직접 쓴

vivus 06

유서에 보면 망명길에 올랐던 당시의 각오가 다음과 같이 기록되어 있다.

"23세, 날이 가고 해가 갈수록 우리의 압박과 고통은 증가할 따름이다. 나는 한 가지 각오가 있었다. 뻣뻣이 말라가는 삼천리 강산을 바라보고만 있을 수가 없었다. 수화水火에 빠진 사람을 보고 그대로 태연히 앉아 볼 수는 없었다. 각오는 별것이 아니다. 나의 철권鐵拳으로 적敵을 즉각으로 부수려 한 것이다. 이 철권은 널棺 속에 들어가면 무소용이다. 늙어지면 무용이다. 내 귀에 쟁쟁한 것은 상하이 가정부上海假政府(상하이 임시정부)였다. 다언불요多言不要(말이 필요 없음), 이 각오로 상하이를 목적하고 사랑스러운 부모 형제와 애처애자와 따뜻한 고향 산천을 버리고 쓰라린 가슴을 부여잡고 압록강을 건넜다."

'장부출가 생불환丈夫出家 生不還'. 집을 나간 장부는 뜻을 이루기 전에는 살아 돌아오지 않는다. 윤봉길은 한 줄의 글로 그 결의를 남기곤 홀연히 집을 떠났다. 그 글은 그대로 유서가 되었다. 만주로 건너간 그는 다롄, 칭다오 등지를 거쳐 상하이에 도착해, 모자 공장 직공, 채소 장수 등을 하면서 떠돌았다. 그러다가 상하이의 임시정부를 찾아가게 되고, 거사의 중심에 서게 된 것이다.

당시 상하이 임시정부는 최악의 상황이었다. 1919년 3·1운동 정신을 계승해 일제에 빼앗긴 국권을 다시 되찾고 독립을 이루겠다며 상하이에서 임시정부를 출범했지만 수립 후 10여 년 동안 많이 쇠약해져 있었다. 극적인 타개책이 필요하던 차였다. 백범은 그 현실적 타개책으로 일본 요인 암살과 식민기관 폭파를 목적으로 한 한인애국단을 조직했다.

일왕 히로히토에게 폭탄을 던져 살해하려던 이봉창의 도쿄 의거는 한인애국단의 첫 거사였다. 결과는 안타깝게도 절반의 성공이었다. 그리고 이제 또다른 계기를 만들려던 참이었다. 거사일은 1932년 4월 29일, 일왕의 생일인 천장절天長節이었다. 행사장에 참석하는 사람들에게는 물통과 도시락을 지참하라는 지시가 떨어졌다. 이를 듣고 윤봉길은 도시락 폭탄 준비에 착수한다. 또한 말쑥한 양복차림으로 날마다 현지답사를 다녔으며, 한인애국단에 가입 의사를 밝히고 선서식을 가졌다. 다음은 거사 전날 작성한 『선서문』의 내용이다.

"나는 적성赤誠(마음에서 우러나오는 참된 정성)으로써 조국의 독립과 자유를 회복하기 위하여 한인애국단의 일원이 되어 중국을 침략하는 적의 장교를 도륙하기로 맹세하나이다."
— 대한민국 14년(1932) 4월 26일 선서인 윤봉길 한인애국단 앞

선서문을 가슴에 붙이고 왼손에는 폭탄, 오른손에는 권총을 들고 태극기를 배경으로 사진을 찍었다. 백범과도 한 장을 더 찍었다. 고국의 청년들과 두 아들, 백범에게 줄 약력과 유서도 썼다.

다음날 아침, 시계가 7시를 알렸다. 윤봉길은 주머니에 손을 넣더니 회중시계를 꺼내어 백범에게 건넸다. "제 시계는 6원짜리고 선생님 것은 2원짜리니 바꿉시다. 앞으로 한 시간 뒤면 제 시계는 쓸모가

없으니까요." 김구는 자신이 차고 있던 회중시계를 주고는 윤봉길의 시계를 받았다.

거사의 날이 다가오다

1932년 4월 29일, 상하이 훙커우 공원(지금의 루쉰 공원)에서 열린 일왕의 생일 축하 연회는 가랑비가 내리는 속에서 진행됐다. 고위직 일본인들이 모여 일본 국가인 〈기미가요〉를 불렀고, 행사 분위기는 들떴다. 축제였다. 상하이 정복 기념식까지 겸했기 때문이다.

윤봉길은 일본인 축하객으로 위장해 행사장으로 들어갔다. 며칠 전부터 꼼꼼하게 답사했던 터라 공원 안은 익숙했다. 그러나 상대는 만만치 않았다. 최소한의 군사훈련도 받지 못한 윤봉길이 상대할 이는 상하이 파견군 사령관 시라카와였다. 윤봉길이 갖고 있는 무기란 물통 속에 가둬둔 폭탄 한 개와 거사 후 자결을 위해 준비한 도시락 폭탄 한 개, 오직 그 둘뿐이었다.

기념식 순서를 지켜보던 오전 11시 40분, 한 차례 심호흡을 가다듬은 윤봉길은 어깨에 걸고 있던 물통 폭탄을 꺼내 던졌다. 공원은 순식간에 아수라장이 되었고 곳곳에서 비명이 터져나왔다. 폭탄을 던진 직후 윤봉길은 준비했던 도시락 폭탄으로 자결하려 했다. 하지만 여기까지 성공하지는 못했다. 일본 헌병에게 붙잡힌 윤봉길은 몽둥이 등으로 사정없이 난타당했다.

상하이 지역 신문들은 즉각 호외로 이 소식을 세상에 알렸다. 윤봉길의 거사는 세계적인 뉴스거리가 되었고 연일 후속 기사가 이어졌다. 중국의 신보申報는 윤봉길의 거사 상황을 머리기사로 자세히 보도했다.

"당시 무대 아래에는 도처에 일본 헌병들이 경계를 하고 있었다. 무대 위에서 한 소년이 성냥을 그어 불빛이 번쩍이더니 한 가닥 검은 연기가 피어올랐다. 곧 이어 폭발 소리가 났다. 일본 헌병은 즉시 소년을 등 뒤에서 잡아 두 팔과 허리를 끌어안았다. 주변의 일본인들이 가세하여 소년을 마구 구타했다. 금세 소년의 얼굴은 피투성이가 되었다."

상하이 시가지는 발칵 뒤집혔다. 폭탄이 터지면서 많은 군인이 죽거나 중상을 입었다. 일본군 사령관 시라카와 육군대장은 한 달을 버티지 못하고 사망했고, 상하이 일본인 거류민 단장인 가와바다는 다음날 사망했다.

윤봉길의 의거는 사그라지던 독립운동의 불씨를 살려냈다. 그날 이후 나라를 되찾을 수 있다는 희망의 불씨가 한국사람의 가슴에 돋아났다. 거대한 제국주의와 맞선 윤봉길의 용기에 감탄하며 중국 국민당 장제스 주석은 '중국의 100만 대군이 못하는 일을 한국의 한 의사가 능히 해내니 장하다'고 격찬했다.

한편 이 사건 이후, 일본은 탄압을 강화했고, 사건과 무관한 도산 안창호 등 11명의 독립운동가를 체포했다. 혹독한 고문에도 윤봉길 의사가 끝내 그 배후를 대지 않자 취한 조치였다. 말가죽으로 만든 채찍으로 등 피부가 벗겨지도록 때렸고 전기고문을 번갈아 했지만 윤봉길 의사는 끝내 입을 열지 않았다. 임시정부와 그 지도부에 미칠 파장을 우려했던 것이다.

결국 배후를 밝힌 것은 백범 김구였다. 백범은 도산의 안전을 위해 〈홍커우 공원 폭탄사건의 진실〉이라는 글을 중국 신문에 기고했다. 이봉창과 윤봉길이 벌인 두 거사는 자신과 한인애국단이 전 과정을 주도했다고 밝히고, 동시에 윤봉길 의사와 찍은 사진도 공개했다.

이에 일본 경찰은 거액의 현상금을 걸고 김구 체포에 나섰다. 현상금은 자그마치 60만 원. 당시 상하이 노동자의 월급이 30원이었던 것을 생각하면 이는 천문학적인 액수라고 할 수 있다. 김구는 '그날' 이후 일본 경찰을 피해 2년간 몸을 숨기고 살아야 했다. 김구와 임시정부 요인들에 대한 일제의 추적이 더욱 심해지자 임시정부는 상하이에서 항저우로 본거지를 옮겼다. 이후 임시정부는 전장, 창사, 광저우, 류저우, 치장 등 중국 대륙 각지로 옮겨 다니다가 1940년 충칭에 정착했다. 유랑의 세월은 8년이나 계속되었다.

윤봉길 의사의 의거는 임시정부에 큰 전환점을 마련해주었다. 자금 지원도 없었고 일제의 무자비한 통치 강도가 높아지는 만큼 돌파구가 보이지 않았다. 하지만 이 사건을 계기로 새로운 문이 열렸다. 이른바 '만보산 사건'으로 악화됐던 중국인과 조선인의 관계도 서서히 회복되기 시작했고, 대한민국 임시정부에 대한 중국 정부의 태도도 달라졌다. 윤봉길의 의거가 있은 직후, 크게 감동한 중국 국민당 장제스 주석은 임시정부에 대한 전폭적인 지원을 약속했다.

이 같은 지원에 힘입어 임시정부는 독립운동의 구심체가 됐고, 김구와 장제스는 비밀 회동으로 협력 관계를 유지했다. 더 나아가 장제스는 1943년 열린 카이로 회담에서 루스벨트 대통령과 처칠 총리를 상대로 조선의 독립 문제가 제기됐을 때 조선을 독립시켜야 한다는 것을 카이로 선언에 명문화하자고 제안했다. 윤봉길의 죽음이 조선 독립의 신호탄이 된 셈이다.

사람은 왜 사느냐

윤봉길은 군법회의에서 사형을 선고받았다. 민간인에게 내리는 최대 형벌은 교수형이라는 관례를 깨고 총살형이 내려졌다. 총살형이 곧 있을 것을 직감한 윤봉길 의사는 유서를 써내려갔다.

"아들 윤종아! 너도 만일 피가 있고 뼈가 있다면 반드시 조선을 위해서 용감한 투사가 되어라. 태극기 깃발을 높이 드날리고 나의 빈 무덤 앞에 한 잔 술을 부어놓아라."

　1932년 12월 19일 오전 7시 40분, 차가운 감방 문을 연 간수는 윤봉길의 양손을 뒤로 묶은 다음 얼굴에 용수를 씌웠다. 일본 가나자와 육군 공병 작업장 일본 헌병들이 발사한 총탄은 윤봉길의 미간을 관통했다. 시신은 쓰레기 하치장에 버려졌고 아무런 표식도 없이 암매장됐다. 유족에게는 흰 손수건, 가죽지갑, 회중시계 등 유품만이 전해졌다. 상하이 의거가 일어난 지 7개월 20일 후, 11월 18일 일본 본토로 압송된 지 한 달 만의 일이었다. 그때 그의 나이는 스물다섯이었다. 그리고 윤봉길 의사가 그토록 갈망했던 조국의 독립은 그가 세상을 떠난 뒤 13년이 지나서야 이뤄졌다.

　23세인 1930년 3월 6일, '장부출가 생불환'이라는 글을 써놓고 만주로 건너간 장부는 결국 살아서 고국으로 돌아오지 못했다. 죽어서도 한동안 돌아올 수 없었다. 그가 고국 땅에 누운 것은 광복 직후인 1946년, 윤봉길 의사 유해봉환단이 그의 유해를 찾아내 서울 용산구 효창공원에 안장하면서부터였다. 정부는 윤봉길 의사의 공적을 기려 1962년 건국훈장 대한민국장을 추서했다.

　일본은 줄곧 윤봉길을 '의사'가 아닌 '테러리스트'로, '의거'가 아닌 '테러'로 규정해왔다. 그러나 윤봉길의 의거를 테러로 규정했던 일본에서도 최근 새로운 움직임이 일고 있다. 테러나 암살이 아니라 대한민국 임시정부 특공대의 정식 군사활동이라고 평가한 내용이 담긴 문서가 발견된 것이다. 문서의 제목은 〈만주사변 상하이사건−상하이 천장절 식중 폭탄흉변사건〉. 이는 일본 육군이 1932년 9월 작성한 내부 보고서로 여기에는 이날의 사건이 '조선독립을 위한 편의대원(특수부대원)의 공격'이며 '시라카와 대장 사망은 공무 사망이 아니라 전사로 판정함이 옳다'고 적혀 있다.

　세월이 흘러 윤봉길의 의거 장소였던 상하이 홍커우 공원은 이름이 바뀌어 루쉰 공원이 되었다. 공원에서 조금 떨어진 호숫가에는 윤봉길 의사를 기념해 세운 정자인 매헌梅軒이 자리하고 있다. 매헌은 윤봉길의 아호다.

　1층과 2층으로 이뤄진 정자 안에는 윤봉길 의사와 독립운동에 관한 자료들이 전시되어 있는데 그곳에는 윤봉길 의사가 적장들에게 투척했던 도시락과 물통 형태의 폭탄이 함께 놓여 있다. 정자 매헌 2층에는 목각으로 새겨진 글이 있다.

"사람은 왜 사느냐, 이상을 이루기 위하여 산다.
보라, 풀은 꽃을 피우고 나무는 열매를 맺는다.
나도 이상의 꽃을 피우고 열매 맺기를 다짐하였다.
우리 청년 시대에는 부모의 사랑보다, 형제의 사랑보다,
처자의 사랑보다도 더 한층 강의剛毅한 사랑이 있는 것을 깨달았다.
나라와 겨레에 바치는 뜨거운 사랑이다.
나의 우로와 나의 강산과 나의 부모를 버리고서도
그 강의한 사랑을 따르기로 결심하여 이 길을 택하였다."

참고 자료

매헌 윤봉길 : 항일 불꽃으로 산화한 김학준, 이수항 편, 동아일보사, 2008
불꽃이 된 청년 윤봉길 방영웅 글, 허구 그림, 창비, 2006
의열투쟁과 한국독립운동 한국민족운동사학회, 국학자료원, 2003

vivus
07

조선의 맥박

<학생을 모집합니다>
학비 일체 무료
필기구 무상 제공
매일 밤 떡 한 개씩 배급

1911년 8월

일본의 조선교육령 발표

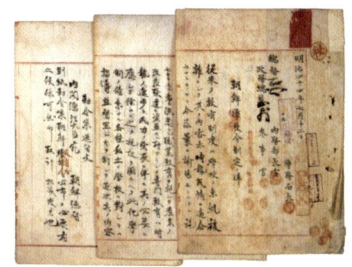

제1차 조선교육령 초안본, 독립기념관

제2조

교육은
충성스럽고 선량한 국민을 육성하기 위한 것이다

제5조

보통의 지식 기술을 가르치고
일본어 보급을 목적으로 한다

칼을 차고 교단에 오른
일본 교사들의 목표는
조선인이 보통학교만을 졸업하고
곧바로 노동할 수 있게 하는 것

조선인 우민화愚民化 정책
일명 바보교육이었다

이때
전국 곳곳에 불어닥친 서당 열풍

1911년부터 6년 사이

서당의 수
1만 6540개에서
2만 5831개로 급증

서당의 학생
14만 1604명에서
25만 9513명으로 급증
(당시 초등교육 대상 학생의 약 70퍼센트)

일본은 교육통제와 함께
보통학교 입학을 강요했지만
서당 열풍은 멈추지 않았다

"전국에 서당이 2만 5000여 개가 넘고
학생들이 30만 명을 초과하고 있다."
– 동아일보, 1921년 5월 4일

나무 그늘 아래 열린, 여름 서당 풍경

그리고
일본의 서당 사냥 시작

일본 경찰과 교사들이
학생들을 강제로 끌고 와 감금하고
보통학교에 입학할 것을 강요했다

일제하의 황국 신민 체조하는 모습

훈장들은 학생들을 숲속에 숨게 하고
인원과 연령을 속여야 했다

그럼에도
뜨겁게 타오르는 조선인의 교육열

독립운동의 주역들이
전국으로 흩어져 훈장으로 나섰고
우리 글과 역사, 민족의식
독립의 의지를 가르쳤다

전국 곳곳에 뿌리내린
3·1만세운동의 뿌리

1918년 2월
일본「서당에 관한 규칙」 발표

일본은 기존의 서당을 폐교시키고
새로운 서당의 설립을 억제한다

1930년대 이후 조선의 서당은
역사의 뒤안길로 사라졌다

"튼튼한 젊은이들, 어린 학생들…
그들의 빛나는 얼굴…
아아 이야말로 참으로
조선의 산 맥박脈搏이 아닌가
아아 조선의 대동맥, 조선의 폐肺는
아기야, 너에게만 있도다."

― 『조선의 맥박』

조선의 맥박

서당, 사회 변화에 부응하다

머리를 길게 땋아내린 시골 아이들이 훈장에게 회초리를 맞아가며 천자문을 외우는 풍경. 김홍도의 유명한 그림 〈서당〉이 우리에게 전해주는 인상적인 장면이다. 20세기, 서양인의 눈에 비친 서당의 모습도 그랬다. 개성 호수돈여학교 교장을 역임했던 E. 와그너는 조선의 서당을 관찰하고 이렇게 적고 있다.

"오래된 양식의 글방은 매우 흥미로운 제도다. 그것은 한 개인 집에 있는 작은 방인데 그곳에서 소년들이 그들 앞에 놓인 커다란 책을 잡고 바닥에 무릎을 꿇고 앉는다. 그들은 눈을 반쯤 감고 있고 일종의 독경 운율에 맞춰 몸을 앞뒤로 흔들며 전혀 입을 맞추지는 않지만 그 글자를 계속 반복하여 단조롭게 읽는다."

— 『한국의 아동생활 Children of Korea』(1911)

우리가 서당 하면 떠올리는 이미지는 16세기경부터 형성되기 시작했다. 고려시대에 생긴 서당은 원래 성인들의 교육기관이었다. 서당은 교육시설이 없는 지방에서 과거 공부를 하는 사람들을 위한 학교였다. 어린아이들을 위한 교육기관과는 별 상관이 없었다. 그러나 시대적 분위기가 점차 동몽 즉, 일곱 살에서 열다섯 살 정도의 장가를

vivus 07

가지 않은 사내아이의 교육에 힘이 실리기 시작했다. 동몽 교육은 백성들의 요구이기도 했고, 국가 차원에서 필요한 일이기도 했다. 서당은 사설 교육기관이었기 때문에 세우거나 없애는 데에 아무런 제약이 없었다. 뜻 있는 사람이면 누구나 서당을 열 수 있었기에 서당은 전국 각지에 금세 퍼져나갔다.

서당이 전국망을 갖추게 된 시기는 학자이자 관료인 사림파가 본격적으로 등장하던 16세기였다. 조선은 성균관과 향교를 중심으로 관학을 부흥시키려 했지만 뜻대로 되지 않았다. 이때 기묘사화로 사림파에 대한 숙청이 대대적으로 이뤄지면서 벼슬길에서 물러난 사대부들은 고향으로 돌아갔다. 지식인들은 향촌 교화로 눈을 돌렸고 그들의 눈이 끝내 머문 곳은 서당이었다. 서당은 마을 공동체를 하나로 묶어내는 역할을 했다. 교육만이 아니라 문화, 경제 활동의 중심에 서 있었다.

18세기 후반으로 가면서 서당은 다양한 얼굴을 보여준다. 생산력이 커지고 신분 질서가 흔들리면서 양반이 아닌 이들이 서당을 세웠다. 성균관 노비가 운영하는 서당도 있었다. 조선 정조 때의 노비 정학수는 성균관 동쪽에 강당을 짓고 학생들을 모았다. 그의 서당은 아침저녁으로 종을 치는, 도회적인 분위기의 '학원식' 서당이었는데 당시 서울에서 큰 인기몰이를 해서 학생 수가 100여 명에 이르렀다.

운영 주체뿐 아니라 운영 방식도 달라졌다. 부유한 농민들이나 중인들은 자식들을 위하여 서당을 설립하고 훈장을 고용했다. 이전까지 훈장들은 주로 지역의 영향력 있는 인물들이 맡았지만 조선 후기에 들어서면서 달라졌다. 사회 변화에 대처하지 못해 생활 기반을 잃은 양반이나 경제적으로 궁핍하지만 학문적으로 뛰어난 중인들이 훈장을 맡았다. 학동들은 훈장에 대한 존경심을 표현하는 한편, 초라한 훈장의 처지를 비꼬아 노래했다. 마산 지방에서 불렸다는 민요는 당시 사제지간의 관계를 짐작케 한다.

서당 강아지 똥 강아지
누른 밥 딸딸 긁어서
선생 한 그릇 처박드리고
내 한 그릇 잡숫고

고용 훈장은 교양과 학식은 있었지만 사회적 대우를 받지 못해 불만이 가득한 사람들이었다. 그래서였을까. 영조는 서당을 순수한 교육기관으로 보지 않았다. 훈장들을 민란이나 모역사건의 주모자로 보았다. 조정을 비방하고 유언비어를 퍼뜨린 혐의로 영조 시절 실제로 두 명의 훈장을 처형한 일도 있었다. 훗날 1894년 동학농민운동을 이끈 전봉준은 고부군 등지에서 아이들을 가르쳤던 훈장이었다. 김구 또한 1919년 상하이로 망명하기 전, 전남 보성에서 서당 훈장을 하던 시절이 있었다.

서당에서 가르치는 사람도 달라졌지만 배우려는 이들도 달라졌다. 양인 계층을 중심으로 한 소농민들이 교육의 주체로 부상했다. 어느새 서당은 특정 가문이나 마을에서 운영하는 교육기관이 아니라 모든 백성의 자식들이 다녀야 하는 보통교육기관이 되었다.

서당의 설립 주체, 운영 주체, 교육의 주체, 이어서 교육의 내용도 달라졌다. 원래 서당에서는 『천자문』 같은 초보 수준의 문자 교육만한 것은 아니었다. 어린이뿐만 아니라 40세 전후의 성인까지 학생으로 받아들여 폭넓게 교육했고, 심오한 성리 철학도 가르쳤다. 조선 후기에 들어서 신화와 민담, 민속 등이 들어간 새 교재가 나오기 시작했고 상업적으로 찍어내는 목판으로 인쇄한 방각본 교재가 경제적으로 여유 있는 농촌 지방에서 활발하게 매매되었다. 최초의 방각본인 『동몽선습』이 효종 5년(1654) 전주에서 나올 수 있었던 것은 호남평야를 배경으로 소농민층이 급격하게 성장했기 때문이었다.

북학파 홍대용도 모든 (남자)아이들이 교육을 받아야 한다고 강조하면서 모든 면에 서당을 설치하자고 소리 높였다. 정약용 역시 서당을 국가의 공식적인 교육체계로 편입시키자고 주장했다.

그러나 근대화의 물결 속에서 서당은 낡은 교육 시스템으로 여겨졌다. 근대사회로 나아가는 데에 장애가 된다고 여겼던 것이다. 하지만 그것은 오해였다. 서당은 전국적으로 퍼져나갔고, 19세기 초에는 마을마다 하나씩 있을 정도였다. 구한말에 이르면 서당이 산간벽지에까지 퍼져 조선의 교육 시스템은 전국망을 갖추게 된다. 평민, 심지어 천민들도 서당에서 배울 수 있는 장이 열렸다. 계층에 상관없이 평등하게 교육의 기회가 제공된다는 것은 사회가 근대로 가고 있다는 증거였다. 대한제국 시절에 우리나라를 여행한 영국의 지리학자 이사벨라 비숍은 당시 조선 대부분의 지역에 서당이 있었고 성인 남성의 3분의 1 정도가 서당을 다녀 문맹률이 높지 않았다고 기록하고 있다.

소학교가 번져나가다

1894년 갑오개혁 이후 조선은 서당을 근대적인 소학교로 발전시키려고 했다. 인간으로서 도리를 가르치는 전통 교육과 실생활에 필요

일제강점기의 교실 모습

한 지식을 가르치는 신식 교육을 접목하는 방향으로 학제 개편을 시도했다. 하지만 청일전쟁에서 승리한 일본의 내정간섭으로 이는 좌절되고 만다. 대신 정부는 1895년 소학교령을 반포한다. 소학교령은 일본의 학제를 그대로 본뜬 것으로 인륜보다는 국민으로서 지켜야 할 본분이 강조되었다.

구한말은 그야말로 교육 전쟁의 시기였다. 국가 차원에서 세운 기존의 성균관과 사학四學이 있었고, 갑오개혁 와중에 한성사범학교와 외국어학교 및 소학교 등이 새로 생겼다. 실업학교를 개설해야 산업이 발전할 수 있다는 생각에서 경성의학교와 상공학교가 설립됐는가 하면, 고종이 러시아공사관으로 피신한 1896년에는 러시아어 학교를 개설했다.

소학교의 교실 풍경은 이전의 서당과 달랐다. 이전에는 없었던 물건들이 등장했다. 책상과 걸상이었다. 학생들은 책상 위에 책을 놓고 의자에 앉아 공부하는 것이 어색했다. 방정환은 『호랑이똥과 콩나물』이라는 책에서 1905년 즈음 다녔던 보성소학교 이야기를 전하고 있다.

"하얀 나무로 만든 책상과 걸상에 두 사람씩 갓과 초립을 쓴 채로 앉아서 『소학』이라는 한문책을 펴놓고 앉았습니다. 그리고 선생님이라는 얼굴 뻘겋고 수염이 세 갈래로 난 어른이 갓을 쓰고 서서 기다란 담뱃대를 입에 물고 빨다가 그 담뱃대로 또 칠판을 딱딱 때려가면서 글을 가르쳤습니다. 사무실도 없습니다. 하학할 때가 되면 갓 쓴 선생님이 몸시계(회중시계)를 꺼내 보고, 자기 손으로 종을 땡땡 치고 상투배기 학생들을 마당으로 내보내놓고, 선생님은 제각각 자기 반에서 그냥 그 칠판 밑에 갓을 쓴 채 드러눕습니다."

겉만 신식 소학교지 선생님은 서당 훈장과 다를 바 없었다. 갓과 초립을 쓴 아이, 머리를 빡빡 민 아이, 다양한 차림새의 학생들이 앉아 있었다. 학생 중에는 아들딸을 낳은 가장들도 있어서, 같은 반에 앉은 아이들 사이의 나이 차이가 열 살 이상 나기도 했다. 나이 많은 학생들은 담배를 갖고 다녔다. 하교를 알리는 종이 울리면 노학생들의 담배 연기가 운동장 담 주변에서 피어올랐다.

소학생들은 수신, 독서, 작문, 산술, 체조 등의 교과목을 공부했다. 초기에는 한학 서적을 교재로 썼고, 1896년에는 일본인들이 주도해 간행한 『신정심상소학』을 교과서 삼아 공부했다. 내용이나 삽화 모두 일본 교과서를 베낀 것이나 다름없었다. 일본처럼 병사의 훈련을 강조하는 내용도 있었다. 심지어 군가도 실려 있었다.

식민교육 VS 민족교육

외세의 개입에 맞물려 근대 교육이 시작되면서 교육의 장은 복잡해졌다. 한편에서는 식민지의 국민을 쉽게 지배하기 위한 목적의 식민 교육이, 다른 한편에서는 독립국가의 꿈을 키우는 독립 교육이 이뤄지고 있었다.

공립소학교가 생기자 사립소학교도 늘어났다. 국가기구가 일제에 하나둘씩 종속되어가자 지식인들은 방방곡곡에 사립학교를 세웠다. 안중근은 1906년 황해도 진남포에 삼흥학교를 설립했고, 만주로 망명한 이상룡과 김동삼은 1907년 경상도 안동에 협동학교를 설립했다. 김창숙도 1909년 경상도 성주에 성명학교를 세웠다. 이동휘 같은 웅변가가 교육만이 살 길이라고 연설을 하고 가면 그 자리에 학교가 100여 개씩 세워졌다는 이야기가 전해질 만큼 당시 조선은 교육열로 뜨거웠다.

학교 건물이나 교원, 공부할 책 모두 턱없이 부족했다. 그러나 부모들은 기꺼이 돈을 냈고 자녀들을 학교에 보냈다. 강원도 춘천의 한 학교에서는 나무꾼들이 짚신 판매대금을 학교 보조금으로 냈고, 서울 현석리의 노동자들은 관내 학교를 지원할 장학회를 만들었다. 그렇게 우여곡절 끝에 학교가 문을 여는 날은 잔칫날이었다. 관·공립학교 교육이 노예를 길러내는 교육이라는 인식이 퍼지면서 많은 이들이 사립학교로 몰려갔다.

한국인이 세운 사립학교를 경계하며 지켜보던 일제는 사립학교 장악에 나섰다. 1908년 〈대한제국 칙령 제62호〉로 '사립학교령'이 반포되었고, 1911년에는 〈조선총독부령 제114호〉로 '사립학교규칙'이 반포됐다. 교육 목적과 내용, 교사의 자격 등을 엄격히 통제하기 위해서였다. 안창호가 평양에 설립한 대성학교, 김구가 교장으로 있던 안악 양산학교 등이 이 때문에 모두 폐교되었다.

1908년, 전국에 5000여 개에 달하던 보통학교(소학교는 1906년 보통학교로 개칭된다)는 1920년, 689개로 크게 줄었다. 10여 년 만에 7분의 1 정도만 남은 것이다. 나라가 근대화되면 보통 사립학교가 늘어나지만 일제강점기 때에는 반대로 크게 줄었다.

1910년, 무력으로 대한제국을 강점한 일제는 식민지 정책을 추진

해나간다. 일본어 교과서를 사용하는 것은 물론, 평상시에도 일본어를 쓰라고 강요했다. 신식 소학교가 중점을 두어 가르친 것은 시간 개념이었다. 서당을 다닐 적 아이들은 해가 뜨면 학교에 가고, 해가 지면 집으로 돌아갔다. 하지만 일제는 학생들을 관리, 통제하기 위해 시간 개념을 강력하게 주입했다. 『신정심상소학』의 '시'라는 단원은 아래와 같은 내용을 싣고 있었다.

"일주야는 24시가 되니 24시를 1일이라 칭하고 1시간을 60으로 나누거늘 1분이라 이르며 그 분을 또 60으로 나눈 것을 1초라 하옵니다."

한편 보통학교에서는 체육활동을 강조했다. 특히 체조에 관심을 가졌고 교사의 구령에 맞춰 마당 한가운데에서 체조를 했다. 이렇게 갈고 닦은 체조 실력은 봄 가을에 열리는 운동회에서 뽐냈다. 넓은 운동장이 없던 당시 보통학교 학생들은 운동회를 하러 동대문 근처의 훈련원이나 사찰 고궁 등으로 가야 했다. 운동회는 태극기 게양과 함께 시작됐다. 당시 내로라하는 지식인들은 애국심을 고취하는 연설을 했고 끝날 때에는 마을 어른들과 아이들이 만세 삼창을 외치고 애국가를 소리 높여 불렀다.

애국적 지식인들은 애국심을 고취하는 운동회를 자주 열었다. 1896년부터 1910년에 열린 운동회 중 94퍼센트가 1905년 이후에 열렸다. 운동회는 마치 군사훈련 같았다. 학생들은 총을 메고 행진했고 항일 정신을 일깨우는 운동가를 불렀다.

사면 열강들은 호랑이들 같구나
무릅쓰고 마구 몰아나가세
나아가누나 나아가누나

우리 학생들이 나아가누나
우리 학생들은 전국 방패 되어
임금 백성 위하며 직책 다하여
나아가누나 나아가누나
우리 학생들이 나아가누나

이런 풍경을 일본인들이 가만두고 볼 리 없었다. 결국 일본은 1910년 '교육의 본지에 어긋나는 무장시위'라며 운동회를 중단시켰다.

서당, 민족 교육의 산실이 되다

사립학교에 대한 일제의 간섭이 심해지자, 일제의 교육에 불만을 가진 사람들은 서당으로 몰렸다. 갑오개혁으로 정체기를 겪던 서당이 하나둘 늘어나면서 각지에 서당 설립 붐이 일기 시작했다. 조선 총독부 통계연보에 따르면 1911년 1만 6500여 개였던 서당은 6년 사이에 두 배 이상 늘어 2만 5000여 개에 이르렀다. 일본인이 보기 싫어 간도로 이주한 한국인들도 후세를 위해 서당과 소학교를 세웠다. 국문학자 양주동은 열한 살 때인 1913년에 황해도 장단의 자기 집 방 한 칸에 서당을 열었다.

'첫째, 학비 일체는 훈장이 부담, 월사금은 애초에 없고 대신 한 달에 술 한 병을 지참할 것. 둘째, 공책 연필 등은 무료로 급여. 셋째, 등교하면 매일 밤 왜떡(일본 과자) 한 개씩 배급.' 지원자들은 금세 수십 명에 이르렀다. 공짜로 떡 하나 준다는 모집 요강 때문은 아니었을 것이다. 서당은 교육에 대한 열망으로 가득차 있었다.

민족 교육이 탄압받고 있을 때 서당은 민족 교육을 할 수 있는 곳이었다. 그러나 1918년에 일제는 서당 규칙을 반포해 서당 통제에 나

구한말 서당 풍경

선다. 이에 따라 1만 6000여 개에 달하던 서당은 3분의 1로 줄어들었다. 사립학교와 서당은 일제의 보통학교에 휩쓸려갔다.

일제의 탄압에도 불구하고 민족 교육은 시들지 않았다. 애국적 지식인들은 우리말과 글, 역사와 문화를 가르쳤다. 일제가 식민지 경영을 위해 만든 공립학교인 보통학교에서 일본어를 필수로 하고 역사를 삭제한 데에 반해, 지역 주민들이 힘을 합쳐 문을 연 사립학교에서는 일본어 대신 역사를 가르쳤다. 아이들은 김유신, 장보고, 이순신 등 영웅들의 이야기를 들으며 자랐다. 이때 쓰인 『유년필독』이라는 교과서에는 『독립가 삼트』이라는 창가 가사가 실려 있다.

"독립하셰 독립하셰 우리 청춘소년 우리 나라 독립하셰 의뢰로 고만두고 어서 독립하셰 관작도 고만두고 사계私計도 고만하게. 이 인민 우리 인민 남의 인민 아닐셰 당당독립 우리 대한 세계일등 되야 보셰."

아이들은 조국의 현실을 몸으로 느끼며 자라났다. 총을 든 일본

군인들이 의병을 잡는다면서 집 안을 수색하는가 하면 얻어맞은 조선의 농민들이 피 흘리며 끌려가는 모습을 목격했다. 어린 학생들은 일제의 강요와 억압에도 배움과 독립의 의지를 잃지 않았다.

민족 교육의 힘은 3·1만세운동을 맞아 폭발했다. 서당은 전국적으로 3·1만세운동의 주도적인 역할을 했다. 향촌 사회에 뿌리 내리고 있었던 만큼 훈장들은 아이들과 학부모를 모아 시위대를 조직했다. 이때 포천, 괴산, 진주, 영암, 통영 등지에서 서당과 보통학교에 다니는 학생들이 시위를 벌였다. 만세시위는 어른들의 일만이 아니었다.

어린 학생들은 독립의 의지를 세계만방에 알리려 했다. 만세시위가 시작된 지 열흘만인 3월 10일 한국남녀소년단은 파리강화회의에 독립을 진정하는 〈한국아동읍혈진정서〉를 제출한다.

"다만 빈손과 빈주먹으로 부르짖는 아이뿐이오니 세계에 정의, 인도를 주장하시는 많은 국민들이야, 우리 소학생들이 여러분 앞에 슬프게 고하는 것은 상제가 어질고 사랑하샤 허약한 망국민족을 긍휼히 여기시는 이 마음을 본받아 조그마한 정의로 한국의 독립을 도와주러 일인의 흉악한 칼끝을 막아 우리 유한한 한인으로 조금 그 생명은 연장케 하여 주시옵소서…"

당시 한 일본 간부는 "보통학교 학생들이 독립운동에 가담하거나 목격함으로써 장래 교육상 큰 화근을 남겼다"는 우려를 표시했다. 그의 걱정대로 3·1만세운동 이후 교육은 크게 변화했다.

특히 신식 교육의 필요성을 크게 느낀 서당은 조선의 역사나 지리 외에도 산술, 조선어, 일본어, 이과 등 실용성이 강한 교과를 신설했다. 이른바 개량 서당의 시대를 연 것이다. 어떤 서당에서는 나이 어린 훈장이 소학교 선생에게서 배운 영어 실력으로 학생들에게 영어를 가르치기도 했다. 개량 서당은 옛 서당의 전통을 이으면서 근대식 학교로 달라졌다. 서당은 사회의 흐름에 맞춰 끊임없이 변화하고 있었다. 사회 변화의 핵심기지라고 할 만했다.

　민족 교육의 산실이 된 서당은 점차 근대 교육의 본거지로 탈바꿈을 하고 있었다. 그곳에서 많은 학생은 정의와 자유를 배웠고 독립운동가의 꿈을 키웠다. 배움의 힘은 컸다.

참고 자료

서당의 사회사 정순우, 태학사, 2013
우리 학생들이 나아가누나 김태웅, 서해문집, 2006
이방인이 본 조선 다시 읽기 신복룡, 풀빛, 2002
학교의 탄생 이승원, 휴머니스트, 2005

이미지 출처

1부 세상에 버릴 사람, 아무도 없다

01 책의 신선, 책쾌
p.12 〈태평성시도〉, 국립중앙박물관
p.14 〈수계도권〉, 유숙, 개인 소장
p.16 『영조대왕실록』, 서울대학교 규장각한국학연구원
p.17 상단 〈독서하는 여인〉, 윤덕희, 서울대학교 박물관
p.17 중간 〈태평성시도〉, 국립중앙박물관
p.17 하단 〈부신독서도〉, 유운홍, 서울대학교 박물관

02 이름 없는 시인
p.28 〈도강도〉, 김홍도, 서울대학교 박물관
p.30 〈송하선인취생도〉, 김홍도, 고려대학교 박물관
p.31 〈타작하기〉, 김홍도, 국립중앙박물관
p.32 『복쇄자매문기』, 국립중앙박물관
p.33 『다산시령』 중 「초부유고」, 고려대학교 도서관
p.35 『헌적집』, 여춘영, 서울대학교 규장각한국학연구원

03 조선의 공부벌레
p.42 〈동래부사접왜사도〉, 국립중앙박물관
p.44 〈연행도〉, 숭실대학교 한국기독교박물관
p.45 〈에도성에 들어가는 통신사 행렬도〉, 국립중앙박물관
p.46 왼쪽 『노걸대언해』, 서울대학교 규장각한국학연구원
p.46 오른쪽 『첩해신어』, 서울대학교 규장각한국학연구원
p.48 아라사관을 방문한 연행단 관리와 역관들의 단체사진, 런던선교회
p.51 〈항해조천도〉, 국립중앙박물관

04 당나귀를 탄 여의사
p.63 닥터 로제타 홀과 박에스더, 박유산 부부의 모습, 『닥터 홀의 조선회상』, 2003
p.67 상단에서 두 번째, 이화학당 옛 모습, 이화역사관
p.67 상단에서 다섯 번째, 보구여관의 모습, 이화역사관
p.73 옛날 제중원의 모습, 『Korean Mission Field』, 1994

354

05 귀하신 몸
p.76 〈운낭자상〉, 채용신, 국립중앙박물관
p.79 『왕세자입학도첩』 중 〈왕세자출궁도〉, 고려대학교 박물관
p.83 「내훈」, 소혜왕후, 서울대학교 규장각한국학연구원

06 홍길동의 후예
p.94, p.99 『홍길동전』, 허균, 국립중앙박물관
p.103 「사법품보」, 서울대학교 규장각한국학연구원
p.106 「성소부부고」 중 〈호민론〉 일부, 허균, 서울대학교 규장각한국학연구원

07 세상에 버릴 사람은 아무도 없다
p.108 〈구걸〉, 김준근, 모스크바 국립동양박물관
p.111 〈판수독경〉, 김준근, 숭실대 한국기독교박물관
p.112 〈병신〉, 김준근, 모스크바 국립동양박물관
p.113 〈판수〉, 김준근, 모스크바 국립동양박물관
p.113 〈대쾌도〉 중 일부, 신윤복, 국립중앙박물관
p.116 〈판수 독경하는 모양〉, 김준근, 덴마크 국립박물관
p.121 〈채제공 초상화〉, 이명기, 수원화성박물관

2부 사라진 것들, 되살리다

01 조선 최고의 실용서
p.126 〈타작하기〉, 김홍도, 국립중앙박물관
p.128 『임원경제지』 중 일부, 서울대학교 규장각한국학연구원
p.129 〈서유구 초상화〉, 개인 소장
p.130 『임원경제지』, 서울대학교 규장각한국학연구원
p.131 〈기와이기〉, 김홍도, 국립중앙박물관
p.132 『임원경제지』 중 일부, 서울대학교 규장각한국학연구원
p.137 『행포지』, 서유구, 화봉책박물관
p.143 〈밭갈이〉, 김홍도, 국립중앙박물관

02 삽살개 아리랑
p.146 〈엎드린 삽살개〉, 어유봉, 개인 소장
p.150 〈삽살개〉, 안중식, 하버드대학교
p.151 경북대 하지홍 교수팀의 삽살개 복원 사업, 한국삽살개재단
p.154 〈삽살개〉, 김두량, 개인 소장

03 변장한 임금
p.160 〈대도도〉, 김득신, 국립중앙박물관
p.162 〈봉서와 마패〉
p.164 「서수록」, 박래겸, 서울대학교 규장각한국학연구원

p.165 「춘향전」 중 삽화, 영창서관, 1925
p.168 〈건륭육년진유척〉, 국립중앙박물관
〈마패〉, 1624년 1727년, 국립대구박물관
p.171 〈주유청강선유도〉, 신윤복, 국립중앙박물관

04 단 하나의 혼수
p.176 〈평생도〉 중 〈혼례도〉, 국립중앙박물관
p.178 〈고구려 귀족 부엌〉, 황해 안악 3호분
p.180 〈수렵도〉, 고구려 고분
p.181 〈고구려 귀족 행렬도〉, 쌍영총

05 잃어버린 소금
p.192 일제시기 소금 판매, 『조선전매사』
p.194 천일염을 만드는 염부들
p.195 사진엽서 〈Postcard of Making Salt from Boiled Seawater〉, 부산박물관
p.205 천일염전허가증, 신안군 소장
p.206 경성일지출상행(京城日之出商行)에서 발행한 조선풍속(朝鮮風俗) 시리즈 중 136번째 우편엽서 〈노인의 염매〉, 국립민속박물관

06 그들만의 영웅
p.211 야스쿠니 신사를 참배하고 있는 침략 전쟁의 동반자 히틀러 유겐트 단원들의 모습, 1938년 10월
p.212 교토에서 도쿄로 이동하는 메이지 천황, 〈르몽드 일러스트〉, 1869년 2월 20일

3부 시대의 맥박, 살아 있다

01 귀신폭탄
p.244 보물 제392호 〈동래부순절도〉, 육군박물관
p.246 비격진천뢰, 중완구, 두산백과
p.247 「융원필비」, 박종경, 국립진주박물관
p.250 「진주대첩 기록화」, 김인화, 전쟁기념관

02 살인사건을 빌미로 살인하지 말라
p.260 〈권장치고〉, 기산 김준근, 숭실대 한국기독교박물관
p.262, p.263 「형정도첩」, 김윤보, 계간미술 39호
p.264, p.271 「흠흠신서」, 정약용, 서울대학교 규장각한국학연구원

03 503번의 승리
p.274 다산 정약용의 서찰
p.278 사의재 모습
p.280 「목민심서」, 정약용, 서울대학교 규장각한국학연구원

p.280 『경세유표』, 정약용, 서울대학교 규장각한국학연구원
p.281 정약용 초상

04 파락호의 비밀
p.292 학봉 종택, 『사진으로 보는 근대 안동』
p.294 〈투전판〉, 성협, 국립중앙박물관
p.297 김흥락의 묘소에 가는 사람들, 『사진으로 보는 근대 안동』
p.298 한국 광복군 성립 전례식 기념 사진
p.300 김용환 사진
p.302 서산 김흥락의 간찰
p.305 광복군 류저우 청년공작대

05 6264
p.308, p.310 서대문형무소 수형자 카드, 국사편찬위원회
p.313 형무소의 옥문에서 수감 중인 애국지사들이 풀려난 모습

06 두 개의 폭탄
p.322 물통 폭탄과 도시락 폭탄, (사)매헌 윤봉길의사 기념사업회
p.325 의거 직전 단상 위의 일본 요인들
p.326 윤봉길 사진, (사)매헌 윤봉길의사 기념사업회

07 조선의 맥박
p.336 조선 서당의 모습, 문화콘텐츠닷컴 한국콘텐츠진흥원, 한양대학교 산학협력단(ERICA)
p.338 제1차 조선교육령 제정 초안본, 독립기념관
p.339 여름 서당 모습
p.340 일제 치하의 황국 신민 제조하는 모습
p.346 일제강점기의 교실 모습
p.351 〈Public School With a Holding Cell Under the Floor Reserved For Wild Kids, SEOUL〉, 『OLD KOREA-LAND OF THE MORNIG CALM』, 1903, Herbert Ponting

이 도서의 국립중앙도서관 출판시도서목록(CIP)은 서지정보유통지원시스템 홈페이지(http://seoji.nl.go.kr)와
국가자료공동목록시스템(http://www.nl.go.kr/kolisnet)에서 이용하실 수 있습니다.
(CIP제어번호: CIP2013025807)

역사 ⓔ₂

© EBS 2013
All rights reserved

1판 1쇄 2013년 12월 9일
1판 12쇄 2020년 6월 17일

제작 방송 EBS
지은이 EBS 역사채널ⓔ 제작팀
출판주관 EBS 미디어

펴낸이 김정순
기획 김소영 형소진
책임편집 한아름 김소영 형소진
해설원고 글 이제이
감수 원유상(덕소고 역사 교사) 정흥태(국립국악고 역사 교사)
디자인 김진영
마케팅 김보미 양혜림 이지혜

펴낸곳 (주)북하우스 퍼블리셔스
출판 등록 1997년 9월 23일 제406-2003-055호
주소 04043 서울시 마포구 양화로 12길 16-9(서교동 북앤빌딩)
전화번호 02-3144-3123
팩스 02-3144-3121
전자우편 editor@bookhouse.co.kr
홈페이지 www.bookhouse.co.kr

ISBN 978-89-5605-701-9 04900

* 이 책은 EBS 미디어와 출판권 설정을 통해 〈역사채널ⓔ〉를 단행본으로 엮었습니다.
* 본문에 포함된 사진 및 통계, 인용문 등은 가능한 한 저작권과 출처 확인 과정을 거쳤습니다.
  그 외 저작권에 관한 사항은 편집부로 문의해주시기 바랍니다.